山西省醋文化旅游理论与实践

樊晓霞　柯　雯◎著

中国石化出版社
HTTP://WWW.SINOPEC-PRESS.COM

内容提要

本书在系统梳理醋文化旅游内涵、山西醋文化概况的基础上，从醋文化旅游资源评价、醋文化旅游游客感知、醋文化产品包装设计等多个角度，深入分析了山西省醋文化旅游的发展状况，提出了山西省醋文化旅游发展策略及保障机制，并总结分析了镇江醋文化旅游和意大利醋文化旅游的发展经验，旨在为山西省醋文化旅游可持续发展提供参考。

本书可供从事文化旅游研究的人员、大中专院校师生以及旅游景区管理人员和导游人员阅读参考。

图书在版编目（CIP）数据

山西省醋文化旅游理论与实践 / 樊晓霞，柯雯著. —北京：中国石化出版社，2021.8

ISBN 978-7-5114-5712-7

Ⅰ. ①山… Ⅱ. ①樊… ②柯… Ⅲ. ①醋—旅游文化—旅游理论—研究—山西 Ⅳ. ①F592.725

中国版本图书馆 CIP 数据核字（2021）第 169460 号

中国石化出版社出版发行

地址：北京市东城区安定门外大街 58 号
邮编：100011　电话：(010) 57512500
发行部电话：(010) 57512575
http: //www. sinopec-press. com
E-mail: press@ sinopec. com
北京科信印刷有限公司印刷
全国各地新华书店经销
*
710×1000 毫米 16 开本 15.5 印张 314 千字
2021 年 8 月第 1 版 2021 年 8 月第 1 次印刷
定价：58.00 元

前言 PREFACE

“旅游是载体、文化是灵魂”，以文化提升旅游内涵，以旅游扩大文化传播。文化产业和旅游产业的融合使得“文化旅游”突破了旅游产品种类的范畴，文旅融合发展不仅有助于促进旅游产业转型升级，也有助于弘扬优秀地方文化，提升区域形象软实力，从而促进区域社会经济和谐发展。

醋文化是山西省地方文化不可或缺的部分。山西省醋文化历史源远流长，食醋酿制最早可追溯至西周时期，明清发展至鼎盛时期并形成了“老陈醋”传统酿制技艺，老陈醋被誉为中国四大名醋之首。山西人民在历经上千年的制醋、食醋实践中，积淀了丰富的醋文化内涵，包括酿造文化、饮食文化、民俗文化、养身保健文化以及企业品牌文化等物质财富和精神财富。如今山西省食醋产业规模在国内首屈一指，拥有众多知名醋企和品牌，围绕将山西醋产业做大做强的目标，各级政府提出并实施了一系列支持醋产业集群化发展的政策措施。山西醋文化不断传承与创新，2004 年原国家质检总局批准对山西老陈醋实施原产地域保护，清徐老陈醋酿制技艺等三项食醋传统酿制技艺先后被列入国家级非物质文化遗产项目名录。醋文化旅游以传统醋文化和现代醋产业为基础，是醋文化与旅游产业融合发展形成的特色旅游产品，也是促进山西省醋产业升级发展的重要举措。

本书受山西省高等教育“1331 工程”提质增效建设项目“服务流域生态治理产业创新学科集群建设”资助，对山西省醋文化旅游发展的理论与实践进行了深入分析和研究。首先，从醋文化内涵入手，梳理了醋文化旅游发展的相关理论及研究进展；并从山西省醋文化的内涵、醋的发展历史、醋产业发展现状以及醋文化的时代价值这四个方面，梳理了山西醋文化概况。然后，从山西省醋文化旅游资源特征分析和综合评价入手，梳理了山西醋文化旅游的发展现状，并进行了 SWOT 分析；从游客感知角度，深入分析了山西省醋文化旅游目前的发展情况；从容器造型设计、装潢设计等方面进行了醋文化产品包装设计研究。最后，在总结前述研究发现的基础上，提出了山西省醋文化旅游的发展策略及保障机制。此外，总结分析了镇江醋文化旅游和意大利醋文化旅游的发展经验，为山西省的醋文化旅游发展提供借鉴。

全书共分七章，第一章第一节和第二节、第二章第一节和第三节、第四章、第六章第一节、第七章由樊晓霞撰写，第一章第三节、第二章第二节和第四节、第三章、第五章、第六章第二节和第三节由柯雯撰写。在撰写过程中，作者参考了国内外同行的相关专著、文献，并得到了太原市导游协会常务理事齐曼云对调研活动的大力支持，研究生车云凤以及本科生吴姝慧、王妍菲参与了课题研究工作，在此一并致谢。

由于作者专业水平有限，书中难免存在不足与疏漏之处，恳请有关专家和读者批评指正。

目录 CONTENTS

第一章
醋文化旅游的理论基础

随着经济发展水平和居民收入水平的提高，文化消费、旅游消费逐渐成为人们的日常需求，以文化为内容、旅游为平台的文化旅游产业呈现出前所未有的生机与活力。醋文化旅游是近年发展起来的、由醋文化和旅游产业融合发展而形成的一种新兴文化旅游产品。本章从醋产品的基本特征、醋文化旅游的内涵，以及醋文化旅游的研究综述和相关理论概述这几个方面，梳理了醋文化旅游发展的理论基础，从而为山西省醋文化旅游实践提供理论依据。

第一节　醋文化旅游内涵

一、醋的基本概况

（一）醋的起源

“开门七件事，柴米油盐酱醋茶。”这是中国民间广为流传的一句谚语，代表了百姓日常生活的几样必需品。宋代吴自牧所著《梦粱录》中有关南宋都城临安城各种店铺风貌的记录，“盖人家每日不可阙者，柴米油盐酱醋茶。”如今，醋是世界范围内广为食用的酸味调味品。《辞海》中“醋”的基本释义为，以米、麦、高粱等酿成，用来调味的酸味液体。《新华字典》中“醋”作为名词的释义为，用酒或酒糟发酵制成的一种酸味调料。醋的英文对应为“vinegar”,《韦氏词典》中的基本释义为，由稀释酒精液体发酵得到的酸味液体，用作调味品或防腐剂。

醋的酸味及其所含的酸性物质，满足了人类对于酸味食物的需求，这是醋这种调味品被广泛食用的基础。实际上，人类的“嗜酸史”始于远古时期“嚼蚁而酸”。彝族、傣族、拉祜族等少数民族至今仍有食用酸蚂蚁的饮食风俗。酸蚂蚁又名黄金蚁，学名黄狡蚁，其腹下生有储酸小黄球。最早关于造醋的传说是尧帝与神农氏教化民众，以莫荚、山桃、野杏、梅子等腌制酸菜或酸果、酸汤解口淡之嫌。现代的人们则食用多种经发酵制成的酸味食物，包括醋、酸菜类、酸果类和酸奶类等。人类对于酸味食物的天然需求原因在于：其一，酸味引起的味觉和嗅觉感受给人以爽快、刺激之感，因而酸味食物有助于增加人的食欲。其二，酸味食物所含的酸性物质有助于溶解食物中的纤维素，提高钙、磷物质消化吸收。其三，酸味食物所含酸性物质具有一定的防腐、杀菌等功效。

"酒醋同源"，醋是伴随着酿酒技术的发展而出现的，东西方文明中有关醋的起源均与酿酒技术有关。从字形和字源来看,"醋"字为左右结构，由"酉"字加"昔"字构成，"酉"是酒字的甲骨文；"昔"为陈旧之意，因酒败坏而得苦酒即为"醋"，也含有二十一日之意，代表了酿酒所用的时间（尉福生，1994）。史学研究通常以周朝设置醯人之职的记载，作为中国酿醋历史的起源，西周时期"醯"即为醋（陈驹声，1979）。西汉至隋朝时期的史料将醋记作"酢",《齐民要术》作酢法："凡酿酒失所味醋者，或初好后动未压者，皆宜回作醋。"晋张华《博物志》写道："酒暴熟者酢。"古代酿酒过程出现变酸的情况，原因在于原料发酵不完全，酒精含量低、含糖量高，造成多种微生物聚集；其中醋酸杆菌将酒精氧化为醋酸，从而使酒变为醋。从英文的词源特征来看，"Vinegar"来源于古法语"vinaigre"，是由两个拉丁词语组合而成的,"vinum"意为葡萄酒、"aigre"意为酸。古希腊诗人阿切斯特亚图《美食法》中提到了古希腊人用葡萄酒和无花果酿醋，东西方文明早期探索食醋酿造的经历相似（萧凤岐，2000）。

此外，流传较广的有关醋的起源的传说，也无一例外地将醋的产生与酿酒联系在一起。

（1）杜康造酒儿造醋（黑塔造醋）：杜康之子黑塔造醋的传说在江苏省、四川省、山西省等多地广为流传，这一传说都讲明了先有酒后有醋这个情况，在故事发生的地点等细节方面略有差异。杜康是中国古代传说中的酿酒始祖，其子黑塔在酿酒过程中，因酒糟发酵时间过长，未酿得美酒，偶然得到了酸味扑鼻的糟水，就是醋。

（2）刘伶之妻造醋：刘伶为魏晋时期名士、"竹林七贤"之一，刘伶之妻吴氏造醋的传说也将酿醋方法的发明与酿酒联系在一起。相传刘伶嗜酒如命，自称"惟酒是物，焉知其余"。妻子吴氏为阻止刘伶过度饮酒，在酿酒时将盐梅等酸辣之物投入酒中，经过发酵后，产生刺鼻的酸气，因而阴差阳错发明了醋。

（3）陈西造醋：相传陈西是宋代有名的调味师傅，因宋仁宗厌食，陈西就将储存廿一日的酸酒作为调味料，香酸之气使宋仁宗胃口大开，遂将其名"西"合廿一日而成醋字。

（二）醋的特征

食醋的酿造历史悠久、传播广，由于酿制原料与技艺的差异，醋产品具有丰富的种类和复杂的成分。在不同的产地逐渐形成了具有地域特色的著名醋产品，其中，山西省清徐老陈醋、江苏省镇江香醋、四川省保宁醋、福建省永春老醋，素有中国四大名醋之称。

1. 种类丰富

醋属于酿制类的调味品。现代的醋产品种类比较丰富，从消费者购物的视角，通常将醋的种类大体分成陈醋、白醋、香醋和米醋。实际上，因原料、酿造用曲、发酵工艺的不同，酿造醋在酸度、风味和颜色等方面有极大的差异，形成了特色各异的醋产品种类。

（1）根据酿造使用的原料，醋的种类可以分为粮谷醋、糖醋、酒醋、酒精醋、果醋。

（2）根据酿造用曲，醋的种类可以分为麸曲醋、大曲醋、小曲醋。

（3）根据发酵工艺，醋的种类可以分为固态发酵醋、液态发酵醋。

（4）根据醋的颜色，其种类又可分为浓色醋、淡色醋、白醋等。

（5）此外，在酿造醋中添加各种辅料又可以配制出各种口味或风味的醋品，称为再制醋，如海鲜醋、五香醋、姜汁醋等。不经发酵、直接由冰醋酸加水兑制而成的是合成醋，如醋精、白醋精等。

中华人民共和国行业标准《食醋分类》（SB/T 10174—1993）以原料为主要分类标准，综合考虑了酿造用曲和发酵方式的差异，形成了一个三级分类体系（图1–1）。该分类标准将食醋分为酿造醋和调配醋两大类，酿造醋又分为粮谷醋、酒精醋、糖醋、酒醋、果醋和再制醋六类，其中，粮谷醋又按照主要原料、发酵用曲和发酵方式的差异，分成了陈醋、香醋、麸醋、米醋、熏醋和谷薯醋六个小类。

- 食醋
  - 酿造醋
    - 粮谷醋
      - 陈醋（高粱为主要原料，大曲为发酵剂，固态醋酸发酵，陈酿）
      - 香醋（糯米为主要原料，小曲为发酵剂，固态分层醋酸发酵，陈酿）
      - 麸醋（麸为主要原料，固态发酵）
      - 米醋［大米（糯米、粳米、籼米）为主要原料，固态或液态发酵］
      - 熏醋（将固态发酵成熟的全部或部分醋醅，间接加热熏烤成为熏醅，再经浸淋）
      - 谷薯醋［谷类（大米除外）或薯类为原料，固态或液态发酵］
    - 酒精醋（酒精为主要原料）
    - 糖醋（各种糖类为主要原料）
    - 酒醋（各种酒类为主要原料）
    - 果醋（各种水果为主要原料）
    - 再制醋
  - 调配醋

图 1–1　食醋分类表

资料来源：中华人民共和国行业标准 SB/T 10174—1993

从世界范围来看，不同国家在酿醋原料上的差异是显而易见的，食醋酿造使用的主要原料多与该地酿酒的原料一致。总体来看，东方名醋多以谷物作为酿醋原料，而西方的醋多以水果、大麦为主要原料。例如中国名醋之山西老陈醋、镇江香醋、保宁醋、永春老醋，日本黑醋、米醋均以多种谷物为主要原料。同时，中国的不同省份和地区也有采用果醋（柿子醋、枣醋、橘醋等）的酿造技术和食用习俗。西方食醋酿造的主要原料则是以葡萄、苹果、大麦等为主，这些是酿制葡萄酒、苹果酒和啤酒的原料，如意大利香醋（Balasmico，也译作巴萨米克醋）、西班牙雪利醋（Sherry vinegar）、英国麦芽醋（Malt vinegar）、奥地利苹果醋、法国和德国的葡萄醋等。此外，还有很多国家和地区有极具地域特色的酿造醋种类，如中东椰枣醋和石榴醋、南亚和东南亚椰子醋、东南亚棕榈醋、菲律宾甘蔗醋、新西兰奇异果醋等，均以地域性代表物产为主要的酿造原料。

人类饮食需求、酿造技术发展和地理环境异质性共同造就了食醋种类的多样性特征。首先是人类在饮食风味上的嗜酸性，醋因其产生、因其而变。一方面，醋不仅是调和之味，也是打造不同地域菜肴风味的调味品之一，中国八大菜系均有醋味名菜，巴萨米克浓醋被视为意大利美食的灵魂。另一方面，饮食文化的极大丰富性，不同地域菜系融合乃至分子烹饪等的推陈出新，是新醋品不断出现的推动力，如各种复合调味料和酱汁、法国香料醋（茴陈蒿、冬葱）、珍珠醋（也称分子醋，传承传统酿造工艺，结合分子料理球形技术，制造醋珠“爆浆喷裂”的效果）。第二，酿造技术的发展变化和地区差异为食醋品种多样性提供了技术基础，也是未来食醋产品创新、品质不断提升的技术保障。第三，不同国家和地区地理环境要素的多样性，提供了丰富的酿造原料，造就了世界各地极具地域特色的醋品。

2. 成分复杂

酿造醋不仅是必不可少的烹饪调味料，而且富含多类营养物质，因此是古今中外公认的具有保健甚至医药效果的食物。酿造醋是由醋酸以及许多种不同的化学物质组成的混合液，因原料、发酵曲、酿制工艺的差异，不同类型醋品的物质组成也不尽相同，其中一些物质的含量直接决定了产品品质。从食品科学、营养学、饮食保健、中药学等不同角度，应用定性评价、分析化学、实验研究等不同方法，对醋品的化学组成、风味物质差异及酿造条件、特殊功效成分的研究，一直是国内外食醋研究的热点。这些研究具有重要的理论意义和实践价值，有助于酿造技术的发展，也是解释食醋医疗保健功效机理的基础。

酿造原料在发酵过程中发生了一系列的生物化学反应，最终转化形成包括酸类、有机酸、酯类、氨基酸、糖类、醇类、醛类、杂环化合物、维生素和矿物质等多种物质混合的醋液。相关标准对食醋中各类不同化学物质含量有明确的规定，如《地理标志产品山西老陈醋》（GB/T 19777—2013）明确规定了总酸、挥发酸、氨基酸氮、还原糖、可溶性无盐固形物、总酯、pH 值和含盐量各项指标的含量要求，以及总黄酮和四甲基吡嗪特征指标。然而，仅针对单项理化指标进行测定，不足以反映食醋的品质。醋的独特风味直接影响了品质，而整体风味是由多种化学物质共同构建的。风味评价是进行食醋品质鉴定的关键环节，在食品科学的相关研究中采用定性结合定量的评价方法，例如采用化学分析法量化分析各类风味物质的组成情况，采用相对香气活度值法对挥发性风味物质进行感官评价，采用味觉活度值法对不挥发性风味物质进行感官评价。

食醋所含风味物质又包括了大量不同的化学物质，其化学组分可以分为挥发性和不挥发性成分两部分，分别对应了嗅觉的气味和味觉的滋味，其中，挥发性成分包括挥发性酸类、酯类、醇类、醛类、杂环化合物等，不挥发性成分包括有机酸、氨基酸和糖类。郑宇（2019）总结了食醋所含各类主要风味物质的特性：

（1）酸类：主要来源于酯的分解、醋酸发酵和饱和脂肪酸的氧化降解。酸类物质是食醋中的主体味觉和香气来源，它们决定了醋的风味和质量。其中，醋酸具有怡人的气味和调和的作用；乳酸物质香气较淡，使醋的味道更柔和、更醇厚；己酸有窖泥的香气；脂肪酸影响醋的香气成分，如丁酸、戊酸、异戊酸、庚酸等，具有强烈的刺激性气味。

（2）醇类：主要来源于酵母发酵，有植物的芳香和泥土味。其中，乙醇含量最多，高浓度的高级醇会使醋的味道变苦。

（3）酯类：在酯酶作用下醇类和酸类化合物发生酯化反应生成酯类化合物。酯类化合物是不同醋品特征风味的关键物质，通常呈各种花果味；含量较多的酯类化合物有琥珀酸二丙酯、乙酸丁酯、苯乙酸甲酯等。

（4）醛类：由氨基酸分解和微生物发酵产生，过量的醛类化合物会对醋的质量产生负面影响。例如，当乙醛含量较低时，会有轻微的辣味；但醛类化合物含量过高，会增加醋的辛辣味，使醋的风味变差。

（5）酮类：酮类化合物主要由微生物氧化、不饱和脂肪酸的氧化和分解以及氨基酸分解而成。酮类化合物的风味通常为果香味。

（6）杂环化合物：醋中的杂环化合物主要有吡嗪类、噁唑类、呋喃类和吡咯类。杂环类化合物是构成食醋风味的重要物质，通常有烘烤味、坚果味。它们主要由微生物发酵产生，也有部分化合物可通过美拉德反应生成。

（7）有机酸：主要包括醋酸、乳酸、草酸、富马酸和 α- 酮戊二酸等。醋酸具有刺鼻的气味，乳酸、苹果酸、琥珀酸、柠檬酸等不挥发性酸使食醋酸味更柔和、更醇厚。有机酸具有很强的杀菌抑菌能力，还可防止食物中维生素的破坏，可以溶解食物部分的纤维素和半纤维素。另外，有机酸可以促进食物中钙、磷、铁等矿物质的吸收。

（8）氨基酸：食醋生产过程中发生的美拉德反应，体现为氨基酸与糖类化合物反应生成黑色素，不仅改善了食醋的色泽，还丰富了食醋的风味。甜味氨基酸主要包括甘氨酸、丙氨酸、脯氨酸等，苦味氨基酸包括亮氨酸、缬氨酸、甲硫氨酸、色氨酸等，酸味氨基酸包括天冬氨酸和谷氨酸，鲜味氨基酸包括天冬氨酸钠和谷氨酸钠。

（9）糖类：主要是葡萄糖、果糖、焦糖，对食醋风味有重要的影响。酿造过程中未被代谢的糖类化合物留在食醋产品中，可以减少酸味的刺激，使醋的味道更加醇厚，并影响醋的颜色和黏度；糖类化合物参与后续的美拉德反应，构成食醋的香气成分。

（10）维生素和矿物质：含有维生素 B_1、B_2 等，以及铁、钠、钙、锌、磷、铜等微量矿物质元素。

3. 中国名醋

山西老陈醋、镇江香醋、四川保宁醋和福建永春老醋因其历史悠久、品质优越、风味独特，被誉为中国四大名醋。中国微生物学鼻祖方心芳先生在《山西醋》中提到，“我国之醋最著名者，首推山西醋与镇江醋。镇江醋酽而带药气，较之山西醋稍逊一等。盖上等山西醋之色泽、气味皆因陈放长久，醋之本身起化学作用而生成，初非假人工而所制，不愧为我国名产。”此外，也还有其他一些产地的食醋产品获国家地理标志产品，如辽宁省的高桥陈醋、丹东塔醋等。在长期的发展进程中，不同产地的食醋形成一套较完善又各有特点的酿造工艺。山西老陈醋被称为中国四大名醋之首，较之其他名醋历史更加悠久。历史学家郝树侯推断在公元前 497 年前，晋阳城在今太原市南郊晋源镇建立之初，已有酿醋者。《明一统治》记载“帝尧自涿鹿迁都于此，俗称尧城”，位于清徐县境内。梁代陶弘景《本草经集注》中有关于米醋的用法记载，据此镇江香醋有 1400 多年历史；保宁醋始于五代唐长兴元年（公元 936 年）设保宁军治时；永春老醋起于北宋初年，永春年间，起名永春老醋，距今有 1100 多年历史。

山西老陈醋享有天下第一醋的美誉，已有 3000 多年的酿造历史，以色、香、醇、浓、酸五大特征著称。2004 年原国家质检总局批准对山西老陈醋实施原产地域产品保护，原产地域范围为山西省太原市清徐县、杏花岭区、万柏林区、小店区、迎泽区、晋源区、尖草坪区，晋中市榆次区、太谷县、祁县现辖行政区域。2006 年“水塔”老陈醋传统酿制技艺入选首批“国家级非物质文化遗产”名录。山西老陈醋以高粱、麸皮为主要原料，以稻壳和谷壳为辅料，以大麦、豌豆为原料制作的大曲作为糖化发酵剂，经酒精发酵后采用固态醋酸发酵，再经熏醅、陈酿等工艺酿制而成，陈酿过程要求入缸或池伏晒、捞冰陈酿，陈酿期需达 12 个月以上。根据 2014 年 10 月 1 日起正式实施的山西老陈醋产品质量新标准，山西老陈醋不用再标注保质期，但是酸度必须达到6度才能被称为正宗的老陈醋。老陈醋产品质量要求还规定了川芎嗪和总黄酮两项为特征指标，其含量分别不低于30mg/L、60mg/100g，并从色泽、香气、滋味和体态四个方面设定了感官特性，并且给出了另外八项理化指标标准。

镇江香醋是中国出口量最大的食醋，具有1400多年的酿造历史，驰名中外，以“酸而不涩，香而微甜，色浓味鲜，愈存愈香”著称。2001年原国家质检总局批准对“镇江香醋”实施地理标志产品保护，其原产地区域范围是由江苏省镇江市所辖京口区、润州区、镇江新区、丹阳市、句容市、扬中市和丹徒区构成。2006年镇江香醋酿造技艺入选首批“国家级非物质文化遗产”名录。2007年注册镇江香醋、镇江陈醋地理标志商标。2012年镇江香醋在欧盟正式注册成为地理标志（PGI）。镇江香醋以糯米为主要原料，采用传统固态分层发酵技术酿制而成。根据《地理标志产品镇江香醋》（GB/T 18623—2011）国家标准第2号修改单，镇江香醋分为特酿级、特级、优级、一级、二级共5个等级，在总酸（以乙酸计）、不挥发酸（以乳酸计）、氨基酸态氮（以氮计）、还原糖（以葡萄糖计）、可溶性无盐固形物等指标上的含量均有差异。

保宁醋是四川麸醋的代表，因产自四川省阆中市保宁镇得名。保宁醋具有醇香回甜、酸味柔和适中、色泽红棕、久陈不腐的特点，兼具调味和保健两种特征，被人们誉为川菜精灵，有“离开保宁醋，川菜无客顾”的说法。保宁醋的主要原料为麸皮，辅料为小麦、玉米和大米，并以五味、白蔻、砂仁、肉桂、杜仲、当归、茴香和薄荷等60余味中药材制药曲，通过生料固态发酵的方式在低温条件下酿造而成，成品含有中草药香味，是中国四大名醋中唯一的药醋。

永春老醋是福建地区传统的调味品，早在北宋初年永春民间即开始酿造老醋。2009年原国家质检总局批准对“永春老醋”实施地理标志产品保护，原产地范围为福建省永春县现辖行政区域。永春老醋以糯米、红曲、芝麻等为主要原料，分次添加，采用液体发酵方式并经过三年以上陈酿而成。由于加入芝麻，永春老醋具有香气独特、香中带甜、汁浓味鲜、口感醇厚的特点；又兼有治病妙用，可防治腮腺炎等疾病。永春老醋酿制的关键工艺在于红曲糖化酒精发酵环节发酵周期、酒精度等的控制；在陈酿过程中，根据需要添加按特定工艺炒制的米乌、芝麻、白糖等添加物。按照陈酿时间不同，永春老醋分为四个等级，其中特酿级5年以上，精酿级4年以上，优酿级3年半以上，佳酿级3年以上。

（三）醋的功效

醋富含多种营养物质，不仅是餐桌上必不可少的调味品，也是民间广为流传的保健食品。民间有不少食醋保健秘方，比如少盐多醋、饮醋、醋泡（是一种用食醋泡制食物的方法，如醋泡姜、醋泡黄豆），有生津开胃、增加食欲、调节血糖、降低血压、防止动脉硬化、杀菌、消除疲劳、滋润皮肤等功效（陈瑛，2007）。根据各种功效与烹饪的关系，将食醋的各种功效分为基本功效、附加功效和外延功效三类（图 1–2）。

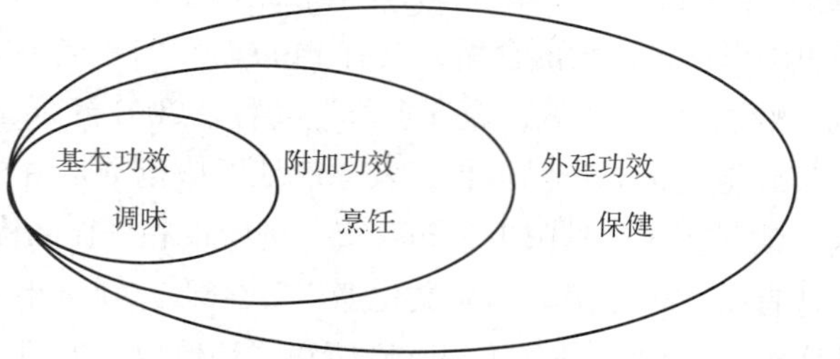

图 1–2　食醋的功效分类

1. 基本功效：五味调和醋当先

食醋的功效首先是给食物增加了酸味。烹饪中加入食醋，其挥发性和不挥发性的酸类物质，通过嗅觉和味觉刺激人的大脑中枢神经增加食欲，还能促使消化道分泌消化液，解油腻、促消化。可见，醋在解嘴馋的同时，还有助于食物消化。

醋的调味作用不仅局限于增酸，还具有调和五味、给菜肴增香的效果。食醋成分复杂，除酸类物质外，还含有大量的风味物质、糖类等，既可以释放诱人香气，又可以调和酸、辣、咸、甜等味道。如果菜肴过辣、过咸，加少量醋、糖，能减轻辣味和咸味；如果甜味过重，加醋又减轻甜味。

2. 附加功效：醋在烹饪中的多种功用

在烹饪中开始加醋后，人们逐渐发现了食醋在烹制食物时的多种妙用。食醋可以软化肉类纤维，用少量醋浸泡，或加醋炖煮，牛肉等肉质纤维较粗的肉类更容易变得酥软、鲜嫩可口。食醋可以有效去除羊膻味、鱼腥味，腥味物质含有胺类化合物，呈弱碱性，醋酸与其结合成中性盐，从而使腥味减少。食醋可以促进肉骨中所含的钙、磷、铁等物质溶解，变得易于被人体吸收利用。食醋有助于甘蓝、花菜等保持原色，并减少蔬菜所含维生素的流失。食醋可以溶出少量铁锅所含的铁元素，对人体增加铁的吸收是有利的。此外，食醋还可以中和一些食物的碱性（如碱水面）、软化海带、减少油炸食品吸油量等。

醋在烹饪中的这些妙用，体现了它的酸性物质特征，包括与碱性物质发生中和反应、使不溶解盐转变为可溶解盐、分解部分蛋白质以此改变肉质纤维结构等。这些功效是醋伴随烹饪对人类饮食烹制提供的额外好处，属于食醋核心功效的直接延伸范畴。也就是说，醋这种调味品，不仅改变食物的味道，而且改变食物的质地，更有利于消化吸收。

3. 外延功效：醋的保健作用

东西方在古代都有将食醋用于治疗各类病症的历史记载。《五十二病方》是迄今发现的中国最古老的医方，抄成于秦汉之交（公元前3世纪），其中用醋组方治疗灼伤、疝、疽、癣、狗咬伤等疾病的有17则处方。在《肘后方》《小品方》《千金方》《僧深方》《圣济总录》《太平圣惠方》《三因方》《本事方》等晋、隋、唐、宋历代医学著作中，均有含醋组方。汉末《名医别录》提到醋可“消痈肿、散水气、杀邪毒”。唐代陈藏器《本草拾遗》记述醋“治产后血晕、消食、杀邪毒、破结气，心中酸水痰饮”，清代王士雄《随息居饮食谱》将食醋的功效总结为“开胃、养肝、强筋、暖骨、醒酒、消食、下气、辟邪、解诸毒”。此外，食醋可用于炮制中药材，可消减药物毒副作用，增强药效，矫臭矫味；也可用于提纯药物，制作汤剂内服，或为外用敷剂。西方也有将食醋用于呼吸道、疹癣、狂犬咬伤等疾病治疗的记载。

现代医学、生物学、食品科学的相关研究成果表明，食醋具有抗菌杀菌，缓解疲劳，调节血糖、血压和脂质代谢，清除自由基等作用。早期食醋医疗保健效果研究主要关注醋酸参与生物体内乳酸、脂类代谢、激素合成的机理；后来的研究主题逐渐聚焦到不同种类的食醋含有的活性物质及其对医疗保健的功效。日本学者做了大量日本黑醋抑制肠道吸收脂质、改善肝脏脂质代谢、清除自由基的活性物质的实验研究。近年有关山西老陈醋在调节血脂、血糖及其抗氧化作用的研究逐渐活跃起来。陈瑛（2007）对食醋的功能特性及相关领域的研究成果进行了详细地归纳和分析，现将几类主要功效概括如下：

（1）抗菌杀菌作用：针对甲种链球菌、卡他球菌、肺炎双球菌、白色葡萄球菌和流感病毒等呼吸道致病微生物，用食醋在室内熏30分钟进行杀菌消除。

（2）缓解疲劳作用：从运动生物化学角度来讲，疲劳是由于肌糖原损耗、低血糖或其他原因引起的。人的疲劳感是体液呈酸性的反应，人的正常体液呈中性或弱碱性（pH值7.2~7.5），激烈运动后体内积聚大量乳酸，使体液变为酸性。医学研究表明，醋酸等有机酸可经过焦性葡萄糖生成柠檬酸、进入三羧酸循环途径生成二氧化碳，减少体内的乳酸积累，消除疲劳感。

（3）预防骨质疏松症：骨质疏松是与年龄相关的、引起骨损伤最常见的原因，可通过增加钙的吸收减缓骨质疏松。食醋的主要成分醋酸，是肠道微生物产生的主要短链脂肪酸之一，研究表明这些短链脂肪酸与肠道中钙的吸收有关。

（4）对血糖的影响：实验表明通过饮食摄入有机酸有助于降低血糖和所需的胰岛素量，Kiyoshi（1988）通过大鼠喂养实验研究了醋酸和食醋对血糖响应的影响，结果表明两组血糖响应变化相似，醋酸能抑制血糖浓度的快速增加或减少，但是食醋组血糖浓度达到最大值的时间有延迟。

（5）对脂质代谢和血压的影响：动物实验和临床报告均有证据显示，食醋因含醋酸，有助于生物体内脂质代谢、对预防高血压有一定作用。可通过促使体内乳酸、血清胆固醇含量减少，使体液保持碱性，对动脉硬化有防治效果；通过促进体内钠的排泄，改善钠代谢异常，从而抑制体内盐分过剩所引起的血压升高；同时可抑制血管紧张肽转化酶（ACE）活性，ACE与高血压发生机理关系密切。

（6）抗氧化、抗衰老、美容功效：自由基引发的脂质过氧化作用，会导致细胞功能的失控或丧失。随着年龄增长，人体中过氧化脂质不断增加，致使细胞代谢功能减退。该现象出现在皮肤上，则导致色素等物质积聚在皮肤表层形成乌斑，使皮肤丧失张力和弹性，出现皱纹和松弛。

有一种观点认为，食醋作为商品的价值差异取决于其外延功效的宣传。例如，日本的黑醋养生潮就是放大了医疗保健的外延功效，人们认为黑醋可以养颜美容、降脂减肥、预防癌症、健康长寿，吃醋成风，出现了醋比酒贵的情况。与此不同的是，意大利香醋则是将其基本调味功效发挥到极致的成功案例。意大利摩德纳传统香醋堪称饮食界的奢侈品，超过12年的为陈酿，超过25年的为特陈酿，陈年越久的产品价格越高。美食评论家称高等级的意大利香醋可以极大地突出食材本身的鲜美滋味，有点石成金之效："将香醋滴在新鲜水果上，味道变得浑厚，颠覆感官；加在牡蛎、蘑菇、奶酪，或是意大利饺子、沙拉上，给人意想不到的味觉冲击；与牛排搭配滋味非比寻常。"不同醋品的成分差异决定了其功效特征，有的精于调味，有的长于保健。无论是基本功效、还是外延功效，都是食醋固有的特征属性，如果能抓住消费者的切实需求，都可以成为卖点。

二、文化旅游的定义

文化是旅游的灵魂，旅游是文化的载体。文化被认为是旅游产品最具有魅力的卖点，有助于提升旅游产品的品质（洪永平，2019）；突出文化在旅游产业中的作用，实现文化与旅游的结合，是提高旅游吸引力的有效途径（蒙吉军，2001）。"文化旅游"的英语表述中最常用的词是"cultural tourism"和"culture tourism"。事实上，文化旅游是最古老的一种旅游形式，如古罗马人到访希腊或埃及，中国古代学者游历名山大川的活动（希拉里·迪克罗，2017）。直至20世纪70年代末至80年代初，文化旅游才开始被旅游营销者和旅游研究者视为一种特殊的旅游产品种类，他们意识到有一部分游客的旅游目的是专门为了更深刻地了解某一旅游目的地的文化或遗产，因此文化旅游被视作旅游体验的一部分（Tighe，1986）。

起初，这种"文化旅游"仅仅被看作是一种专门化的、特色领域的活动，尤其是国外旅游研究者认为文化旅游者通常是为了寻觅不同于阳光、沙滩这种模式的度假方式（希拉里·迪克罗，2017）。随着文化旅游的蓬勃发展，国内外学者对"文化旅游"的内涵给出了不同的看法和更深入的认识，经历了从广义和狭义的范畴争论，再到基于动机、要素等具有操作性的定义方式的变化过程。

（一）广义与狭义之争

文化旅游到底属于是一种泛化的旅游产品设计思路，还是本身就是一种特色旅游产品存在争议。Zeppel（1991）把文化旅游纳入了旅游和旅游管理理论框架内，将其视为一种特殊兴趣的旅游形式。国内学者魏小安（1987）提出旅游活动是经济性很强的文化活动，并使用“文化旅游”这一用语。通常认为，早期对于文化旅游的定义可以分为广义和狭义两种观点：

广义的观点认为文化旅游体现在旅游的各个方面，旅游者从中可以学到他人的历史和遗产，以及他们的当代生活和思想（McIntosh，1999）。郭丽华（1999）提出“文化旅游”不是一种具体的旅游产品，而是一种产品设计思路，是一种突出吸引物文化气息的创意，文化旅游是指旅游者消费这种带有文化色彩的旅游产品的过程。

狭义的观点认为文化旅游是一种对“异质”事物的瞬间消费，例如希拉里·迪克罗（2017）认为文化旅游者是一些有浓厚怀旧情绪的人，与大众旅游者是不同的群体。马波（1998）在《现代旅游文化学》中认为“旅游文化”与“文化旅游”是两个截然不同的概念，首次提出文化旅游是旅游的一种类型。

可见，广义的定义方式具有泛化倾向，并未对“文化旅游”本质特征做出概括；而狭义的定义又过于强调部分游客对于“高雅”文化的追求，而忽视了大众旅游中的文化旅游诉求，界定范围较为局限。

（二）体现动机与经验性的定义

随着文化旅游概念的提出以及深入研究，越来越多的学者对于文化旅游的定义介于广义与狭义的范畴之间，普遍认为文化旅游是一种独特的旅游类型，并从旅游动机和经验性的概括两个方面进行概念的定义。一方面与动机相关联，强调了文化旅游者的旅行动机与其他旅游者是不同的；同时，由于动机本身无法概括文化旅游的全部内涵，采取经验路径，借助活动来定义文化旅游。相关组织和机构也纷纷从动机和经验性的角度给出了文化旅游的定义。欧洲旅游与休闲教育协会（1991）从概念性和技术性两个层面对文化旅游内涵进行了定义。其中，概念性定义为“人们离开他们的日常居住地，为获得新的信息与体验来满足他们文化需求而趋向文化景观的移动”；技术性定义为“人们离开他们的常住地，到文化吸引物所在地，如遗产遗迹、艺术与文化表演、艺术与歌剧等的一切移动”。联合国世界旅游组织（2006）对文化旅游的定义是：人们为了获取新的信息和体验，以满足自己的文化需求，而向其常住地以外的城乡文化吸引物所做的空间运动，以及人们向常住国以外的城市的遗产地、艺术与文化展示、艺术与戏剧等特定文化吸引物所做的空间运动。这个定义强调了人们的文化旅游动机，并列举了文化旅游类型，例如游学、艺术表演、节庆活动、文化盛世、参访遗址遗迹以及宗教朝圣等。国内学者蒙吉军（2001）提出，文化旅游是指旅游产品的提供者为旅游产品的消费者提供的、以学习或研究考察所游览国或地区文化的一方面或多方面为主要目的的旅游产品，如历史文化旅游、文学旅游、民俗文化旅游等。张国洪（2001）认为文化旅游是指因人们对异地异质文化的求知和憧憬所引发的，离开自己的生活环境，观察、感受、体验异地或异质文化，满足文化介入或参与需求冲动的过程。

（三）基于要素的定义

动机性的和经验性的定义虽然具有其优点，但是很难定义文化旅游者所使用的产品类型，具有操作性的定义方式没有把出游动机考虑在内，可能会导致对某一旅游吸引物在旅行决策中重要性的错误解读（希拉里·迪克罗，2017）。因此，研究者又从文化旅游构成要素的角度进行定义，既体现了文化旅游体验的本质特征，又考虑到旅游目的地在营销中能够方便使用。

任冠文（2009）从要素角度对文化旅游进行了定义，认为文化旅游是旅游者主要以消费文化旅游产品，体验与享受旅游活动中的文化内涵，从而获得身心愉悦的一种旅游活动。希拉里·迪克罗（2017）提出了基于四个关键要素的定义方式，包括旅游、文化资产利用、体验和产品消费、旅游者，认为文化旅游是一种旅游形式，依赖于目的地的文化遗产资产、并将它们转化成可供旅游者消费的产品。第一，文化旅游是一种旅游形式，而不是一种文化遗产管理形式。第二，一个社区或民族的文化遗产资产构成了文化旅游活动的基础。作为文化资产来源的当代艺术和物质、非物质遗产，可能同时服从于遗址经理人、艺术管理者、美术馆与博物馆馆长等不同利益主体的管理原则和行为。此外，很多文化资产也可能服务于不同的使用群体，例如旅游者、学生、资产的传统拥有者以及当地居民。这些群体可能出于不同原因而重视资产的价值，寻求不同的使用受益，这些竞争性的用途可能成为旅游、艺术及文化遗产管理之间利益冲突的根源。第三，所有旅游活动都包含着“体验”和“产品”的消费，文化旅游亦如此。文化旅游者希望能够消费各种不同的文化体验，但并非每个人都有能力获得同样深刻或同样高品质的体验；为促进这种消费，文化遗产资产必须被转化为文化旅游产品。这个转化过程把文化资产转变为可被理解的、喜欢的东西，从而实现了资产的潜在价值。第四，旅游者也是构成文化旅游的必要因素。对于目的地的文化遗产及当代文化，多数旅游者知识有限，而且与当地居民相比，他们是不同的文化资产使用群体，有不同的需求与愿望。一方面，如果一味迎合旅游者需求开发旅游产品，这可能与当地居民的需求存在矛盾甚至冲突；另一方面，在旅行前接收的信息类型、质量与真实性，形成了旅游者对于目的地文化资产的期望，也会影响游客在访问目的地期间的预期行为。

（四）文化旅游产品

随着文化旅游业的发展，文化旅游概念逐渐发展成为众多的文化旅游产品，如美食旅游、工业遗产博物馆、农业遗产公园、作为大型盛事组成部分的文化活动等。研究者们试图从不同的角度将属于文化旅游的众多旅游产品、活动和体验进行系统归类。Prentice（1993）根据旅游吸引物的类型，鉴别了23种不同形态的文化旅游体验，其范围从基于科学的吸引物（科学博物馆、技术中心）到初级生产和工业遗产相联系的吸引物，再到体育、宗教和园林。Leask（1999）将文化旅游吸引物划分为建造的、自然的、"活的"遗产三个大类，并在此基础上加入了规模维度（国家/地区、区域、场址）来进行文化旅游产品的分类。希拉里·迪克罗（2017）提出了一种由12种产品种类构成的文化旅游产品分类，按照关键主题进行分组，不同的产品类型之间存在着诸多的重叠和联系，而不是相互排斥的；要区分产品与提供产品的平台，如节日被标识为不同产品形态，为不同文化旅游产品提供了展示、体验的平台。具体的产品分类情况如下：（1）因非旅游目的建造的：史前的、历史的、当代的建造性遗产，未做旅游用途的改造。（2）因旅游目的建造或改建的：专门为旅游建造的吸引物，包括对现有设施的适应性再利用。（3）经济：与农业、工业等相联系的物质与非物质遗产。（4）交通：交通基础设施或上层建筑。（5）文化景观：物质与非物质相结合的特色。（6）创意行业：艺术、表演等。（7）宗教：物质与非物质艺术品和行为活动。（8）侨居民族：主要包括迁徙民族社群相关的物质与非物质资源。（9）现存民族：与现存少数民族社群相关的物质与非物质资源。（10）非物质遗产：体现现有文化的特色（结合某些物质性资源）。（11）黑暗性：人类苦难的场所。（12）自然遗产（双重价值）：与自然风景相关并有其定义的文化旅游产品。这种旅游产品的分类思路采用"伞形产品分类"，文化旅游本身代表了一个产品种类，指的是那些包含在目的地文化遗产资产之中的体验和活动；在这个旅游产品种类中可以区分出不同的产品类别，其中，一个产品类别是一组相关的产品，因一个或多个重要特征与同一种类中的其他产品相互区别；同时，每一类别又可以分出更小的次级单元。采用伞形产品分类的方式，使得研究者既能够关注到各种形式的文化旅游的共有问题，又能够针对性地处理某个旅游体验形态的特有问题。

三、醋文化旅游内涵

（一）醋文化

文化是相对于经济、政治而言的人类全部精神活动及其产品。在进行醋文化的内涵界定之前，不妨先借鉴酒文化和茶文化等的定义。酒文化是指人们在酒的生产、流通和消费过程中所创造和引发的一切物质、行为和精神现象及其关系的总和。吕艳伟（2012）将酒文化的丰富内涵划分为物质、思想制度和文化心理三个层次，其中，物质层包括与酒相关的原料、工具、产品、食器、环境等要素，思想制度层包括礼俗制度、工艺文化、消费文化、服务文化等，文化心理层则与心理愉悦、审美情趣和宗教哲学、民族信仰密不可分。茶文化是指生活在华夏大地的中国人在发现、种植和利用茶作为食品、饮品、礼品、贡品和祭品的过程中，以茶作为载体，表达人与人、人与自然之间各种理念、信仰、情感、爱憎等思想观念的各种文化形态的统称（刘勤晋，2007）。无论是酒文化还是茶文化，其内涵的范畴涵盖了从生产到消费环节的相关活动或产品，涉及物质文化、精神文化和制度文化等多个层面。

李巧义（2007）提出醋文化是包括不同地域和不同时代的酿造工艺文化、醋饮食文化、醋保健文化等在内的，体现了劳动人民勤劳智慧的结晶。白仁杰（2018）提出山西醋文化是山西人民在社会历史实践中创造的与醋有关的物质财富和精神财富。醋文化是基于传统文化土壤而孕育、成长、发展与传承，积淀了深刻而富有内涵的地方文化底蕴，浓缩了劳动人民的智慧与探索精神，因此，醋文化是传统文化不可或缺的一部分。同时，从文化地理视角来看，醋文化内涵还应体现食醋的普遍性和多样性特征，醋是将含有淀粉、糖或酒精的原料经过发酵酿造而成的酸味液体；也是世界范围内广为食用的酸味调味品，其种类的丰富性反映了世界各地自然地理和历史文化的多样性；更是以地方饮食文化为载体，醋文化融入了不同国家和地区富有地域特色的饮食文化体系。

醋文化涉及的范围较广，制醋、食醋、节庆民俗、诗词歌赋、药用食用，醋文化基于中国传统文化土壤的孕育、生长、发展与传承，积淀了其深刻而丰富的文化底蕴与内涵，浓缩了中国人民的智慧和探索精神，是中华民族不可或缺的一部分。醋文化内涵可以分为广义的和狭义的界定，既包括制醋、食醋过程中产生的物质文化和精神文化，也可特指与醋有关的节庆民俗、诗词歌赋等精神文化产品。广义的醋文化内涵是指，以醋为载体，在人类社会历史实践过程中积累的物质财富、精神财富与制度文化的集合，包括其酿造文化、饮食文化、民俗文化、医疗保健文化、企业品牌文化等方面。狭义的醋文化内涵，是指人类在生产、使用醋的过程中，以醋为载体表达人与自然、人与人之间理念信仰、思想情感的各种精神文化形态的总称。立足于山西省的实际情况，醋文化包括传统文化与企业文化，其中醋的传统文化包含酿造文化、饮食文化、民俗文化、医疗保健文化与文学作品中的文化；醋的企业文化包括不同企业的酿造文化与企业的品牌文化。

（二）醋文化旅游

醋文化旅游是近年才发展起来的一种新兴文化旅游产品，从一开始出现就具有文化旅游和产业发展的双重属性。醋文化旅游既是区域旅游产业发展中的一个重要的旅游产品，也是山西省醋产业升级发展过程中醋文化与旅游产业融合发展的重要举措。

首先，醋文化旅游是建立在地方特色的醋文化基础上的，因此根据醋文化的内涵界定，可以分别定义广义和狭义两种范畴的醋文化旅游内涵。广义的“醋文化旅游”可以定义为：以醋和醋文化为主题，以达到积极地休憩和娱乐、获取知识和体验人生价值为目的，开展的形式多样、内容丰富的系列旅游活动。狭义的“醋文化旅游”可以定义为：以醋文化为旅游资源，以参观与体验醋的酿造文化、饮食文化、民俗文化、医疗保健文化，以及文学作品中的文化现象、不同企业的品牌文化等为内容的旅游活动。

醋文化旅游既是富有地方文化特色的旅游活动，也是文化、工业、旅游多方面融合而形成的旅游产品，具有以下特征：

（1）醋文化旅游以展示与体验醋的酿造文化、饮食文化、民俗文化、医疗保健文化以及企业文化等为主要活动内容，通过参观、体验、品尝等多种形式呈现给游客。醋文化旅游活动的吸引物形式可以大体分为两类，一类是各种形式的醋文化，一类是醋产品。与此对应，醋文化旅游的动机也具有双重属性，一是源自人们对醋文化内涵的兴趣，二是源自食醋作为调味料之于饮食，甚至人体健康的益处。

（2）醋文化的内涵丰富，涉及了地域、企业至少两个层级的主体。既包括诸如传统酿制技艺、悠久酿制历史等传统的酿造文化，也包括与醋有关的地方特色饮食、民俗、节庆等传统的地方特色文化，还包括老字号、企业文化、丰富的产品等醋企文化。因此，醋文化旅游发展不仅仅只是醋企层面的事情，也是区域、省域层面文化产业、旅游产业发展中应关注的问题。

（3）丰富的醋文化内涵和醋产业的发展壮大共同构成了醋文化旅游产生与发展的基础。深入研究与挖掘地方醋文化内涵，并将其转化为旅游产品或服务，是促进醋文化旅游发展的关键，醋文化的保护与传承情况也会间接影响醋文化旅游的发展。同时，醋产业的集群化发展不仅为醋文化旅游提供了资金保障，而且为醋文化旅游发展提供了关键的旅游商品，满足游客在醋文化旅游过程中的产品体验与购买等需求。文化与产业两个方面相辅相成，缺一不可。

（4）醋文化旅游的发展动力是醋产业、醋文化和旅游产业的不断深度融合发展。醋文化包括传统的酿制文化和民俗文化、现代的工业文化和企业文化，在醋文化发展及其研究的过程中，旅游者以及消费者的物质、精神层面的需求逐渐得以满足，形成了工业旅游、研学旅游、养生旅游、美食旅游等多种醋文化旅游形式和产品种类。同时，醋文化旅游的发展对于地方醋文化产业的发展具有积极的促进作用，通过旅游活动使得地方醋文化的知名度、美誉度不断提升，进一步提升企业品牌形象、区域整体形象。开发和推广醋文化旅游对于整合地方旅游资源，提升其旅游战略地位和旅游文化品位都有十分重要的意义，在满足广大消费者的文化需求的同时，可以促进醋产业的深度发展，并带动地方经济发展。

（三）醋文化旅游资源

旅游资源是激发人的旅游动机的重要因素，旅游吸引力是其本质属性。因此，旅游资源的丰富度和品质高低对区域旅游发展具有重要影响，被认为是旅游产业可持续发展的基础。醋文化旅游资源是醋文化旅游发展的基础，醋文化旅游资源的价值具有鲜明的时代性和变化性。对旅游资源进行科学的调查与评价，有助于人们对资源特性及其时代价值的深刻认识，是醋文化旅游健康发展的前提。

《旅游资源分类、调查与评价》国家标准（GB/T 18972—2003）中将“旅游资源”定义为：自然界和人类社会凡能对旅游者产生吸引力，可以为旅游业开发利用，并可产生经济效益、社会效益和环境效益的各种事物和因素，均称为旅游资源。可见，旅游资源的存在形式是多样的，既包括有形的物质资源，如自然风光、古建筑物，也包括无形的非物质资源，如传统手工技艺、神话传说。无形的非物质资源通常依附于表现其内核的有形物质资源，这样才能被更好地传播，被旅游者更好地认知与感受，从而发挥其旅游价值（李林，2015）。同时，文化旅游资源是旅游活动的客体，其内容与某种文化有关；但是，相关研究认为文化旅游资源并不等同于其文化资源，只有能对旅游者产生吸引力的部分才能作为当下可开发利用的文化旅游资源。在酒文化和茶文化旅游资源相关研究中，研究者在对旅游资源的定义时强调了以上两方面的特征。

结合醋文化以及醋文化旅游的特征，将醋文化旅游资源定义为：对游客具有内在吸引力、可以转化为旅游参观和体验活动的醋文化资源，以醋的酿造、饮食、民俗、医疗保健等活动和文化现象为载体，兼具有形和无形的、自然属性和人文属性的特征。

第二节　醋文化旅游研究综述

一、醋文化相关研究

国外研究醋的文章大都是关于果醋饮料的医疗保健功能以及如何改进醋的制作工艺。例：美国对苹果醋的保健作用的研究，日本对寿司醋、保健醋的研究，韩国对柑橘食醋的研究，德国对白葡萄酒醋的研究，意大利对红酒醋和香醋的研究，加拿大对苹果醋胶囊的研究等。

比较而言，国内有关醋文化的研究相对较多，特别是在食品科学和医疗保健等相关领域进行了大量研究，研究热点主要集中于酿造技术、风味物质、传统酿制工艺、医疗保健功效等方面。中国近代最早的醋研究成果是1934年出版的由孙颖川、方心芳所著的《山西醋》。民国时期，我国微生物鼻祖方心芳老先生对山西清徐、太原、介休等地进行了实地考察，从原料、酿造过程和成分方面介绍了山西醋，第一次确立了山西醋为四大名醋之首的地位。纪文海（1959）编著《山西清徐老陈醋》，将清徐县老陈醋做重点推荐，其以清徐老陈醋的酿造过程为例，从原料的选取，制曲的方法，发酵—醋化—熏醋—淋醋—陈酿五个步骤的酿造过程来介绍，把山西老陈醋独特的酿造工艺展现在世人面前。刘集贤、万良适（1980）编著的《漫话山西醋》介绍了山西人爱吃醋的原因，以及醋的历史、种类，还介绍了醋的用途。与此同时，食品科学领域研究者们进行了大量食醋酿造相关的研究工作，包括对中国名醋山西老陈醋、镇江香醋等的专门研究，也包括苹果醋、柿子醋、葡萄醋等不同醋品的研究。有不少针对食醋保健功效的专著和研究，包括古籍文献梳理分析。例如郑先民和张仁庆编著《食醋养生饮食》，范秀琴著《健康醋饮》，若兰编著《醋的食性与保健功效：30分钟告别对健康饮食的无知》，曹知行等编著《话说柴米油盐酱醋茶》，杨柱星主编、李荣祝等编写《食醋疗法》，刘强编著《醋的保健功能与药用便方》。此外，还有关于古代醋的医药应用梳理的研究，蒲昭和（1993）从大量古代本草和方书中辑录出有关醋的美容方，研究发现醋在美容方药的应用重在对影响美容的疾病进行治疗，以达到美容的目的，如雀斑、黑气、粉刺、狐臭等；其次具有润肌除皱、乌发、生发、染发等保健功效。丛春雨（2001）从临床应用角度探讨敦煌遗书、马王堆竹简古医方中的用醋机理，并认为敦煌遗书古医方、长沙马王堆竹简古医方开创了用醋治疗内、外疾病包括美容护发的先河。

狭义的醋文化研究的数量相对较少，内容包括对醋的起源及发展脉络梳理，以及民俗、传说等方面。尉福生（1994）根据文献考证推测我国酿醋起源于公元前2500年到公元前2000年前的龙山文化时期。萧风岐（2005）对比分析了西亚、东亚醋的起源与发展，并对东西方醋文化史以及世界名醋进行简要介绍。陈丽媛（2003）阐述了醋的名称演变、醋的起源传说以及种类、医疗应用。赵荣光（2005）介绍了历代醋文化流变以及生活中醋文化延伸意义，研究提出醋是敬神的食品，很早被用作饮料，并且在历史上对醋的理解很广泛，醋在中华民族历史生活中的意义远远地超越餐桌之外。李军（2000）根据民间传说、史料中有关醋的轶事谈唐代的醋文化内涵。顾鸿章（2007）通过查阅相关历史文献，道出了醋的酿造文化，记叙了制醋技艺的发展历程。李巧义（2007）提出醋文化不仅包括不同地域、不同时代的酿造工艺文化，还包括醋的饮食文化、保健文化等多种内涵。徐琳（2012）采用概念隐喻理论，分析汉语“醋”的隐喻认知系统，并探讨该系统与醋文化之间的关系，提出在汉语中“醋”的隐喻不仅是一种语言现象，同时还是人们认知心理和民族文化的折射。

二、山西醋的相关研究

山西醋在中国醋文化中占有重要地位，有不少以山西醋文化为对象的研究。通过以“山西 + 醋”为名，共检索到 126 篇文献，其中期刊文献 42 篇，硕士论文 1 篇。如图 1–3 所示，关于山西醋的文献始于 1995 年，2007 年和 2010 年的文献数量呈现小高峰状态。整体来看，国内学者关于山西醋的研究，呈现了波动起伏较大的状态，近几年关于山西醋的研究逐渐减少，对于醋文化旅游的研究更是缺乏相应的理论研究。

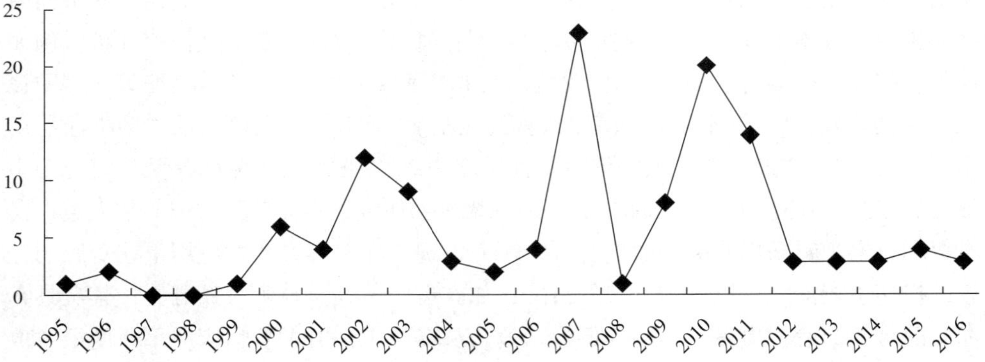

图 1–3　国内醋相关研究文献数量趋势

运用共词分析法分析山西醋研究文献中的高频关键词，进而判断该研究中的热门问题和研究范式。本文以上述方式检索到的 42 篇学术期刊文献为综述对象，通过使用 UCINET 和 NETDRAW 软件处理期刊文献中出现频率前 15 位的关键词，最终结果如图 1–4 所示。其中图谱内的节点所包围的箭头越多、连线越密集，则反映了关键词节点的应用频率及彼此之间联系的密切程度。可以发现 SWOT 分析节点处于焦点位置，其次是制作工艺和产业发展，并且在图中也能观察出市场营销、竞争力、创新等这些节点都与 SWOT 分析、制作工艺和产业发展等相连接，存在着密切关系，也反映出山西醋的主要研究方向为制作工艺和产业市场营销。

以山西醋文化为对象的研究，涵盖了醋的起源与历史变化、传说、民俗、地方

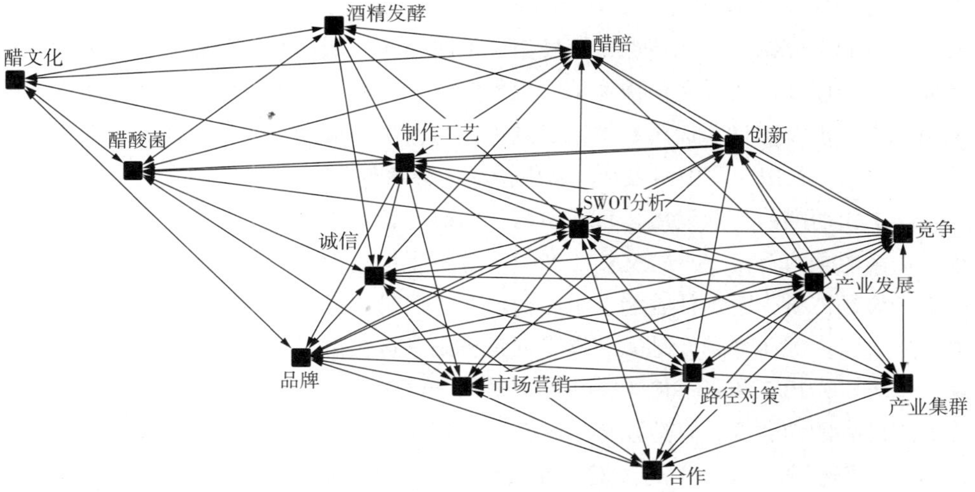

图 1–4　醋文化旅游高频关键词网络绘图

文化、饮食人类学等多个角度。关于山西醋的相关研究开展的时间较短，虽然取得了阶段性的成果，但是在广度方面仍有所不足。主要研究内容集中于山西醋的制作技艺、功能效果、企业的产业化经营三个方面，并且重叠度较高，理论进度没有跟上时代的发展。除此之外，有关企业方面的研究，主要停留在整个山西醋发展的层面上，但是每个地区的具体情况因地而异，不可以偏概全，需要具体问题具体分析，才具有实际的理论指导作用。

（1）山西醋的历史。杨宗新（2018）分析了醋的产生和发展过程，通过比较酿制原料分析了山西老陈醋与北魏前酿醋配方的相似性，同时还介绍清徐醋业在改革开放 30 年来在醋文化建设方面的成果。

（2）山西醋的制作工艺。纪文海（1959）在《山西清徐老陈醋》书中，从原料的选取，制曲的方法，发酵—醋化—熏醋—淋醋—陈酿五个步骤的酿造过程来介绍清徐老陈醋。随着时代的发展，传统技艺不断被创新发展，席青（2010）采用稀释涂布法分离菌株，筛选产醋酸酸度高且产量稳定的菌株。

（3）山西醋的文化。由清徐县地方志编撰委员会编写的《清徐县志》（1999），其中有对醋文化、风俗、民谣、对联的介绍。乞登庆（2006）从山西食醋文化入手，分析认为山西人食醋是农耕文明的产物。宋小乐（2009）从起源、文学作品以及生活中的醋文化现象几个方面，对山西醋文化的重要性、现实意义和象征意义进行了深入研究。黄睿（2009）结合山西老陈醋的历史发展脉络，对山西老陈醋的包装设计做了分析，并在现有的基础上对包装提出了创新和改进的策略。之后，陆续还有其他关于山西老陈醋包装设计的研究。李楠（2014）对山西晋城市庙村进行田野考察，从传统仪式中的醋、饮食中的醋、互动中的醋三方面对庙村醋工艺进行考察。马欣（2014）介绍了山西清徐传统民俗中的醋文化、醋作坊中的醋文化、清徐架火节醋都庙会以及山西醋文化博物馆。颜景宗（2015）分析了晋商与山西醋的发展的关系。白仁杰（2018）运用集体记忆理论，探讨山西醋如何成为山西和山西人的一种象征符号，在山西、山西人和他者中扮演何种角色。

（4）山西醋的产业发展。目前山西醋的研究相关文献主要集中于产业、市场营销、提高竞争力等角度。贾文儒（2003）分析了目前山西醋发展的现状，认为山西醋市场份额占量少于镇江香醋，虽品种增多，但仍需提高，随着企业的规模不断扩大，外省带来的压力越来越大，提出创新机制、扩大市场、扶持龙头骨干企业等建议。牛忠（2013）和张雯佳（2009）均采用SWOT分析法，认为山西老陈醋企业应当利用已有的知名度，打造强势品牌，形成资源合力，实现山西老陈醋产业的跨越式发展。张小军（2010）通过对清徐县醋特色产业集群的形成条件进行深入调查，分析了醋特色产业集群在清徐形成的原因，并通过波特的“钻石模型”分析其现在的状况及存在的问题。武凯（2011）认为醋产业发展，需要发挥政府的引导作用、建立专业化的农产品加工基地、壮大农民专业合作经济组织、培育扶植龙头企业、增强品牌保护意识、加速技术创新。

三、醋文化旅游相关研究

1. 国外研究进展

国外关于醋文化旅游的研究较少，比较相近的葡萄酒旅游研究倾向于工业旅游中的工厂观光旅游研究。20世纪90年代，工业旅游逐渐为政府部门和公众所认识，并成为旅游研究的内容之一，主要包括游客研究、旅游的开发与管理、环境的可持续等。

第一，游客研究。对于游客的研究主要分为游客的人口统计学特征研究和游客的消费心理和行为研究。Carlsen（2004）还发现饮食类工业旅游的游客往往是那些具有较多相关文化知识、有社会意识的年长者；Bruwer（2002）以南澳大利亚的葡萄酒旅游为例，指出游客出于对葡萄酒的兴趣、品尝和购买而形成了旅游动机；Charters（2002）研究了酒产地的旅游游客，探讨了酒文化旅游者的特征和行为，介绍了旅游者动机、旅游者目的和旅游者行为的三维关系分析体系；McIntosh（1999）、Prentice（1993）、Richard（1998）等多名学者，认为工厂开放参观，能够与顾客建立亲密关系，加强消费者对公司品牌的意识，并给消费者留下公司产品优质的印象。

第二，旅游的开发与管理。首先是以产业集群的方式发展。Telfer（2001）提出酿造业、餐饮业、旅行社业、零售业及其他文化艺术和运动休闲产业之间集聚成群，并通过各类正式或非正式的横向和纵向合作结成联盟，形成葡萄酒旅游业发展的有形物质基础和无形社会网络资本。其次是整合产品旅游路线。Johnson（2000）认为法国的数个地区均用葡萄酒线路将自然和文化景点与葡萄酒生产点串联起来，能够通过旅游业来增加收入。最后举办文化节，塑造旅游地形象。Houghton（2001）主张通过举办文化节庆，塑造和提升区域旅游形象，并带动其他旅游资源的开发。第四，行业组织与政府的参与。Carlsen（2001）认为发展饮食类的工业旅游需要工业和旅游业在一系列经济、技术、文化、地理等因素上融合，以及不同管理部门间的通力协作配合。

第三，环境的可持续。环境的可持续性已成为未来旅游业发展的指导准则。工厂观光旅游的开发可通过工厂向游客传授环保知识，使游客增强环保意识。如澳大利亚的龙虾工厂的经营目的之一是通过旅游让人们认识到渔业的脆弱，教育人们不要过度捕捞，达到生态系统可持续发展的目的。同时，越来越多的旅游企业发现他们有责任遵从环境保护立法需要和面对环保主义者的期待。Jefferson（1995）指出工厂为在游客心中树立环境信誉，提高自身环保意识而采取相应措施。此外，吉佛绘制了酿酒业工业旅游绿色估价图解表，指出游客所能参观的每一个环节在环境保护方面的成功做法及需要提高的地方，表格稍作改动就可应用于其他工业景点。

2. 国内研究进展

国内的醋文化旅游数量也不多，相关研究集中于山西、江苏等醋文化历史悠久的省份，醋文化旅游研究处于初期。以“醋 + 旅游”为关键词，在 CNKI 学术期刊文库共检索到 10 篇研究论文。

从研究内容来看，醋文化旅游的相关研究起步于旅游开发对策，早期的研究关注醋文化旅游发展策略、模式的宏观分析和定性总结。李巧义（2007）分析了发展醋文化旅游的意义，提出了保护第一、与地方文化协调的原则，并提出参观、体验、购物三个层面的旅游开发构想。闫彦（2012）通过分析山西醋文化旅游资源概况、发展现状及存在问题，提出山西醋文化旅游开发的对策。赵维娜（2014）定性分析了东湖醋文化园对太原特色旅游的影响。

从研究视角来看，醋文化旅游逐步出现了多样化的研究视角，包括工业旅游、养生旅游、研学旅游、醋文化及其旅游传播，以及企业发展等。罗春燕（2009）从香醋文化保护、与镇江旅游文化衔接、开发香醋旅游产品三个角度，探讨了镇江香醋工业旅游资源开发问题。焦小慧（2017）结合山西醋文化养生旅游资源与开发现状，采用 SWOT 分析方法，提出了山西醋文化养生旅游开发策略：打造特色醋文化养生旅游品牌；整合省内资源整体规划、合作开发；深入挖掘醋文化养生内涵，开发形式多元化；明确目标市场，进行创意营销。韩飞燕（2019）从研学旅行视角分析了山西醋文化旅游的发展，从建设实践教育基地、完善供给体系等多个角度，提出打造高品质的醋文化研学旅行产品构想。赵玮（2018）就山西醋文化建构及其传播途径进行了探讨。黄宗海（2011）总结了山西老陈醋酿制企业的转型发展模式：传统品牌生产、文化产业与旅游产业三者有机结合，并分析了这对于广西传统企业转型发展的启示。

从研究问题和研究方法的发展来看，研究问题逐渐聚焦到文化旅游发展的热点问题上，并且开始采用田野考察等社会研究的科学方法。黄孝东（2020）对山西省国家级非遗项目“美和居老陈醋酿制技艺”进行了细致的田野考察，发现工业旅游对传统技艺型非遗的生产性保护具有很大的作用。该项研究认为工业旅游是推动非遗生产性保护的关键要素，并对非遗生产性保护过程中传承与创新的关系、生产性保护的三大核心原则作了进一步的反思。

第三节　醋文化旅游相关理论概述

一、旅游系统理论

系统由互相联系、互相作用的要素构成，各要素间存在物质、能量、信息的流动，作为一个整体具有特定的功能。系统论的基本思想是把研究对象看成是一个复杂系统，从整体出发分析各个子系统或要素之间的联系，整体观是系统思想的精髓。旅游系统是系统理论在旅游领域的运用，旅游系统的构建强调综合、系统地考虑旅游发展过程中经济、社会、资源、环境等多方面的相互关系和协调发展（张树民，2012）。

（一）三类旅游系统模型

基于系统论观点，国内外学者提出了三类旅游系统模型：旅游功能系统模型（the functioning tourism system）、旅游混沌模型（a chaos model of tourism ）和旅游地理系统模型（the geographical tourism system）。

1. 以 Gunn 为代表的旅游功能系统

规划学者 Gunn 于 1972 年提出了旅游功能系统模型，最早从结构 – 功能的角度分析旅游系统。旅游功能系统模型包括旅游系统的功能、决定旅游系统功能的系统结构和影响旅游系统结构的外部环境。Gunn 认为旅游系统最基本的功能是满足旅游者的需求，整个旅游系统的存在依赖于旅游需求的存在。

该旅游功能系统模型包括旅游人口、交通、吸引物、服务以及信息促销等要素，各组成要素相互依赖、共同作用，其中任何一个要素发生变化都将引起其他要素的变化。如果旅游者偏好发生变化、旅行成本或模式发生改变、开发了新的旅游资源、提供了新的服务或者促销，会导致旅游系统的平衡状态发生偏移，系统中其他要素也会发生相应的变化。

Gunn 于 2002 年对该模型进行了修正（图 1–5），把不同要素分为供给和需求两类，供给子系统包含吸引物、促销、交通、信息和服务，它们相互依赖、共同作用，提供符合市场需求的旅游产品。这体现了旅游产品作为一种组合产品的特点，并且强调旅游者的决策过程和旅游目的地的营销过程，以及旅游者与信息的空间流动过程。

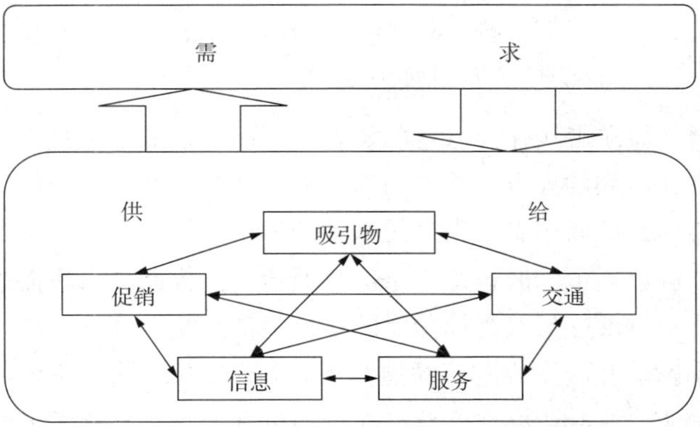

图 1–5　Gunn 2002 年提出的旅游功能系统模型

资料来源：Gunn，2002

外部环境对于旅游功能系统的演化至关重要。影响供给子系统的外部因素包括文化资源、自然资源、政府政策、竞争者、社区、企业家精神、劳动力、金融、组织领导能力等。可自由支配收入和可自由支配时间是影响需求子系统的两个最重要的因素，此外人口因素、社会因素、政策因素也是影响旅游需求的因素。

2. 旅游混沌模型

复杂系统的思想常被运用于旅游研究中，有助于解决一些旅游目的地演化等方面的问题。例如，为什么早期旅游发展条件的一些微小变化会导致一个旅游目的地成为受欢迎的热点地区？McKercher（1999）提出了基于混沌理论和复杂性理论的旅游系统模型。他认为旅游系统是一个以非线性方式运行的、具有混沌特点的复杂系统，紊乱和突变是其内在特点，类似于所有混沌系统，旅游系统对初始条件有强敏感性，最初发展阶段的一个小变化可能导致完全不同的结果。

3. 旅游地理系统模型

Leiper 于 1979 年提出从空间结构角度分析旅游系统模型，并于 1990 年修正该模型包括旅游者、旅游业、客源地、旅游通道和目的地五类要素，从结构功能和空间结构两个层面构建旅游系统，把旅游系统描述为由旅游通道连接的客源地和目的地的组合（见图 1–6）。

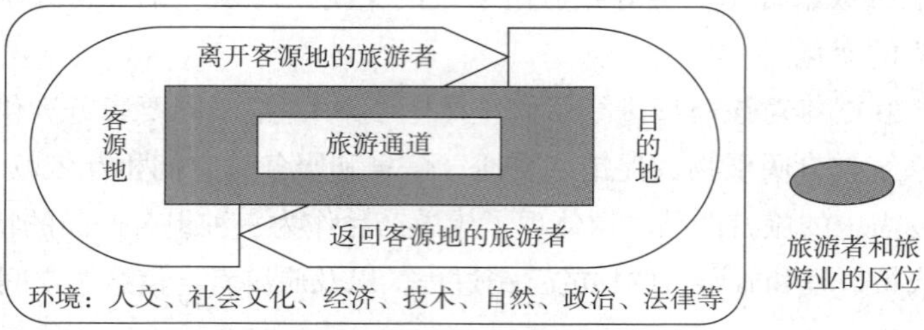

图 1–6　Leiper 的旅游地理系统模型

资料来源：Leiper，1995

旅游客源地是旅游者居住及旅行的始发地，旅游目的地是吸引旅游者在此作短暂停留、进行观光度假的地方，旅游通道将客源地和目的地两个区域连接起来，其不仅仅指那些能够帮助旅游者实现空间移动的物质载体，同时也包括一些旅游者可能参观的地点。旅游通道同时也是一条信息通道，一方面是市场需求信息从客源地流向目的地，另一方面是具有促销功能的目的地信息从目的地流向客源地。旅游通道的特征和效率影响和改变旅游流的规模和方向。Leiper 旅游系统的另外两个要素是旅游者和旅游业，旅游业存在的意义在于通过其产品满足旅游者的旅游需求。李文亮（2005）认为具有非线性特点的旅游地理系统既重视旅游者和旅游业的空间属性，也强调供给与需求间的关系，是旅游科学研究的重要方向。

（二）旅游系统理论与醋文化旅游

旅游系统是各种旅游事项的集合体，通过旅游者的旅游活动使各组成要素相互联系、相互作用构成的一个有机整体，它具有实现旅游价值的整体功能。旅游系统理论为醋文化旅游的研究与开发提供了认识论和方法论基础。

1. 醋文化旅游系统与地方旅游系统的关系

复杂系统具有层次性，各要素的种种差异使系统组织在结构与功能上表现出等级秩序性，形成了具有质的差异的系统等级。系统由要素构成：一方面这一系统是上一级系统的子系统（构成要素）；另一方面，这一系统的要素又是低一层的要素组成的子系统，高层次系统是由低层次系统构成的，低层次系统属于高层次系统。

醋文化旅游是地方旅游的一种产品创新形式，是旅游系统在醋文化领域的组织形式，属于构成地方旅游系统的一个子系统。协调醋文化子系统与地方旅游系统整体的关系，是醋文化旅游发展初期的关键，有助于两条腿走路，一方面开发相对独立的醋文化旅游产品，另一方面使其融入地方旅游发展体系中。从醋文化旅游子系统构成要素来看，政府、醋企业、旅游企业和旅游者共同构成核心主体。供给子系统的吸引要素促进了旅游需求的产生，同时中介子系统对旅游需求成为现实的旅游行为产生了推动作用。

2. 醋文化旅游供给与需求的关系

供给子系统是基于地方醋文化而形成的旅游资源，包括物质性吸引要素和非物质性吸引要素，从起源与历史发展、酿造工艺、食与用，到民俗传统、相关企业文化等与酿醋、食醋、用醋有关的一切物质和精神文化产品。食醋酿造企业、餐饮企业是醋文化旅游中具有特殊吸引力的核心主体，具有展示醋文化、生产醋文化产品、推广醋文化的多重影响。目前有关醋文化的研究集中在供给子系统即醋文化研究上；对于需求子系统的关注较少。需求子系统是旅游系统存在的基础，醋文化旅游产品一方面有助于地方醋文化传承，另一方面应该契合游客旅游的多种需求。张树民（2012）认为需求子系统可以分为客观需求和主观需求，客观需求主要包括人们收入提高、闲暇时间增多、休闲度假的时代潮流等；主观需求主要包括回归亲近自然、求知以及怀旧等需求，主观需求对于旅游的发展起着更重要的推动作用。

二、非物质文化遗产旅游

非物质文化遗产承载着人类文化基因和民族记忆，对世界文化的多样性和可持续发展具有重要意义。2001 年联合国教育、科学及文化组织（United Nations Educational，Scientific and Cultural Organization，简称 UNESCO）公布了第一批世界非遗代表作，于 2003 年通过了《保护非物质文化遗产公约》。《公约》正式确定了“非物质文化遗产（intangible cultural heritage）”的提法，并将其定义为：“被各群体、团体、有时为个人所视为其文化遗产的各种实践、表演、表现形式、知识体系和技能及其有关的工具、实物、工艺品和文化场所。各个群体和团体随着其所处环境、与自然界的相互关系和历史条件的变化，不断使这种代代相传的非物质文化遗产得到创新，同时使他们自身具有一种认同感和历史感，从而促进了文化多样性和人类的创造力。”由于非遗的多元性特点，决定了非物质文化遗产的全球标准化表述在世界范围内推广和使用具有一定难度。

2005 年国务院按照 UNESCO 的非遗分类情况，在《关于加强文化遗产保护工作的通知》中对非遗定义如下：“各种以非物质形态存在的与群众生活密切相关、世代相承的传统文化表现形式，包括口头传统、传统表演艺术、民俗活动和礼仪与节庆、有关自然界和宇宙的民间传统知识和实践、传统手工艺技能等以及与上述传统文化表现形式相关的文化空间。”山西省清徐老陈醋酿制技艺于 2006 年入选第一批国家级非物质文化遗产，醋文化旅游产品也包括老陈醋酿制技艺展示，明晰并依据非物质文化遗产与旅游相互关系，是醋文化旅游可持续发展的前提之一。综合前人研究成果，分别从非遗保护途径和非遗旅游开发两个方面，简述非遗文化及旅游研究领域的主要观点。

（一）非遗保护途径

联合国教科文组织《保护非物质文化遗产公约》提出非物质文化遗产保护的核心是“采取措施，确保非物质文化遗产的生命力”。宋俊华（2012）认为由于对如何确保“非物质文化遗产生命力”的理解不同，在非遗保护途径上最初产生了两种截然不同的路线：一种是保守路线，另一种是激进路线。保守路线强调非物质文化遗产的“本真性”和“原生态”。这种观点认为对非物质文化遗产的继承和传承大于其发展与创新，坚持遗产文化本位，反对遗产商业化、产业化。激进路线强调非物质文化遗产的“变化性”和“活态性”。这种观点认为对非物质文化遗产的发展与创新的目的，正是为了更好地继承和传承非遗文化，重视非遗文化的与时俱进，并肯定非遗文化的商业化和产业化。实际上，在非物质文化遗产保护的实践中，本真性与活态性是被同时关注的两个重要因素。中国在非物质文化遗产保护实施过程中，主要采取了抢救性保护、生产性保护、整体性保护、立法保护这四种重要的保护方式。其中抢救性和整体性集中体现了非物质文化遗产保护中的本真性要求，而生产性保护则更关注其活态性特征。在非物质文化遗产名录的申报过程中也遵循活态性的原则，对于已经消失成为历史的非物质文化遗产，不再进行立项保护。“活态性”是指它是鲜活的，它包括“各种社会活动、讲述艺术、表演艺术、生产生活经验、各种手工艺技能以及在讲述、表演、实施这些技艺与技能的过程中所使用的各种工具、实物、制成品及相关场所”，这些都是由生命过程中的人所进行或从事的。

此外，非物质文化遗产还具有“生产性”的特征。“生产性”的涵义既包括通过非物质文化遗产技艺等进行的产品创造，也包括非物质文化遗产的精神层面的弘扬和传承，涉及精神的和物质的两个层面。非物质文化遗产的“活态性”与“生产性”特征共同决定了非遗保护是一种非常特殊的保护，这种保护是在生活与生产过程中完成的。非物质文化遗产的生产性保护概念于2009年后兴起，是指通过生产、流通、销售等方式，将非物质文化遗产及其资源转化为生产力和产品，产生经济效益，并促进相关产业发展，使非物质文化遗产在生产实践中得到积极保护，实现非物质文化遗产保护与经济社会协调发展的良性互动。

总体而言，学术界对非物质文化遗产保护的研究主要从立法保护、保存记录、提高民众保护意识等方面展开，我国学者更多地从旅游开发角度提出非遗保护策略。其中，立法保护和保存记录途径侧重于对非遗进行静态的抢救与保存，而非遗的旅游开发则面向更广泛的市场群体，在保护非遗文化的基础上，可以借助旅游的教育和宣传作用，同时让社会大众普遍了解非遗文化，实现对非遗文化的实时、动态宣传与展示，从而更好地实现非物质文化遗产的传承。因此，对于非物质文化遗产的保护与传承而言，非遗旅游开发具有独特的内在优势。

（二）非遗旅游开发

非物质文化遗产保护与传承是非遗研究领域的重要课题，随着研究与实践工作的不断深入，逐渐引起了旅游研究领域的重视，研究者们普遍认为非物质文化遗产不仅具有较高的旅游开发价值，而且具有较高的开发意义。旅游开发被认为是非物质文化遗产摆脱濒危的困境并实现自我生存的重要途径，是非遗保护与利用的重要方式。首先，旅游开发能够使日渐濒危的非物质文化遗产重新焕发生机。非物质文化遗产的保存与保护是文化部门面临的重要任务，但是单纯的保存和保护需要投入大量的人力和资金，而且对提高非遗的自身生命力见效甚微。总体来讲，固化的文化遗产保护形式，例如静态展示等，并不是特别有效的非遗保护方式。其次，对非物质文化遗产项目进行旅游开发，不仅为非遗项目的各类产品带来市场需求，一方面可以提升非物质文化遗产技艺与产品融入现代社会生活的程度，另一方面可以为非遗项目的保护提供资金支持和群众基础，从而反向促进非遗保护与传承的可持续发展。

但是，非物质文化遗产是一种敏感且相对脆弱的文化资源，旅游开发的合理性会对非物质文化遗产项目的本真性、活态性等产生重要的影响，不合理的开发模式将会对非遗产生无可挽回的严重后果。非物质文化遗产项目与当地旅游是什么关系？如何实现该地非遗旅游的可持续发展？这些问题必须借助相关学科理论研究和实践经验进行斟酌。由于旅游开发中存在的认识盲目性、定位模糊性和开发随意性等问题，可能会造成遗产价值的流失和市场混乱。

因此，科学合理的价值评估是非物质文化遗产旅游开发和可持续发展的前提条件。赵悦（2013）根据旅游资源价值评价的三大标准，提出了非物质文化遗产旅游开发价值的判断依据。这三个标准分别是，从需求角度来讲对旅游者具有强烈的吸引力，从供给角度来讲对旅游企业具有经济价值，从价值评价内容来讲应综合考虑社会效益、经济效益和环境效益。

（1）非物质文化遗产包含了文化价值、精神价值、艺术价值、娱乐价值、经济价值、社会价值等，这些可以满足不同旅游者的多种需求。在这其中，文化价值和精神价值是非物质文化遗产的核心价值，具有重要的保护意义；而艺术价值和娱乐价值可以呈现为丰富多样的产品形式或表现形式，具有极大的开发潜力和空间。

（2）非遗旅游资源开发满足了多样化的旅游需求，扩大了旅游企业的市场范围。随着多种多样的专项旅游活动推陈出新，以体验各地区、各民族文化遗产为主要目的的非遗旅游主题活动备受青睐。国内外旅游研究与实践证明，随着旅游市场规模的不断扩大以及旅游产业发展的逐渐成熟，非物质文化遗产作为一种旅游资源的重要性会更加突出。

（3）非遗旅游的发展不仅有助于增强不同社会群体对文化遗产的认同感，产生良好的社会效益和环境效益，还可以创造较好的经济价值，促进旅游经济的稳定增长。

根据不同旅游者多样化的休闲旅游需求，可以开发出不同类型的非遗旅游产品。纵观国内外研究，主要有以下几种比较成熟的非遗旅游开发模式：博物馆、民俗节庆事件、主题公园、舞台演艺、美食、旅游商品等。不同的开发模式从不同的视角、以不同的表现形式，来展现文化遗产的内涵与魅力。例如第一批入选我国UNESCO非物质文化遗产代表作的昆曲，其旅游开发就综合了不同模式进行全方位开发，旅游产品包括昆曲主题公园、昆曲戏剧演艺、中国昆曲艺术节、中国昆曲博物馆以及昆曲旅游商品开发，极大地满足了旅游者的多种旅游体验需求。

三、产业融合理论与工业旅游

（一）产业融合理论

“产业”是由提供相近商品或服务、在相同或相关价值链上活动的企业共同构成的，根据某类共同特性将企业划分为不同产业。“融合”是指几种不同事物朝着一个点运动或者是两个或更多要素的汇合。“产业融合”现象出现于20世纪60代的技术创新领域，美国学者罗森伯格最早提出了技术融合的定义，英国学者赛海尔等在此基础上进一步提出了产业融合，认为一种技术范式跨不同行业的扩散，导致这些产业出现技术创新，扩大了这些产业的技术基础，从而导致产业融合。厉无畏（2002）提出产业融合是指不同产业或同一产业内的不同门类相互渗透、相互交叉，最终融为一体，逐步形成新产业的动态发展过程。借鉴前人已有研究，“产业融合”是产业现代化进程中产生的一种经济现象，不同产业之间或相同产业内部不同行业之间在技术与制度创新的基础上相互渗透、相互交叉，最终融合为一体，逐步形成新的产业形态的过程；技术进步、放松管制和管理创新是导致不同产业边界的模糊或消失、使产业之间联系更为紧密的原因。

产业融合涉及众多领域，不同学者分别从技术、产品、供需等不同角度对产品融合类型进行了多种划分。Greenstein（1997）从技术角度将产业融合模式分为替代性融合和互补性融合。Pennings（2001）引入经济学研究领域中的需求——供给模型，将产业融合类型划分为：需求替代型、需求互补型、供给替代型和供给互补型。胡汉辉（2003）从产业角度出发，将产业融合分为产业渗透、产业交叉和产业重组三种形式。厉无畏（2002）依据融合程度将产业融合分为完全融合、部分融合和虚假融合三类。Stieglitz（2002）综合了技术、产品和供需不同角度将产业融合分为技术替代性融合、技术互补性融合、产品替代性融合和产品互补性融合四种基本的类型。

产业融合的动因大致可分为两类：技术的进步和管制的放松。陈柳钦（2007）从产业之间的关系和经济学角度出发指出，产业融合发展的内在动力主要在于产业之间的关联性以及经济社会对实现效益最大化的追求。于刃刚（2006）等在著作《产业融合论》中指出，产业融合有四大要素：政府放松经济法规、技术创新、企业跨产业并购、组建战略联盟，四大要素以及要素之间的相互作用引导了产业融合的产生，现代社会科学技术得到快速发展，关联性技术不断涌现，信息传播速度加快，产业之间融合的速度和深度得以提升，从侧面为融合提供了支持。其他诸如市场竞争的加剧、跨国公司的出现、政府发展政策的支持等都从不同程度上推动产业融合的发展趋势。

产业融合现已广泛出现于技术、信息、经济等领域。旅游产业融合是旅游产业与其他产业、旅游产业内部不同行业之间发生相互渗透、相互关联，形成新的产业的过程。旅游产业具有强的产业渗透性，与其他产业之间有着千丝万缕的联系，具有与其他产业融合的特性。旅游产业与其他产业的渗透、融合表现在旅游产业融合产品的多样化上，杨颖（2008）将旅游产业融合分为两类：一类是旅游业与其他服务业的融合，如教育旅游、体育旅游、医疗旅游、奖励旅游、会展旅游、研学旅游、房地产旅游、公务旅游、节事旅游、文化创意旅游；另一类是旅游业与第一、第二产业的融合，如工业旅游、观光农业旅游。由于旅游业具有涉及面广、关联性强、包容性大、带动性强等特征，旅游产业不断与商业、农业、工业和服务业等其他产业融合发展，从而形成新的经济增长点，同时兼顾社会、生态、文化等多方面的效益，从封闭的旅游自循环向开放的“旅游 +”大循环方式发展，有助于区域“全域旅游”格局的形成。

（二）工业旅游

工业与旅游业融合出现了工业旅游，满足了游客多种旅游动机和旅游需求，成为旅游业发展的新热点。原国家旅游局 2003 年发布的《全国农业旅游示范点、工业旅游示范点检查标准（试行）》中，将工业旅游点定义为：以工业生产过程、工厂风貌、工人工作生活场景为主要旅游吸引物的旅游点。姚宏（1999）提出工业旅游是专项旅游的一种，将企业所拥有的工厂、工业生产及工程操作等作为旅游吸引物，游客通过参观、游览、体验，使自己获得科学知识、满足自己的求知欲望，同时也获得购物、观光等基本旅游享受的过程。

工业旅游内容包括工业遗产旅游和工厂观光旅游。工业遗产旅游是指，在废弃的工业旧址上，通过保护和再利用原有的工业机器、生产设备、厂房建筑等，改造成能够吸引现代人们了解工业文化和文明，同时具有独特的观光、休闲和旅游功能的新方式（李同升，2006）。工业遗产旅游起源于英国，随后在德国、美国、加拿大、日本等地获得迅速发展，是一种从工业考古、工业遗产保护发展起来的旅游形式。工厂观光旅游包括旅游业、工厂、游客三个要素，工业遗产旅游促进了工厂观光旅游的发展；工厂通过让游客参观生产过程，与游客建立其顾客关系，加深游客对企业品牌、产品形象的印象。工业旅游类型可细分为工业遗产旅游、产业公园旅游、工业科普旅游、企业文化旅游、工业购物旅游。国内工业旅游主要在具有较高知名度的企业开展，内容包括：企业标志性建筑、人文景观、厂区环境，企业生产过程，企业文化，行业以及企业的发展历史。

工业旅游具有知识性、效益多重性、依附性和较低的重游率等特征（田伟珂，2012）。工业旅游是第二产业和第三产业融合的结果，游客体验工业知识、科学技术、工艺流程、企业文化等方面的知识性特点突出。工业旅游的开展使得企业、政府、社区居民共同受益，企业除了门票等旅游直接收益以外，游客的口碑效应也会给企业带来潜在的间接效益；同时，旅游还促进了与当地社区居民的文化交流，促进当地政府的经济增长，带动相关旅游产业共同发展，缓解当地就业等。但是，工业旅游资源具有不可转移性，同时缺少娱乐性和休闲性，工业旅游活动依赖于较高工业企业知名度和影响力、较高的科技含量、先进的生产设备、高超的工艺流程等。最后，工业旅游具有相对较低的重游率。

四、产业结构演化和旅游区位论

（一）产业结构演化理论

产业结构演化理论也被称为配第－克拉克定理，是揭示产业结构演变规律的重要经济学成果，该定理首次使用劳动力在三次产业中的就业比例来表示产业结构。英国经济学家科林·克拉克定量分析了 1958 年 59 个国家人均 GNP 与三次产业就业比例的关系，证实并丰富了早在 17 世纪英国经济学家威廉·配第提出的产业结构演变规律，即随着国民收入水平的提高，劳动力将向三次产业顺次转移。

至于这种劳动力转移规律的原因，克拉克从两个维度进行了分析：一是附加值的维度，三次产业的附加值是顺次递增的，附加值的递增意味着劳动力收入的上升；二是收入弹性的维度，三次产业提供的商品或服务的需求收入弹性也是顺次递增的，即随着收入的提高，社会对工业品尤其是耐用消费品、对非物质的服务尤其是信息服务的需求将有更多更快的需求。

随着国民经济的发展和国民收入的提高，商业经济逐渐从有形产品的生产向无形服务生产，形成劳动力向第二、第三产业转移，也就是产业结构演化。醋企业起初仅仅重视醋产品的生产与销售，对醋文化内涵及市场需求的关注度不高。随着人们生活水平的提高，以醋文化为主题的旅游体验需求也相应产生了。醋企随之利用第三产业加强对传统企业的改造，以旅游业带动工业生产、并促使传统产业实现升级。因此，深入研究山西醋文化旅游发展的情况，是符合产业结构演进规律要求的，可以为醋企及地方经济社会及文化发展提供更广阔的发展空间。

（二）旅游区位论

区位是指事物占有的场所，包含位置、布局、分布、位置关系等多方面的意义。区位理论是关于人类社会事物的空间位置及其结构关系的理论，是区域经济理论起源的基础。20 世纪 20 年代到 40 年代发展为以德国克里斯泰勒（Christaller）的中心地理论、德国廖什（Losch）的市场区位论为代表的近代区位理论。旅游区位论即是由中心地理论外延出的概念，是有关旅游地与客源地、各旅游区域与旅游区域之间的位置关系、可达性等形成的空间格局与网格格局以及各形态组织的方式之间的经济效益关系的理论。

旅游区位理论在旅游资源评价、旅游市场区位的选择、旅游交通整体布局、旅游产业结构与规模、旅游产品的营销方式等方面起到了关键性作用。针对醋文化旅游资源评价，根据其区位特点以及旅游资源的不可移动性，从旅游资源的形成条件、分类、特点、价值、环境要素等方面确定地方醋文化旅游的不同层次角度的规划与评价，分析该地区醋文化旅游资源状况，进而提出具体开发体系建议。通过分析醋文化旅游景区、景点与区域旅游景点分布关系以及区域旅游业发展空间演化特征，不仅可以为区域醋文化旅游可持续发展提供理论和实践依据，还有助于科学认识醋文化旅游与地方文化旅游的关系。

第二章
山西省醋文化概述

山西老陈醋以悠久的历史和精湛的酿制技艺著称，随着历史上多次移民大迁徙和晋商的崛起，老陈醋逐渐成为山西的文化符号。山西省醋文化根植于地方传统文化的土壤，孕育产生、发展和传承，积淀了丰富的文化底蕴与深刻的内涵，浓缩了劳动人民的智慧和探索精神。“家有二两醋，不用去药铺”，山西人普遍认同醋有一定的保健功效。除了将醋作为调味料食用之外，山西人一直保留有多种醋的妙用，例如每逢秋冬流感季，家庭、学校仍然保留有熏醋、蒸醋的习惯，用以杀死室内空气中可能含有的病菌。本章重点从醋文化内涵、醋的发展历史、醋产业的发展现状、醋文化的时代价值这四个方面，对山西省丰富的醋文化内涵进行梳理与总结。

第一节　山西省醋文化内涵

一、酿造文化

山西老陈醋是中国四大名醋之一，具有酸、绵、香、甜的气质，其“色泽深褐，醋香浓郁、醇厚，食之绵酸、回味悠长，越陈越香，过夏不腐，入冬不冻”。山西老陈醋的主产地位于山西省太原市清徐县孟封、清源、徐沟、西谷等地。山西老陈醋有悠久的酿造历史文明，傅金泉（2008）提出早在春秋战国时期，晋阳古城内醋坊即以液态发酵方式即缸瓮酿醋，到北魏由液态发酵改为固体发酵，为山西老陈醋酿造技艺的独特风格奠定了基础。2006年清徐老陈醋酿制技艺入选第一批国家级非物质文化遗产项目，老陈醋以红高粱为主料、麸糠为辅料、红心大曲为发酵剂，经多道酿制工艺陈酿而成。独具特色的酿造技艺在清徐世代相传，经过不断实践加以完善，最终形成了经“蒸、酵、熏、淋、陈”一整套的先进食醋酿制技艺。

（一）考究的酿制技艺

山西老陈醋的酿制技艺发展至今经历了 1000 多年的历史，其用料和工艺皆精益求精，甚为考究。酿醋的第一关在于选料，选择产自黄土高原的高粱、豌豆、大麦、麸皮、谷糠。大曲发酵的主要原料是大麦和杂色豌豆，二者按照 7：3 的比例混合成大曲，用石磨碾压粉碎、人工采制而成。既要达到疏松性，又要保持一定的水分。按照传统工艺要求，高粱粉碎成 6~8 瓣才够标准，浸渍 20 小时，然后蒸熟。100 公斤高粱，添加 30 公斤红心曲拌在一起，经过 18 天酒精发酵过程，再加入 35.5 公斤由麸皮和谷糠混合而成的醅，双臂翻转揉搓。随后进入关键的熏的环节，温度和湿度至关重要，充分搅拌融合的熏醅，经过加温熏制，发生进一步的酯化反应。最后，浸水冲淋出来的原醋进入夏曝晒、冬捞冰的陈化阶段，使醋中的杂质沉淀，水分通过蒸发或结冰析出，同时醋中的物质充分地进行化合和分解，至少经过一年以上陈酿，香味进一步升华，制得醇厚风味的老陈醋。

通常认为，山西老陈醋的酿制需经历蒸、酵、熏、淋、陈五大工序。在山西老陈醋国家新标准《地理标志产品山西老陈醋》（GB/T 19777—2013）中，对山西老陈醋酿制传统工艺的主要工艺流程和工艺特点进行了简要说明。从原料开始，现代化的山西老陈醋酿制流程主要包括八个关键环节，从原料粉碎开始，到蒸制、酒精发酵、固态发酵、熏醅、淋、陈、勾调，最终制得成品（图 2–1）。山西老陈醋的主要工艺特点，则是以高粱、麸皮为主要原料，以大曲为糖化发酵剂，经酒精发酵、高温固态醋酸发酵、熏醅、淋醋，入缸或池伏晒、捞冰陈酿，陈酿期 12 个月以上。

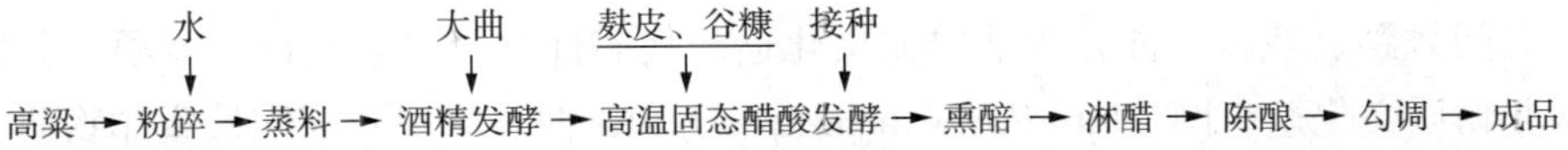

图 2–1　山西老陈醋酿制主要工艺流程

颜景宗（2004）认为山西老陈醋的酿造技艺独特性在于：以大曲为糖化剂、糖化酒精发酵时间长，醋醅高温接种引火、别具一格的熏醅工艺，以及夏伏晒、冬捞冰后贮陈老熟陈酿。这些工艺流程是老陈醋富含多种有机酸及许多有益风味物质的形成过程。其中，独有的“熏醅”工艺是将醋酸发酵的醋醅用温火熏烤，使其颜色逐渐由黄变褐直至成深褐色。这一过程不仅增加了醋的色泽和焦香味，同时促进了酯化反应，增加了成品的有效成分，形成老陈醋绵酸香甜鲜的口味。除原料和发酵工艺外，老陈醋的品质还取决于陈酿后熟工艺。夏季烈日暴晒水分蒸发、醋浓度提高，进一步促进了酯化反应，为“夏伏晒”；冬季醋中的水分结冰浮出时及时捞出，为“冬捞冰”。经历大约一年时间的陈酿，期间进行伏晒、抽冰工艺处理，最终成就了老陈醋的色、香、味。醋文化的分布和传播受地理环境、经济环境和文化环境的影响，自然环境造就了食醋酿造原料和工艺（孙芃，2015）。老陈醋精酿技艺是山西省最具代表性的传统技艺型非遗项目，它根植于山西独特的地理环境、气候环境和人文环境。

（二）多样化的酿醋工艺

在山西老陈醋的形成发展脉络一节，我们已经阐述了以清徐老陈醋酿制技艺为代表的山西老陈醋酿制工艺，具有区别于其他地区和国家醋品酿制的独特的工艺特点。但是，山西的酿醋传统技艺还有一个重要的特点也是必须交待的，那就是山西境内的大小醋企传承与延续的传统酿醋技艺具有极高的多样性。由于山西的酿醋历史悠久，曾出现众多老字号醋坊，在山西老陈醋基本的酿制工艺流程基础上，各家均有独特的酿造秘诀。毫不夸张地说，传承老字号的各醋企在其酿制工艺流程中的各环节可能都有一些独特之处。另外，山西省是中国的食醋酿造大省，醋企数量也居全国之最。各大醋企在传统酿醋工艺的基础上，不断进行新产品开发与技术创新。因此，山西醋不仅传承了优秀的传统酿造技艺，而且在工艺创新、品质升级等方面保持着相当的活力。

仅从传统技艺非物质文化遗产保护来看，除清徐老陈醋酿制技艺以外，还有数家醋企传承的传统酿醋技艺入选了非物质文化遗产名录。为使非物质文化遗产保护工作规范化，我国制定了“国家－省－市－县”4级保护体系。其中，国家级非物质文化遗产名录是经中华人民共和国国务院批准，由文化和旅游部（简称“文旅部”）确定并公布的非物质文化遗产名录，2006年、2008年和2011年、2014年国务院先后批准分别命名了四批国家级非物质文化遗产名录1372项。山西省省级非物质文化遗产名录是山西省文化厅发布的针对非物质文化遗产保护的项目名录，截至2017年5月已公布了五批山西省省级非物质文化遗产名录，包含民间文学、民间音乐、民间舞蹈、戏剧、曲艺等非物质文化遗产代表性项目名录共计754项。分别从中国非物质文化遗产网（http://www.ihchina.cn）和山西省人民政府网检索非物质文化遗产保护的项目名录信息，从中筛选与醋有关的项目并进行整理，汇总了入选国家级和省级非物质文化遗产代表性项目名录的酿醋传统技艺项目（表2-1和表2-2）。

表2-1　国家级非物质文化遗产代表性项目名录中的酿醋传统技艺

序号	名称	编号	公布时间	类型	申报地区	保护单位
1	清徐老陈醋酿制技艺	Ⅷ－61	2006（第一批）	新增项目	山西省清徐县	山西水塔醋业股份有限公司
2	镇江恒顺香醋酿制技艺	Ⅷ－62	2006（第一批）	新增项目	江苏省镇江市	江苏恒顺醋业股份有限公司
3	老陈醋酿制技艺（美和居老陈醋酿制技艺）	Ⅷ－61	2008（第二批）	扩展项目	山西省太原市	山西老陈醋集团有限公司
4	酿醋技艺（小米醋酿造技艺）	Ⅷ－61	2014（第四批）	扩展项目	山西省襄汾县	山西三盛合酿造有限公司

表 2-2 山西省省级非物质文化遗产代表性项目名录中的酿醋传统技艺

序号	名称	编号	公布时间	申报地区	保护单位
1	山西老陈醋传统酿制技艺	Ⅷ -4	2007（第一批）	太原市清徐县	未注明
2	老陈醋酿制技艺（“益源庆”宁化府老陈醋醋酿造技艺）	Ⅷ -4	2011（第三批）	太原市迎泽区	太原市宁化府益源庆醋业有限公司
3	老陈醋酿制技艺（辛寨陈醋酿制技艺）	Ⅷ -4	2011（第三批）	长治市壶关县	辛寨绿色醋业有限公司
4	老陈醋酿制技艺（四眼井醋制作工艺）	Ⅷ -4	2011（第三批）	晋中市榆次区	四眼井酿造实业有限公司
5	山西老陈醋同步发酵传统酿造工艺	Ⅷ -4	2017（第五批）	太原市清徐县	山西紫林醋业股份有限公司
6	山西老陈醋古法酿制技艺（“德盛昌”老陈醋古法酿制技艺）	Ⅷ -4	2017（第五批）	晋中市和顺县	山河醋业有限公司

首先，从国家级非遗项目名录来看，山西省共有三项有关醋酿制的传统技艺入选非遗项目名录，是受非遗保护的酿醋传统技艺项目数量最多的省份。其中，清徐老陈醋酿制技艺为非遗代表性项目，美和居老陈醋酿制技艺和小米醋酿造技艺分别于 2008 年和 2014 年入选非遗扩展项目。同时，在这三项传统技艺中，两项为老陈醋酿制技艺，还有一项是小米醋的酿制技艺。这就是说，山西省不仅老陈醋的酿制历史悠久、技艺醇熟，还有多种品类的醋酿制传统技艺需要保护与传承。而全国其他省份中，仅有镇江恒顺香醋酿制技艺入选该名录。其次，从山西省省级非遗项目名录来看，先后共有 6 项酿醋传统技艺入选省级非遗项目名录，保护单位分别是来自太原市清徐县、迎泽区，晋中市榆次区、和顺区，以及长治市壶关县的知名醋企。

由此可见，山西省传统酿醋技艺具有丰富的多样性特征，不仅是山西省悠久酿醋历史的见证，对山西食醋行业发展具有选择价值。对于传统酿醋技艺多样性的保护和传承，不仅是地区非物质文化遗产保护工作的内容，对食醋行业的发展更具有极高的保护价值和传承意义。不妨借用生物多样性特征所体现出来的价值层次，来对传统酿醋技艺多样性的价值进行解读。传统技艺多样性的价值也可分为直接使用价值、间接使用价值、选择价值和存在价值四类。除直接和间接的使用价值之外，多样化的传统酿醋技艺具有潜在的利用价值，虽然目前人们在食醋的工业化生产中尚未对其中一些技艺的流程加以规模化利用，但是可能有助于未来新的产品研发及技艺创新，此为存在价值。但是，食醋产业集群化发展的趋势，不可避免地会弱化传统酿制技艺的多样性特征，因此，在山西省食醋行业规模化产业化发展的阶段，应关注各种不同的酿醋传统技艺的保护与传承，协调非物质文化遗产的传承与发展矛盾。

进一步从非物质文化遗产保护相关网站、企业网站等多种渠道，收集并整理了部分有代表性的传统酿醋技艺特征。

（1）美和居老陈醋酿制技艺：美和居老陈醋酿制技艺在中国酿醋领域独树一帜，是我国老陈醋传统酿制技艺的典型代表。明代洪武元年，太原醋坊“美和居”的酿醋师傅创造出“熏蒸”工艺和“夏伏晒，冬捞冰”的陈酿工艺，使山西老陈醋的酿造工艺发展到新的水平。又经六百多年的传承和发展，形成了基于手工技艺的山西老陈醋现代生产工艺。美和居老陈醋酿制技艺有其独特的工艺流程，生产中采用特定的原辅料和经典的原材料配方，像低温酒醪液体发酵、高温接种引火、熏淋醋醅结合制醋、夏伏晒、冬捞冰、贮陈老熟等都是其中重要的技艺手段。

（2）益源庆老陈醋酿制技艺：宁化府醋以优质高粱、大曲（用大麦、豌豆制作）为主料，辅料有谷糠、麸皮等；具体酿造流程分为粉碎、拌谷糠（或稻壳）、加水润料、蒸料、拌曲、入缸酒精发酵、拌麸皮、谷糠（或稻壳）、醋酸发酵、熏醅、浸泡、淋醋、灭菌、陈酿（老陈醋）、检测等十几道工序；主要使用的工具和设备为不同规格、型号、口径的陶瓷大缸，运输用小推车、扫帚、草盖等；成品色泽棕红清亮、熏香扑鼻、酸味柔和浓郁、酯香醇厚、微甜、微鲜、回味生津。宁化府醋采用的纯粮全固曲法，兼具前液后固法所酿的酸香绵甜、存放不变质的特点，以及纯粮全固曲法才能诠释的“酸”“香”“绵”“甜”为一体的醋味。二者的区别在于用料和方法不同，前液后固法可使用部分单菌种、添加添加剂防腐剂；纯粮全固曲法使用纯良制作的大曲（多菌种）来酒精发酵，无须加入防腐剂和添加剂，采用固态封闭法进行酒精发酵，使之色泽红棕、熏香扑鼻、酸味柔和浓郁、微甜、微鲜。

（3）水塔醋固态发酵工艺：水塔醋业是山西省第一家采用固态发酵工艺生产老陈醋的企业，并且首先将醋糟进行回收利用，且无须后期废水处理。此外，水塔醋业是第一个尝试在醋酸发酵工艺中以大缸取代小缸，以铁锹翻醅代替手翻醅工艺的醋企业。这两项技术为提升传统酿醋行业向产业化发展注入了活力和动力，这样可以节约生产占地面积，扩大产量。

（4）“德盛昌”老陈醋古法酿制技艺：明末清初，和顺县阳光占地区为东西来往交通要道，周姓兄弟在此设驿站，并设酒坊和醋坊，首创“德盛昌”老陈醋古法酿制技艺，距今有将近400年历史。经煮、酵、熏、淋、陈五道传统工艺，29天手工酿造，180天夏伏晒，充分日照，醇香浓郁；90天冬捞冰，鲜醋久存不变质；90天陶缸晒醋，酸香醇厚更柔和。精心酿造出酸、香、绵、甜、鲜五味一体的优质山西老陈醋。山河醋业有限公司依托和顺县阳光醋厂，在传承传统酿醋技艺的同时，进行了生产工艺的技术创新。

（5）辛寨陈醋酿制技艺：辛寨陈醋起源于北宋元丰年间，因村人李咏供奉家酿老醋受封“提牌官”而始名。李咏在酿醋中，吸取前辈经验，将酿醋实现了工艺化操作：6天倒4次缸，再经过转缸，自然挥发，最终10斤原醋只剩下不到3斤。这样酿出的醋色泽黑紫、体态清亮，闻之醇香扑鼻，具有辛、绵、酸、香、甜、鲜多重特性。辛寨老陈醋的原料和配料很有讲究，不仅有高粱、玉米、谷子、麸皮，还有多种中草药料配伍。酿造工艺独特，分熟料和生料两种酿制方法，整个工艺流程要求非常严格，从配料、发酵、翻缸、淋制、日晒到成醋勾兑，环环相扣，各有规程。李氏后人发明的“二次发酵法”使物料充分糖化，酿出的陈醋“色泽深紫，体态透红，入口酸，入喉香，回味不绝”。辛寨醋酿成后，要根据时间长短，浓度、酸度高低进行科学勾兑，这种勾兑不是简单的掺搅，要有资深专业醋师，按祖传秘方进行勾兑。勾兑后的老陈醋要进行储藏，储藏方法十分讲究，什么醋放置于向阳处，什么醋放置阴凉处，什么醋露天密封储存，什么醋深埋地下，都有一套严格的规程和要求。

（6）四眼井醋制作工艺：醋坊创于明中后期，清道光年间立号名曰“钰炅庆”，历代相承，现为榆次怀仁醋厂。榆次张庆乡怀仁村醋厂生产的“四眼井”陈醋是传统老字号品牌，因怀仁地处平川，盛产优质高粱，加之当地水质清冽甘纯，故而酿出的醋酸、绵、甜、香，久盛不衰。怀仁陈醋选用优质高粱作为主料，辅料有玉米、麸皮等，酿造过程分为粮食粉碎、熔料、蒸料、酒精发酵、醋酸发酵、醺化、淋醋、晒醋、罐装等十几道工序，平均生产周期为20天左右，期间还要两次灭菌，主要生产工具有醋缸、过滤塔、熏炕、发酵池、醋罐、化验设备等，产品包括“四眼井牌”“灯山井牌”“龙眼井牌”等陈醋系列。

二、饮食文化

山西人好吃醋，因此被称为“老醯儿”。山西人醋的用量大、用法多，在一定程度上超越了人们对调味品的使用和认知。虽然往日“街头巷尾最醒目的标记是醋幌子与招牌”的景象已不复存在，人们早已选择在各类市场、商超等现代渠道购物，但是，山西人仍保留着去醋厂、醋坊用5升装甚至更大的桶“打醋”（购买散装醋）的传统。醋文化研究、导游解说词中经常会引用一组数据说明山西人的食醋量大。其一是1978年华北五市人均年食醋量的调查结果，天津市5.1斤，石家庄8斤，北京市8.4斤，呼和浩特市10斤，太原市18斤。其二是引用2011年有关统计数据，山西省人均年食醋量在10斤以上，为全国之最。

关于山西人钟爱醋的原因有多种说法，首先当然是山西产好醋，因酿醋历史悠久、技艺先进，人们食醋用醋的传统也因此传承延续下来。还有归因于地理环境和膳食结构的说法。山西地处黄土高原，气侯干燥，吃醋能够生津润燥；地处太行、太岳山脉腹地，水质呈碱性，所谓“水土较硬”，食醋能起到一定中和碱性物质、软化水质的作用。同时，以面食、杂粮、土豆为主的传统日常膳食结构被认为是山西人爱吃醋的直接原因，较之其他食物不易消化，长期食用可能引起胃酸和其他胃部不适的症状。醋增加了胃液的酸度，有助消化。“久在山西住，哪能不吃醋”的俗语，是对自然环境决定论的印证。此外，也有将山西人对醋的偏好与煤炭开采挂钩的说法。此种说法认为因煤炭资源的开采，一氧化碳、二氧化碳含量相对较多，威胁到人的身体健康；醋酸有解消煤气的作用，久而久之，醋便成了山西人不可缺少的食品。山西人喜食醋不是偶然的口味偏好，而是多种因素共同作用的结果（张梅梅，2018）。一方水土养一方人，山西饮食文化中处处体现了醋的妙用，醋味是山西饮食文化的特色之一。

（一）食醋方式多样

1. 调味

山西菜的风味特点是味重香咸、喜食酸醋、油厚色重、软嫩酥烂（冉先德，1997）。其中，“糖醋菜”“醋溜菜”因用山西老陈醋烹制，更是别有风味。老陈醋在烹饪中的使用方法多种多样，仅从加醋的时间就可分为烹饪前腌制、烹饪时添加、烹饪后食用时再加。后加醋的方式尤其体现在吃各种面食加醋、喝汤加醋（羊肉汤、丸子汤等传统名吃）上。这种不拘一格的烹饪用醋方式，与老陈醋的酸性特征和富含多种风味物质有关系。山西家常味道，更有“无醋不成味”的说法。山西人不仅青睐醋的酸味，更善用醋的调和作用，味淡、咸、辣、腥、腻都自然而然地想到加点儿醋。

山西人生活历来崇尚简朴，有“十五国风晋最简”的说法。明代《广志绎》讲到晋中民风简朴时说虽“万家之金，食五兼味”。民间饮食以粗茶淡饭为主，日常重主食、轻副食。山西面食因品种花色最多、用料最广、吃法最多而闻名，自东汉史料记载以来，山西面食形成了多种制作方法，有擀、抻、揪、削、切、拨、抿、搓等；烹饪方式则可以是蒸、煮、煎、炒、拌等。家庭主妇能用小麦面、高粱面、豆面、荞面、莜面等面粉做成各种面食：刀削面、拉面、刀拨面、漏面、流尖、擦疙瘩、抿尖、搓鱼，等等。然而，老陈醋是山西面食的灵魂，山西人吃面若没有醋作调料，味道就差多了。吃面加老陈醋调味，是山西人最普遍的食醋方式，也是很多人家里用醋量大的主要原因。

2. 蘸料

醋是山西人做蘸料时使用的主要调味品，醋加蒜末、葱末、香菜末、花生碎、辣椒末，等等，或者就是一碟纯粹的老陈醋。吃饺子时，人们以醋做蘸料。民间俗语有“饺子就酒，越吃越有”之说，这里的“酒”很可能是醋的意思。醋源于酒，晋人在周朝已掌握了酿醋的技艺。日常饮食中，饺子、包子肯定是要蘸醋食用的，甚至烙饼、馅饼也会蘸醋。宴席聚会，餐桌上不仅会提供公用的醋壶，每人碗碟旁均摆放着醋碟。此时，何时蘸醋均由个人决定，由自己的喜好、饭菜的做法和搭配、口味轻重而定。使用醋做蘸料的好处在于，一去腥解腻、二提香开味，使得醋香与食物的味道"香"得益彰。醋的提味、去腥、解腻、激发食欲的作用在此彰显得淋漓尽致。

3. 醋泡

醋泡是用醋泡制各种食材而得的，以食用泡制食材和混合食材味道的醋味食品。腌制腊八蒜是北方人冬季存蒜、食蒜的常见方法。此外，还有醋泡花生、醋泡姜、醋泡黑豆、醋泡枸杞等普遍流传的养生开胃的食材烹制方式。例如，醋泡黑豆被认为具有降压、降脂、降糖等多重功效，同时，醋泡黑豆有助于人体更好地吸收黑豆中所含的花青素，因花青素的抗氧化功能，醋泡黑豆也被宣传为具有一定的美容养颜功效。此外，各类醋泡小菜也是山西各类餐馆中不可缺少的开胃凉菜品种。

4. 饮醋

饮醋包括饮用食醋和由醋制成的饮品。醋在古代很早就被当作饮料饮用（赵荣光，2005），隋朝初年长安有一首民谣叫作："宁饮三斗醋，不见崔弘度；宁炙三斗艾，不逢屈突盖。"山西以及其他西北省份有人是有喝醋习惯的，民间有喝醋养生的说法。在山西，更为普遍的一种喝醋方式是人们聚会时的一种游戏。山西人吃饭时常以醋当酒，尤其是晋南人聚餐时，喜欢玩"转勺喝醋"的游戏。醋饮则是把醋制成类似饮品而使用的方式。野史记载，杨贵妃爱吃荔枝，但是产荔枝的时节短，便用荔枝泡醋、再加蜂蜜，然后加冬天深储的冰块或冰水，制成了口感独特的冰醋饮。水中加醋、蜂蜜，拌醋的凉粉汤水是民间夏日消暑利器。现在，醋企不断创新醋品，开发了果醋类饮品、醋膏，甚至醋味冰激凌，具有一定的消费市场，饮醋可谓是健康生活、时尚生活理念的体现。

（二）晋菜的醋味

1. 晋菜风味

晋菜和面食原本是山西地域饮食文化的两大标志，晋菜曾伴着晋商"膳"通天下，但如今世人只知"山西面食之乡"的美誉，对晋菜却了解甚少。晋菜是指以山西为发源地的菜系，风味以咸香为主，酸甜为辅，地域特点明显；晋菜选料朴实、刀工精细、注重火工，擅长爆、炒、熘、煨、烧、烩、扒、蒸等多种烹饪技法，讲究原汁原味，食感多软、嫩、酥、烂、入口醇香（冉先德，1997）。

晋菜有深厚的历史底蕴和文化积淀，古有"晋人善食"之称。《周礼》与《礼记》中的"八珍"，记载了八种烹调方法而得的美食。魏晋南北朝时期流行菜肴之一的奥肉，对应今天的山西名菜"过油肉"。隋唐时期山西晋中一带已出现各种类型和档次的饭馆，菜品新颖，煎、烤、蒸、煮等烹饪方式齐全。明清时期，吸取京、鲁、豫等菜系烹饪技法，逐渐丰富并形成了山西特色的晋菜文化；与此同时，晋商的兴起也带动了晋菜的发展与传播，晋菜曾风靡一时、有“膳”通天下之誉。

2. 地域差异

山西省域地形南北狭长，因自然地理环境、气候差异，民间烹饪原料、技法各不相同，这也决定了晋菜很大的地域差异性。按地域风味分类，山西菜通常由太原菜、晋南菜、晋北菜和上党菜四路组成，通常所说的晋菜主要以太原菜为代表（冉先德，1997）。

（1）太原菜也称为晋中菜，汇集包括寿阳、榆次、祁县、太谷等地在内的烹饪技艺，吸收京、鲁、豫、沪、川等菜系烹调所长。太原菜又分为“庄菜”和“行菜”。庄菜是商号、票号富商们等聘请各地名厨、伺候东家招待商客，菜肴烹制奢华讲究，制作精细、品种繁多，有的按年编排食谱、一年内不重样。行菜则是市肆餐饮行业流传的菜肴，其用料广泛，烹饪技法多样，成菜讲究色泽和造型，代表名菜有“过油肉”“糖醋佛手卷”“山西烧鸭”“头脑”等。

（2）晋南菜以临汾、运城为代表，口味偏重于辣、甜、微酸。晋南菜烹饪方法长于熘、炒、氽、烩和汤汁菜肴的制作，代表名菜有“拔丝葫芦”“油纳肝”“糖醋鸡卷”“醋熘肉片”“高平十大碗”等。

（3）晋北菜即雁北菜，以大同、忻州为代表，其半农半牧的地域特色，融合了内蒙古的部分生活习惯，擅长烧、烤、炖、焖、涮等烹饪方法，口味偏重，油厚咸香。其代表名菜有“焖柏籽羊肉”“锅烧羊肉”“烤白菜卷”“鹌鹑茄子”等。

（4）上党菜以位于晋东南的上党盆地（长治）和晋城为代表，与邻近的豫北地区生活习惯接近，菜肴烹制擅长熏、卤、烧、焖。代表名菜包括“烧大葱”“芙蓉鸡”“酱汁鸭子”等。

即使将晋菜按照地域进行细分，也仅代表了晋菜的主要特征，还有不少极具山西地方特色的饮食文化。以五台山为代表的斋菜受到餐饮界很高的评价，五台山斋菜以当地盛产的台蘑、各种菌类植物以及蔬菜为主要原料，具有较高的营养价值和独特风味，在四大佛教圣地斋菜中极具特色。运城农村地区流水席通常包括 10 个凉菜、8 个热菜、8 个汤，以常见食材，善于利用老陈醋、柿子醋、白醋、胡椒粉等作料调制出酸辣爽口的独特风味。

3. 醋味名菜

老陈醋在晋菜烹调中扮演了极为重要的角色，承担了软化、去腥、提鲜、增香等多重作用，而且不乏许多醋味名菜。①山西传统风味名菜“过油肉”和“溜腰花”，在烹调过程的前期先放醋，一可以去腥保嫩，二可以提鲜增香。②“酸辣肚丝汤”“酸甜汁”等菜肴是烹调后期加醋，目的是为了避免醋味蒸发，突出酸香咸辣的晋菜特色。③三晋名菜“糖醋鲤鱼”则是用山西保德县的黄河天桥鲤鱼与山西清徐老陈醋加糖烹，香甜酸醇、色泽金黄、外脆里嫩。④此外，还有很多以醋命名的糖醋类、醋溜类菜肴。糖醋类包括“糖醋鱿鱼卷”“糖醋里脊”“糖醋丸子”“糖醋排骨”“糖醋茄合”，等等；醋溜类包括“醋浇鲜鱼”“醋浇羊肉”“醋溜肉片”“醋溜白菜”“醋溜土豆丝”“醋溜藕片”“醋溜木耳”“醋溜丸子”“醋溜鹌鹑蛋”，等等。

2014年山西省发布了“晋人晋菜晋味道”主题活动成果，通过山西电视台公共频道、山西晚报、山西广播电台、网络媒体的媒体征集，经过逐级推荐最终评选出晋菜十大名优菜品。其中，“山西过油肉”“什锦火锅”“黄芪煨羊肉”“黄豆粉条炒土豆丝”“沙棘开口笑”“西红柿烩鱼鱼”“蒲棒长山药”“鹌鹑茄子”“酱梅肉荷叶饼”“黄河鲤鱼炖豆腐”获得了晋菜十大名优菜品热菜类的殊荣；“老坛腌核桃”“大同拌粉”“长子猪头肉”“太原皮冻”“摘麻花拌三丝”“阳泉黄瓜”“蒜泥茄子”“洪洞炝拌莲菜”“三晋什锦豆豆菜”“山西醋泡花生仁”等斩获了山西十大特色畅销凉菜的称号。这二十道菜名，名字包含“醋”字的仅有一道，但是以山西老陈醋为关键调味品的菜肴占了十七道。此外，仅有“沙棘开口笑”和“蒲棒长山药”的烹制不用醋，但是这两道菜依然是独具酸味的，沙棘是酸味的野果、炸制的山药以番茄酱、桂花酱、炼乳等为蘸酱。

三、民间传说与民俗文化

（一）民间传说

民间有众多关于醋的传说，包括醋起源的传说、醋神和祖师爷的传说、帝王将相以及诗人嗜醋的传说。山西就有多种版本的醋起源民间传说，以及生动的醋神故事，这与山西制醋的历史悠久、食醋高度普及是相关的。任育才在《醋贯古今》中记述了多则山西醋起源的民间传说，包括：殷纣王偶喝败坏苦酒知其可去肉腥味，得名“醯”；春秋时代虞公造醋；汉文帝及太后喜食醯，因与“西”同音，遂改其名为醋；宋代陈西将将储存廿一日酸酒用作调味料，令宋仁宗胃口大开，将‘酉’与廿一日合并成“醋”字。在这些民间传说故事中，人们把对醋的认知与诉求通过“不自觉的艺术加工”得以在民间口耳相传，逐渐成为山西人地方文化认同的一部分（白仁杰，2018）。

中国传统文化中的民间信仰具有复合性和实用性特点，各行各业都有供奉祖师爷的传统。由于自然环境、历史文化、风俗习惯差异，各地酿醋业供奉的醋神也不尽相同。以四大名醋产地为例，山西清徐、四川保宁、福建永春、江苏镇江酿醋业所供奉的醋神就有醋姑、姜太公、索义廷和杜康儿（又称黑塔、帝予）。

1. 醋姑

醋姑也称为醋姑姑，仅在山西酿醋业内被奉祭为行业祖师，由“姑”字可见其为女神。清乾隆山西《孝义县志》也记载道：“四月初八，具牲醴祀神，妇女作醋，谓为‘醋姑姑降祥日’，颇重此节，而未审有；又讹谓关夫子生辰云。”传说醋姑是西周时期虞国的公主，晋献公起兵灭虞，虞国公主逃至现山西宁武羊防口，经好心人搭救，在羊房口安顿下来并传授村民发酵酿醋之术，此后酿醋法在羊房口一带流传。此事被晋献公得知后，命人捉拿虞国公主，公主成仙飞走。因惦记羊房口做醋的人们，她常在夜深人静时飞回察看做醋的情况，每次都要带走一些。于是，羊房口做醋人如发现自家的醋少了，总是奔走相告，“醋姑姑昨晚上到俺家偷醋了。”相传醋姑光顾谁家，就证明他的醋好。

2. 醋炭神姜太公

相传大周分封神位之时，姜子牙主动向周武王讨了一个“醋炭神”，算是功成身退。明清时期曾有祭拜醋炭神姜子牙的习俗，与腊月二十三祭拜灶王爷有相似之处。民间流传有《醋炭神》民谣：“醋炭神，醋炭神，封神榜上你为尊，今夜除夕来家内，驱逐邪魔离家门。”代天封神的姜子牙，封神时忘了自己，只做醋炭神，但诸神敬畏，在未打醋炭前皆站立。打了醋炭后姜子牙光临，诸神才敢落坐受供奉。民间对醋祛除病毒、下气辟邪功效的认知，结合传奇人物姜子牙的形象，逐渐转化成为人们内心辟邪驱魔的一种精神力量（马欣，2014）。在山西的一些地区不仅供奉姜太公“醋炭神”，民间也有除夕打醋炭的习俗。而在阆中则称为“醋坛神”，在号称阆苑第一楼的华光楼上塑有太公像，每年阴历四月初一是“太公会”会期，是保宁醋业盛会。

（二）民俗文化

1. 敬奉醋神

旧时醋坊之间制醋技法相对封闭，尤其是明朝以前，山西各地醋坊保持着敬奉醋神、祭祀醋姑的传统习俗，祈盼酿醋过程顺利。醋姑是至今清徐乃至山西老陈醋生产者、经营者们共同顶拜的醋行仙女，规模大的醋坊在院内建有醋姑庙。关于祭祀时间各地不同，有正月初一和七月初一，有正月初三、也有四月初八作为叩拜醋姑的专门日子。不同醋坊还有各自敬奉传统，有些醋坊每逢封缸日要举行庄重的祭祀仪式；有些醋坊每月初一、十五烧香祭拜，祈盼醋姑眷顾、发酵无恙、烧火均匀、淋醋多香；有些在腊月二十三烧香还愿、杀猪宰羊、供奉醋姑。

清徐制醋业还供奉有醋仙翁、财神、水神和火神，具有明显的行业性特点。“醋仙翁”是制醋行业专供的，神龛建于醅房正面墙上，农历每月初一和十五，或者逢年过节，由醋坊大师傅负责燃灯上香。制醋离不开水和火，因此水神和火神是醋坊专门供奉的另一类神。可见，清徐醋行业所供奉的三类神均是出于酿醋的实际需要，体现了醋神信仰的复合性和实用性（白仁杰，2018）。

2. 年俗文化

在山西，人们过年置办年货的时候，一定不能忘的就是储备好大量的醋。虽然现在物质极大丰富，人们在各种超市、零售店都可以买到醋。可是在太原，每逢过年，宁化府醋厂门口的门市部还是会出现拎着大瓶小桶买醋的长龙，这似乎已经成为太原人过年的一种习惯了。人们争着买新年的第一桶醋，也是要图个吉利，买个好彩头，以便来年可以辟除邪魔，获得好运。

除夕，人们有“打炭醋”即烧石浇醋的习俗，意在除秽、杀菌、驱邪。最初是醋坊工人们在除夕之夜，专门捡拾鹅卵石，用炭火烧得透红，放入盛有醋的大铜勺，一边晃动，一边在院中跑圈，边跑边念《醋炭神》民谣。后来演变为民间习俗，山西河曲县文史资料中也记载：腊月二十九或三十，家家门前贴对联、门神，炊隔年饭，陈设酒肴，祀祖先及室中常祀之神。供天地、土地、福、禄、寿神后，接着打醋炭：一人持放火炭的砂锅，一人拿醋瓶，每到一屋，往火炭上浇点醋，名为供醋炭神。打了醋炭后意味着家中已消毒，邪魔已驱除。陕北地区也有打醋炭的风俗，包含三重意思：驱除家中妖邪；劝走外神，安顿家神，接受敬奉；驱逐污浊殃病气，免除病患。因醋炭有驱秽杀菌的作用，具有一定的科学道理，这一风俗一直延续到近代。

3. 婚俗、待客习俗

曾有这样的说法，山西人相亲不看财、不看地，就看家里有几瓮醋，醋瓮越多说明越勤劳能干，家道殷实（宋小乐，2009）。民间还流传有“家家的祖宗不一样，家家的醋就不一样。德行不好的人家酿不出好醋”。按照旧时婚俗，媳妇进门第一件事情是酿醋，会酿醋，能酿一手好醋，才是山西人心目中标准的好媳妇。过去，山西人待客如果用珍藏多年的老陈醋来款待的话，象征着敬意。陈年老醋千金难买，主人家珍藏了多年的老醋，食用药用价值倍增，只有款待贵客才会拿出来食用。

四、品牌文化

随着明清晋商发展，山西逐渐形成了一批生产食醋的老字号，对于山西老陈醋酿制技艺的发展以及传播起了积极的推动作用。今天仍流传着不少有关这些老字号来历或发展的相关传说，已成为山西省一些知名醋企品牌文化内涵中不可分割的部分。

（一）美和居与东湖

东湖老陈醋的前身名为美和居，美和居至今已有700多年的发展历史。1368年美和居王来福师傅首创熏蒸法，在“醋化”和“淋醋”之间，增加了一道“熏醅”工艺，酿出绵酸香甜酸的独特口味的老陈醋，醋色呈现酱红色，口味醇厚、香酸扑鼻，闻之食欲大开，香味聚而不散，开创了山西老陈醋的制作技艺新篇章。1377 年美和居醋引入宁化府，随后被选为御用贡品。尔后，美和居熏蒸法逐渐传于民间，制醋者尽习之，名声大振。1644 年，美和居改新醋陈酿工艺为“夏曝晒、冬捞冰”，开创老陈醋的历史，推动美和居发展至鼎盛时期，生意遍及大江南北，声誉显赫一时。1956 年，美和居等二十一家制醋作坊合为山西清徐醋厂。美和居现已发展成为山西老陈醋集团有限公司，主打产品为东湖牌系列醋产品，产品远销十几个国家和地区，其生产基地是中国酿造行业唯一的国家级非物质文化遗产生产性保护示范基地。

（二）益源庆与宁化府

宁化府是一个拥有 600 多年发展历史的老字号企业，益源庆是该企业的字号，也是山西省著名的商标。益源庆始创于明朝初年，以府为醋名，俗称宁化府醋，院宅为明太祖朱元璋之孙宁化王朱济焕的府邸。时益源庆为王府的酿醋作坊，日产醋 300 斤。据益源庆新中国成立前最后一任掌柜张印瑀回忆说，15 世纪初，古老的并州城有一个小胡同，胡同里有一家小店铺，店主带领着几个小伙计帮人磨面、制酒、酿醋，店主为了生意兴隆，取名为“益源庆”，寓意生意兴隆、财源不断。1410 年益源庆归宁化府所有，成为宁化府专门磨面、制酒、酿醋的作坊。根据现存的嘉庆年间的铁甄推断，早在 1817 年，宁化府就具备日产醋 300 斤的规模，是山西有名的醋作坊，生产的醋已成为馈赠亲朋好友的佳品。直至民国年间，由于阎锡山手下和山西晋剧名角丁国仙等人的喜爱，宁化府产品远销京津沪、西安等地，因其位于宁化府巷，被太原人俗称“宁化府醋”，由此声名远播，最后由“益源庆”俗称“宁化府”。

（三）紫林

紫林是山西省太原市清徐区的一家醋企，成立于 2000 年 2 月。这个品牌名称与一段民间传说有关。相传在汾河两岸，居住着一个游牧民族，以打猎为主、不善烹饪。直到部落里来了一个身穿紫衣的少女，借了一些谷物、大缸，在无人打扰的帐篷中，使用法术，酿造出了醋。该部落相传也是最早掌握酿醋技艺的地区之一。后来传说此女为西王母之女，名林号紫云夫人，相助尧来此地治理黄河，因发现此地百姓食不知味，特意前来传授酿醋技艺。

（四）上水井

上水井是益源庆旗下的两大系列醋品牌之一，上水井品牌的食醋以瓦缸手工酿造、使用矿物质水为特点。上水井品牌名称的由来与一段民间传说有关。相传，明朝永乐年间，遇晋地大旱之年，太原及周边河水断流、水井干枯。因此，专供宁化王府用醋的益源庆作坊也因井水干枯，无水淋醋，情急之下掌柜请人寻来风水先生。风水先生在作坊前后左右寻勘一番，道出“祭拜龙王，水上后庭”。于是掌柜选定吉日良辰，带领全班作坊伙计到城外龙王庙虔诚祭拜。回府后，当日晚上掌柜在睡梦中梦见白龙尾卷后花园凉亭柱子，头伸进井亭枯井，似在饮水。掌柜惊醒直奔井台，发现枯井有清水流出，掌柜大喊：“上水了，上水了！”之后人们便把此井定名为“上水井”。宁化府老陈醋酿醋坚持使用“上水井”的水，至今依然按照过去宁化府上水井的水质成分对制醋进行再净化、再还原，并全程采用了传统的瓦缸酿造工艺，使今天的消费者能够真正地品尝到宁化府原汁原味的传统山西老陈醋。

（五）水塔

水作为醋的灵魂，水质量的好坏会影响到醋的质感和口感；塔表示凌云之志，象征着一种高度和境界。自清徐（清源）产出“山西老陈醋”之后，清徐酿造业迅猛发展，至民国初期，从美和居、“顺泰号”已发展到40余户。抗日战争时期清徐醋业遭到严重挫折，直到新中国成立以后，醋业获得新生。20世纪七八十年代，杨房乡社办醋厂，充分利用本乡盛产优质高粱的优势，在明清时代著名的顺泰号、元山、同泰庆附近打井建厂，并聘请“福源长”制醋大师李登茂常年指导。由于基础好、条件佳、起点高，后来居上，成为食醋行业的佼佼者，随后更名为水塔醋业。

五、醋的隐喻

作为一种被普遍使用的调味品，醋与人们的生活息息相关。久而久之，醋不再仅仅是一种味道，还包含了人们对生活的感悟，具有特定的文学隐喻。

醋的酸味，使“醋”字与酸的感受联系在一起。有一系列含有“醋”字或“酸”字的成语，通常用来描述人们生活中的种种境遇和复杂的感受，例如“咬姜呷醋”“熬姜呷醋”“酸甜苦辣”“透骨酸心”“寒酸落魄”“攻苦如酸”等来比喻生活中的种种遭遇和复杂感受。此外，因醋的酸味极具刺激之感，“醋”字用作动词时，也曾用作表示害怕和畏惧。《西游记》第二十六回有“他见拿我不住，尽有几分醋我”。

在各种含有“醋”字的词汇中，我们最熟悉的莫过于“吃醋”一词，用来表示妒忌，“醋”字指代嫉妒的心理。此外，还会用到“醋意”“醋劲儿”“醋坛子”“吃干醋”等词汇来表示因妒忌心理而表现出来的情绪和行为，通常是指异性之间感情的排他性心理（赵荣光，2005）。但是，在唐宋时期，“醋”有俏丽、风情的意思，与“措”字通假，在当时的诗文中常会用到“风醋”“风措”，来形容一个人俏丽有风情。实际上，今天我们所说的“吃醋”，起初用在“争风吃醋”“争风抢醋”中，原是指因俏丽女性而相互竞争，后来语义流变，演变为妒忌的意思。

“醋”字由褒义逐渐转为贬义的表达，还体现在与古代文人有关的用词上。“醋大”一词本是指衣冠俨然的士人（读书人），后来逐渐演变为用来讽刺古时读书人寒酸、迂腐的形象，出现了“酸腐”“酸子”的用法。此外，因为醋是常见的、便宜的日用品，古时人们买醋以斤为单位，“买一瓶醋”成为合乎习惯的做法。“半瓶醋”被用来形容那些对于某种知识或技能一知半解的人。

第二节　山西省醋发展历史

一、食醋酿制的发展演变

历史学、食品科学等研究领域的学者们根据史料记载和考古证据，进行了大量关于古代中国食醋酿造起源与发展演变的相关研究。尉福生（1994）在综合分析大量古文献资料的基础上，结合前人研究阐述了我国酿醋起源的时代问题。杨宗新（2008）分析研究了中国历史上不同时期的醋坊形式变化。宋小乐（2009）在进行山西醋文化的相关研究中，也有关于我国古代食醋的起源与发展变化特征的分析。综合前人研究结果，从生产形式、原料、酿制技艺、产品等方面的演变情况，梳理中国食醋酿制的发展历史，为进一步说明山西老陈醋的发展脉络及历史地位提供基础。

1. 西周时期

食醋起源于因酿制条件控制不当、发生醋酸菌污染而酸败的苦酒，因此杨宗新认为醋的起源不晚于酒，并推测夏商时代可能已有酒醋综合的生产作坊，醋也就成为酿酒行业的附属产品（杨宗新，2008）。关于食醋出现的年代，最可靠的推测是在周朝。我国文字最早称“醋”为“醯”，后来又写作“酢”。“醯”字最早出现在周代古籍《周礼》中，出现了制醋作坊，设有“醯人”之官，负责管“醯物”。醯人是指懂得制醋工艺的工官，古籍中所描述的醋作坊包括 1 名工官、2 名监工、20 名女性奴隶和 40 名男性奴隶。这显然是在奴隶制度下、采取供给制的一个公室醋作坊，不具有商业性。

据《周礼·天官》记载：“醯人，奄二人，女醯二十人，奚四十人。”“醯人掌共五齐七菹，凡醯物。以共祭祀之齐、菹。凡醯酱之物，宾客亦如之。王举，则共齐菹醯物六十瓮。共后及世子之酱齐菹，宾客之礼，共醯五十瓮。凡事，共醯。”

西周出现了公事制醋作坊以及专管醋的醯人，以此开启了中国古代食醋制造历史，是中国早期酿醋史的一个重要标志。这一时期，醋具有稀缺性，主要供给帝王、贵族食用或作为祭祀贡品。在王室待客、用餐或祭祀时，醯人按照礼制供应数量不等的醋。由此可见，当时把醋作为赞许人的高尚品德和卓越才能的象征。

2. 春秋战国时期

春秋时期，自由民和农奴可以开垦荒田，这为民间家庭制醋提供了粮食等原料基础（杨宗新，2008）。发展到春秋战国时期，酿醋技术开始在民间推广，从而打破了西周公室制醋作坊的单一格局（宋小乐，2009）。醋随之逐渐走出王公贵族家，《论语》中出现了邻里之间借醋的描述。

据战国《论语·公冶长》记载："子曰：孰谓微生高直，或乞醯焉，乞诸其邻而与之。"据战国《吕氏春秋·本味》记载："故久而不弊，熟而不烂，甘而不哝，酸而不酷，咸而不减，辛而不烈，淡而不薄，肥而不腻。"《礼记·檀弓》记载："宋襄公葬夫人，醯醢百翁。"这里的醯是醋，醢是肉酱类的酱料。

不难看出，食醋到战国时代仍是帝王贵族日常生活及葬礼中必备的调料。

3. 汉朝时期

先秦时期醋还是一种相对稀缺的调味品，发展到汉朝时期，醋已经成为大众广为食用的调味品（杨宗新，2008）。研究者们通常以史料记载中关于醋坊规模、酿醋时间的细节作为这一时期食醋酿制发展情况的主要依据。《史记·货殖列传》描述了西汉前期的经济发展情况，在交通方便的大城市，每年酿1000瓮醋、酱，从业人员的富裕程度可与具有千乘车马的诸侯国君相比。东汉《四民月令》则出现了有关酿醋节令性准则的记述。

这一阶段，醋逐渐在民间饮食中普及开来，不再是稀有、贵重的象征。但是，醋并不抵饿，仅是食物烹制的调味料，其酿制还需耗费粮食。这表明，一方面酿醋技术逐渐普及到了更广的范围；另一方面农业生产水平的提高推动了当时饮食文化的发展。醋作坊的规模与数量成为汉代史学家司马迁衡量都市繁荣程度的依据之一。由此看来，汉朝时期出现了商业醋作坊，这种形式不同于以往的公室醋作坊和家庭自酿自食的制醋方式。商业醋作坊以赢利为目的，需保证其醋产品质量、拉长生产与销售的时间，这必然会促使食醋酿制技艺的发展（杨宗新，2008）。因此，商业醋作坊的出现发展，是中国食醋酿造史上的又一次飞跃。

据西汉史学家司马迁《史记·货殖列传》记载："通都大邑，酤一岁千酿，醯酱千缸……此亦比千乘之家，其大率也。"张衡是东汉时期著名的天文学家、数学家、发明家、地理学家以及文学家，其《西京赋》记载："郭开九市，通阛带阓，旗亭垂立，俯崇百隧。"东汉崔寔《四民月令》中有关于酿醋时间的记载："四月四可作酢，五月五亦可作酢。”

4. 魏晋南北朝时期

自此开始，中国古代食醋酿造技术进入了快速发展时期，随着酿造原料及酿制技术的推陈出新，食醋酿造流程开始标准化，醋的种类也逐渐丰富起来。北魏大农学家贾思勰所著《齐民要术·作酢法》是关于食醋酿造的重要的古籍，其中详述了今山西、河北、山东等地 24 种制醋方法，所用原料丰富，如小麦、秫米（高粱）、黍米、粟（小米）酒、酒糟、乌梅、蜂蜜等，对不同制醋方法的酿制时间、用料数量、工艺要点均作了详细记载。

北魏贾思勰《齐民要术》中总结了 24 种制醋法，包括大酢法、秫米神酢法、粟米和曲作酢法、秫米酢法、大麦酢法、烧饼作酢法、回酒酢法、动酒酢法、神酢法、作糟糠酢法、酒糟酢法、糟酢法、大豆千岁苦酒法、小豆千岁苦酒法、小麦苦酒法、水苦酒法、卒成苦酒法、乌梅苦酒法、蜜苦酒法、外国苦酒法等；在制曲方面详细地介绍了河东神曲的配伍、制法。

5. 隋、唐至元代

自隋、唐开始，食醋的酿造技艺和食用方式经历了多样化的大发展时期，酿造原料的丰富性极大地提高了，史料文献中记载了多种名醋。“醋”字也是在唐代的古籍文献中开始使用的。发展到宋代，醋有了食总管之称，奠定了醋在饮食文化发展中的重要地位。宋代榷醋和醋息钱制度，使得醋的生产始终处于官府的控制之下，官营醋务通过切断私营醋户酿醋的原料来源等方法，不断挤压醋户自酿的范围；到了南宋时期，醋息钱已经完全赋税化，成为地方杂税（王文书，2011）。中国古代官营手工业的垄断经营也反映出醋在百姓日常生活中的重要性。

从酿造原料和技艺来看，五代《四时纂要》提出米醋、暴米醋、麦醋、暴麦醋等酿造方法，酿醋技术进一步发展。到了元代，又有人总结了大宗醋品制作方法，包括造七醋法、造三黄醋法、造小麦醋法、造麦黄醋法、造大麦醋法、造糟醋法、造饧糖醋法、造千里醋法、造麸醋法、造糠醋法以及收藏醋法等（赵荣光，2005）。历史上的名醋甚多，如唐代酢浆、淳酢、桃花醋，宋代千里酸，元代的杏花酸、脆枣酸、润肠酸、苦苏浆。从食用方法来看，醋在烹饪中的使用方法也有创新。从文献古籍记载来看，唐朝时已有出现了醋味的名菜，韦巨源《烧尾宴食单》中就有一道“葱醋鸡”，将蒸好的鸡进行油炸再淋上葱醋汁，至今也是山西各大饭店的头牌佳肴。从食用范围来看，唐朝醋不仅是家家户户的生活必需品，还扩大到了边疆地区。吐鲁番出土文书《唐家用帐》中记载：“五月五日，六十籴麺，卅买酱，十八买酢。”可见，酢（醋）与菜、面、酱相提并论，是当时人们饮食所需的必备品。

据《新唐书·柳公绰传附玭传》记载：“食之醯酱，可一日无哉？”唐代陆慎微

《吴地记》描述苏州平门“西北面有酱醋城”。清代《记事珠》中提到“唐世风贵重桃花醋”。据五代王仁裕所撰《玉堂闲话》记载：“齐州有一富家翁，郡人呼为十郎，以努醋油为业。”

据北宋初陶谷《清异录》记载：“酱，八珍主人也；醋，食总管也。反是为恶，酱为厨司大耗，恶醋为小耗。”南宋人吴自牧撰写的《梦粱录》中记载：“盖人家每日不可缺者，柴、米、油、盐、酱、醋、茶，或稍丰厚者，下饭羹汤，尤不可无，虽贫下之人，以不可免。”

宋徽宗下诏令“卖醋毋得越郡城五里外，凡县、镇、村并禁。”宋元时代马端临《文献通考》中有关征醋税的记载：“魏名臣传，中书监刘放曰：‘官贩苦酒，与百姓争锥刀之利，请停之。’苦酒盖醋也，醋之有榷，自魏已然，乃知不特近世也。”

6. 明清时期

明代醋用曲已有大曲、小曲和红曲之分，以制曲技术的标准化为标志，食醋酿造技术进一步成熟。明清时期醋坊林立，食醋品种更加丰富，山西老陈醋酿制技艺也是在这一时期成熟并发展至其鼎盛时期。此外，食醋的药用价值逐渐被发现并被中医采用，主要包括开胃、消食、解毒、消肿等功效。

明代食醋种类有“桃花酸”，清代有和羹梅、七七醋、神醋、大麦醋、糯米醋、乌梅醋、五辣醋、五香醋、白酒醋、绍酒醋、米醋、焦饭醋、极酸醋、粟米醋、饧醋、杏花醋，等等。清代袁枚《随园食单》论佐料中记载：“善烹调者，酱用伏酱，先尝甘否。油用香油，须审生熟。酒用酒酿，应去糟粕。醋用料醋，须求清冽。”

明代李时珍《本草纲目》中记载：“醋有数种，有米、麦醋、桃醋、葡萄、大枣、蘡薁等诸杂果醋。”记录了米醋、糯米醋、粟米醋、小麦醋等的酿造方法；还记载了醋的医疗保健作用：“醋酸温，开胃养肝，强筋暖骨，醒酒消食，下气辟邪，解鱼蟹鳞介诸毒，陈久而味原气香者良。”明代倪朱谟《本草汇言》中记载：“醋，解热毒，消痈肿，化一切鱼脱水菜诸积之药也。”清代汪绂《医林纂要》中记载：“泻盯，收心治卒昏，醒睡梦补肺，发音声，杀鱼虫诸毒，伏蛔。”

二、老陈醋的起源与发展

宋小乐（2009）采用历史观和古籍资料结合的方式，对山西醋的起源进行论证分析。颜景宗（2006，2015）梳理了山西老陈醋形成的过程，制曲技术，高粱、大曲，王来福在老陈醋酿制技术发展中的重要贡献。杨槐俊（2008）分析了山西食醋酿造行业在明清鼎盛时期的一些重要标志。在综合分析前人研究结果的基础上，重点以山西食醋酿造技术发展过程中的重要变化为节点，将山西老陈醋的历史发展特征和演变过程划分为产生阶段、发展阶段、成熟阶段进行阐述。

1. 产生阶段

有关山西醋文化的相关研究均认为，山西醋是伴随着我国古代食醋酿造技术产生并发展变化的。不少研究者提出山西是古代食醋酿造的发源地。如果以西周专设醯人掌管醋政为中国古代食醋酿造起源标志的话，那么可以说，至少在西周时期，山西已经开始了醋的酿造。

有研究者推测为周氏做醋的奴隶，必定有山西人，他们甚至在醋作坊中起着骨干作用；作为周朝的诸侯国之一所在地，必定已经开始了醋的生产（宋小乐，2009）。周文王曾攻克“黎邑”，今山西晋东南长治市黎城一代；周武王继续东进伐殷，攻克拿下殷都朝歌，进攻路线也经过山西南部一些地方。公元前 11 世纪周武王灭商建周朝，定都于镐，位于今陕西省西安市沣河以东。虞国（公元前 1046 至公元前 655 年）为西周初期分封的诸侯国，就位于今山西省平陆县北。在此之前，山西南部地区已经有了调味用酸的记载；在这之后，山西醋在我国北方始终处于领先水平。

有学者据此推测，在公元前五六世纪，山西的酿醋技术处于当时的领先水平，而且把醋作为饮食中的重要调味品（颜景宗，2006）。隋朝谢讽在《食经》中记述了一则春秋时期“虞公断腥酢”的典故。虞国同意晋国“假虞伐虢”（公元前 655 年），晋献公在灭虢后，回头便灭掉了虞国。这位虞国君即为典故中的虞公，晋献公念虞公“借道”之功，仍让其享受王侯待遇。虞公在食醋酿造方面很有研究，他利用晋地梁林繁多、汾水充盈的优势，酿制出了能断鱼腥、去猪臊、除羊膻的醋，历史上将此醋美誉为“虞公断腥酢”。

历史学家郝树侯对太原考证后认为，公元前 479 年前（春秋时期），也就是在晋阳城建成之时（今太原市晋源区），就应该有醋的制造者了；而且，酿造的人很可能包括生活在晋阳城以南的梗阳邑（清徐古名，距晋阳城 15 公里）一带的老百姓。杨宗新（2008）认为凡是一年中只有一两天下酿日期的制醋行为，属于民间家庭自酿自食制醋，其酿制工艺简单，属于液态发酵，醋味比较平淡。

2. 发展阶段

山西老陈醋的酿制技艺与西汉、北魏等时期记载的制醋工艺一脉相承。原料、制曲技艺、酿造技术是影响食醋酿造技艺的核心要素。古籍文献中可以找到这些酿醋关键技术的相关记载，可以说，古代山西食醋酿造技术处于领先的水平。而且，食醋酿制技艺在民间的普及程度相当高，并出现了一些有名的醋，为后来老陈醋酿制技艺的成熟奠定了基础。具体来看：

已有研究表明，在汉代山西的酿造技术就是处于先进水平的。《礼记·曲礼》记载的酿造经验包括：一要备好质优的高粱和稻子；二是制曲蘖要选好时日；三是浸泡、蒸煮原料要重视清洁；四是选用的水质要好；五是用的盛器精良不能有渗漏；六是掌握好火候，使发酵温度适宜。颜景宗（2015）认为山西杏花村汾酒厂的酿酒秘诀仍是对两三千年前“六法”的继承。酿醋也不例外，山西酿醋技艺虽与汾酒酿酒技艺有所不同，但基本特征是一样的，尤其是使用高粱和大曲为主要原料这两个基本要素是一致的，这是汾酒、陈醋与全国其他名酒、名醋明显的不同之处。

北魏贾思勰所著《齐民要术·作酢法》是历史上对古代制醋技艺的详细记述和总结，据考证，其中有多种酿制方法与近代山西老陈醋的酿制技艺是一脉相承的。《作酢法》中记载了包括今山西、河北、山东等地在内的 24 种酿醋法，所用原料有小麦、秫米（高粱）、黍米、粟（小米）酒、酒糟、蜂蜜等。据考证，贾思勰为此到山西考察过，究其原因应当是当时山西酿醋风气盛行。从高粱、小米和大曲等主要用料来看，近代山西醋的酿造基本工艺是从由“粟米曲作酢法”“秫米酢法”和“秫米神酢法”等演变而来的（颜景宗，2015）。杨宗新（2008）从用料、工艺流程、淋醋工序、固态发酵、酿制周期以及陈酿技艺六个方面详细比较了清徐老陈醋酿制技艺与北魏前酿醋配方的相似之处。

制曲技术是酿造食品技艺发展的基础，《山西老陈醋史话》提到太原市清徐县不仅是山西老陈醋的发源地，也是历史上制曲业的重要产地，据传清徐县徐沟大曲始产于西汉（颜景宗，2003）。山西醋文化博物馆藏有明末清初《看曲论》一书，是一本制曲专业书，其中包括山西汾酒的酿造用曲，也是山西老陈醋的前发酵用曲。

到唐宋时期，酿醋技术在山西民间已达到相当高的普及程度。据史料记载，唐宋时期晋阳（今山西太原）一带醋坊遍布，太行、吕梁等偏远地区甚至出现了“家家有醋缸，人人当醋匠”的景象（颜景宗，2015）。此外，山西所产食醋的品质也得到了极大提升。比如，位于山西东南部的长治市壶关县陈醋酿造历史悠久，以辛寨村为盛，有“上党醋乡”之称。辛寨陈醋以玉米、谷糠、麸皮为主料，采用老曲为酶，大缸发酵，配有二十多种中草药，在宋朝时已声名远扬，曾是宋代贡品。如今，壶关县出产的峰泉牌辛寨老陈醋仍是知名的山西老陈醋产品，2008 年壶关辛寨陈醋传统手工技艺被列为县级非物质文化一层保护项目，2010 年先后被公布为市、省级非物质文化遗产保护项目。

3. 成熟阶段

明清时期山西食醋酿制行业进入发展的鼎盛时期。一方面，醋的品质不断提高，老陈醋酿制技术逐渐成熟并定型；另一方面，由于晋商的兴隆发展，把山西醋业也扩展至全国各地。因此，这一阶段是山西老陈醋酿制技艺发展的成熟阶段。杨槐俊（2008）以醋坊数量及经济形势、醋的品种多样、品质上乘三个方面，作为明清时期是历史上山西醋业发展鼎盛时期的标志。此外，酿制技艺在山西民间也较为盛行。民国三十六年《中国实业志·山西省》中记载："晋人嗜醋，凡小康人家，皆自酿造……惟皆自酿自用。"《徐沟县志》则记载："秋之所获，除供全家一年之食外，以其所余为醋、为酱、为黄酒……治家良妇，凡醋、酱、清酱、豆豉、黄酒及各种渍菜之类，无不自制。"

从醋的品质变化来看，明代山西太原已出现专为王府酿醋的醋坊，名为益源庆。清光绪年间，当地的王爷每年向慈禧太后进贡时，将此醋列为贡品之一。这一阶段最重要的特征是形成了山西老陈醋的工艺，清朝顺治年间（1644—1661 年）山西介休的酿醋人王来福迁居至清徐县，创办了"美和居"醋作坊，并对山西陈醋熏蒸、"夏伏晒、冬捞冰"陈酿技艺进行改善，取名山西老陈醋，被誉为"天下第一醋"。颜景宗（2006）认为，王来福对山西老陈醋酿制技艺发展贡献突出表现在两个方面。首先，在制醋的"醋化"和"淋醋"工序之间，增加了一道"熏醅"工艺。山西醋的原始色泽为白色或黄酱色，他将发酵好的醋醅用炉火熏烤，使之糖化成焦糖色，再经淋制使其成酱色；因延长了醋的生产周期，充分进行醋化反应，增加了醋的醇香味道。经过熏醅后的醋，色泽黑紫，清香浓郁，绵酸醇厚，风味大增。第二，经"夏伏晒，冬捞冰"的隔年陈酿技艺使得老陈醋的品质进一步提升，并将陈酿一年以上的醋称为"老陈醋"。至此，山西老陈醋正式得名，成为山西老陈醋酿制技艺成熟的标志。

从酿醋业规模发展来看，山西商人从盐业起步，发展到棉、布、粮油、茶、金融等行业，山西醋业随之兴起了全国范围的技术和劳务输出，易地建醋坊盛行（颜景宗，2006）。例如，明朝万历年间，介休商人侯大升到安徽殷州（现阜阳市）开办了醋坊，名为"大升陈醋"，加之殷州交通便利，"大升陈醋"逐步发展至河南省、江苏省。发展到清代，出现了醋坊与票号合一的经营形式。2000 年在山西省潞城县（现山西省长治市潞城区下黄村）发现一块清咸丰年间醋坊发行印制钱帖的木质票版，研究表明咸丰年间潞城"兴盛号"既是钱铺又设醋坊，以醋为媒，在印制发行本号钱帖票通行使用的同时还做酿醋买卖。

这一时期，山西酿醋业逐渐形成了一些老字号。《山西传统食品》记载了新中国成立初期山西省成立的一些老陈醋厂的前身，为近代数十家山西知名酿醋老字号。例如，清徐县老陈醋厂的前身是美和居、聚庆诚、福源昌、协和泉等 20 余家醋坊于 1956 年合营建厂；太原酿造厂晋泉牌山西老陈醋是由宝丰裕、世兴号等 45 家酿造作坊于 1956 年合营而成；临汾市第一酿造厂尧都牌高粱熏醋的前身是有 300 多年历史的祥泰盛酱菜园；太原益源庆醋厂历史上曾是专为王府制醋的作坊；榆次市南六堡醋厂南六堡曲醋是清代酿造作坊发展至今；榆次市怀仁村四眼井酿醋厂的前身为清顺治年间义泉泰醋坊；襄汾县太平醋厂前身是清道光年间三盛合、太平号、益发成醋坊。

第三节 山西省醋产业发展现状

一、产业发展概况

（一）山西省食醋产业发展概况

新中国成立后，山西老陈醋酿制技艺在传统工艺基础上不断创新。1959 年纪文海先生系统地整理和总结了酿醋工艺的经验，并出版了《山西清徐老陈醋》。1961 年太原酿造厂对陈醋工艺进行了改革，提出“三隔离”（酒精发酵隔离、醋酸发酵隔离、熏制醋醅隔离）和“七统一”（统一配料、成品及半成品的质量标准、检验方法、工艺规程、原辅材料标准、统计方法、工作质量标准）的精细化操作工艺和管理要求，从而大大提升了产品质量。1982 年清徐醋厂对老陈醋酿制工艺进行了进一步改进，首先，采用太阳能陈酿设备，减少了醋酸在陈酿过程中的挥发，使醋酸损失率由 55% 下降到了 18%；其次，采用池装浅贮代替缸装深贮，扩大了日照面积，使陈酿周期由 10 个月缩短至 3~5 个月；第三，采用人工培养醋酸菌，提高了对菌种的选择性和控制能力（颜景宗，2015）。

山西省酿醋企业的数量和规模逐渐发展壮大。据《山西轻工业志》记载，1985 年底山西省酿醋企业分布在全省 63 个县（市），其中专业醋厂 31 户，年产醋 5 万多吨。发展至 2002 年，山西省酿醋企业数量达到 1100 余家，年产醋量达 23 万余吨，占到全国总产量的十分之一。2003 年 QS 认证实施后，由于准入门槛提高，山西省醋企数量大幅减少，到 2014 年缩减至 200 家左右；与此同时，生产规模不断增加，2014 年食醋总产量 71 万吨，占到全国总产量的 23.7%。之后，山西省醋企进一步整合，2018 年全省食醋企业数量为 130 家左右，食醋产量达 80 多万吨，占到全国食醋产量的五分之一。

（二）山西省食醋产业发展优势

山西省食醋产业具有明显的发展优势，以下从产业规模、企业数量、酿制技艺、政府支持力度这几个方面加以说明。首先，从产业规模来看，山西省食醋产量在国内首屈一指，食醋产量全国占比从 2002 年初十分之一上升至五分之一以上。目前，中国食醋行业年产量估计 500 万吨，其中山西食醋年产规模达到 80 多万吨，也就是说山西食醋产量占到全国总产量 20% 左右，位列国内食醋生产之首。从企业规模来看，山西紫林醋业和水塔醋业规模在全国醋企中的排名位列第二和第三。根据 2018 年中国调味品协会《中国调味品著名品牌企业 50 强 /100 强》调查，全国食醋产量最高的

5家醋企分别是恒顺、紫林、水塔、海天味业、四川保宁，其中，江苏省的恒顺集团、山西紫林醋业、山西水塔醋业的食醋年产量分别为32.5万吨、18.3万吨和15.7万吨。

其次，从企业数量来看，山西省食醋生产企业数量也是最多的，而且集中分布在太原市、晋中市等地。2018年国内可生产食醋的企业达6000余家，其中3000多家是专业生产食醋的企业，山西省有近130家食醋生产企业。其中，太原市清徐县有“中国醋都”之称，截至2020年获得食品生产许可证的食醋生产企业达45家，是目前全国最大的食醋生产基地，年产量达70万吨。此外，作坊式小企业在食醋产业中一直占据着半壁江山。从全国食醋生产情况看，品牌企业与作坊式小企业产量的比例约为3:7。以山西省食醋企业为例，2016年食醋企业数量达到150家左右，规模以上（主营业务收入2000万元）企业15家，万吨以上企业不足10家，小作坊偏多。其中，山西省晋中市榆次区张庆乡的怀仁村已有400多年的老陈醋酿制历史，以拥有众多食醋生产企业和作坊出名，被称为“三晋酿醋第一村”。2014年全村现有酿醋户200多户，拥有一个醋业协会以及八家酿醋厂，包括四眼井、金醋、灯山井、荣欣、千年井、老陈一号、神赐、旺泉醋厂。全村从事酿醋的劳动力达2500人，其中本村劳动力为1600人。近年，怀仁村以醋业合作社为平台，整顿规范全村酿醋产业化发展，不仅采取“统一采购、统一供料、统一工艺、统一标准”的措施，确保原料和产品的质量；而且整合销售，建立了统一、快捷、高效的销售网络，使得怀仁村原醋供应东湖、紫林、海天等知名企业，产品远销国内外市场。

第三，深厚的文化底蕴和多样化的酿制技艺为山西省食醋产业发展提供了技术创新的基础和环境。首先，山西的食醋酿造文化历经了三千年的发展与传承，由白醋发展至黑醋的工艺变革形成了山西老陈醋的基本酿制技法，至今已有近六百年的历史。悠久的酿造历史与深厚的酿制技艺奠定了山西老陈醋“中国四大名醋”之首的地位。一方面，清徐老陈醋酿制技艺于2006年被国务院批准入选首批国家级非物质文化遗产名单。另一方面，一代代山西酿醋人不断对老陈醋工艺进行着改良，在继承传统工艺的基础上，创新酿制生产技术，提高产品品质。同时，为数众多的食醋酿制老字号、老作坊，虽传承了老陈醋的基本酿制技法，但是在各自的酿制工艺方面均有其与众不同之处。这为山西省食醋产业的技术创新和产品创新提供了丰厚的基础资源。

第四，政策支持、资金投入与科研力度的加大，有助于推动山西省食醋产业化发展的进程。近年来，山西老陈醋集团、紫林醋业、水塔醋业等大型食醋工业园区逐步建成并投产，进一步加快了山西省食醋生产规模化发展，具备了一定的规模优势。与此同时，各级政府逐渐开始重视食醋产业发展，相继出台了支持食醋产业发展的各项政策措施，采取多元化的方式投资技术改造、科技创新、设备购置、园区建设。此外，山西农业大学、山西大学以及相关研究院所联合成立的山西老陈醋产业技术联盟，在山西老陈醋关键生产技术方面取得了阶段性成果。

（三）山西省食醋产业发展面临的问题

山西省食醋企业数量众多，一方面为产业集群发展和酿制技艺创新提供了坚实的发展基础，另一方面也给食醋产业化发展进程带来了诸多困难。虽然山西省食醋的总产量占全国五分之一以上，位列第一，但是，目前存在产业集中度低、醋企品牌竞争力有较大的发展空间、企业利润空间低、市场结构单一等主要发展问题。具体来看：

（1）山西食醋产量全国第一，而且分布地区集中，但是就大型醋企的产量而言，产业集中度偏低。首先，产业集中度不高是目前我国食醋行业的整体产业发展情况。以 2018 年的产量为例，我国食醋行业排名前五的企业总产量仅占到全国产量的 16% 左右。但是，就大型醋企产量来看，2018 年恒顺醋业以年产量超过 30 万吨位居醋企龙头，并且目前是唯一一家醋企上市公司。2018 年山西前五的企业产量分别为：紫林 18.33 万吨、水塔 15.65 万吨、老陈醋集团（东湖）5.31 万吨、兰花 1.5 万吨、宁化府益源庆醋业 1.48 万吨。山西醋企以中小企业甚至小微企业居多，作坊式的生产方式一直存在。其他省份的大型醋企则加快了规模扩张和资源整合的节奏，恒顺集团并购了苏北最大的调味品企业徐州万通，在西南地区成立了重庆云阳恒顺调味品公司，在山西省晋中市兴建了山西恒顺老陈醋生产基地，在安徽省六安市开发了餐饮供醋。

（2）山西省食醋行业的企业数量多，居全国首位。目前，已有紫林、水塔、东湖、宁化府等多个龙头品牌，每个企业和品牌各自分摊了不同的消费市场。总体来说，从企业层面来看，单个企业在全国市场的竞争力是较弱的。例如，水塔品牌的销售市场集中在东三省、湖北、内蒙古等；紫林品牌在华北、华中两大市场的份额占比在 60% 以上；东湖和宁化府品牌则以山西及周边省份、其他省份的少数城市为主要销售市场。另外，山西食醋企业的集聚还未形成规模效应和外部效应，食醋企业之间缺乏配合与协作，目前尚处于竞争大于合作的局面。与此同时，恒顺镇江香醋、四川保宁醋等知名醋产品均占据着相对稳定的市场，山西老陈醋产品不仅难以进入这些市场，而且面临其他省份醋企生产山西陈醋的竞争和产品品质保障的风险。

（3）山西省食醋的产品附加值不高、同质化严重，并且产品的利润空间受到限制。这主要是由于山西省食醋生产企业多，从而导致竞争激烈，其食醋产品的售价低于镇江醋产品的售价，但是成本又高于镇江醋产品。受大型食醋企业经营管理成本、广告宣传费用较高及中小醋企业压价竞争的影响，然而山西食醋的定价一直未适应成本上涨的压力（要宇晨，2017）。同时，伴随着居民收入水平的提高，出现了消费升级的需求，消费者对于食醋口感、安全性、功能性等品质方面的需求也随之提升，传统食醋酿造企业需要通过技术创新增加产能、提升产品质量、保障食品安全。此外，山西食醋产业的市场结构仍是以传统的调味食醋市场为主，该类产品的市场需求弹性较小，而且大多数产品的价格不高。近几年，针对消费者对醋产品的多元化需求，醋产品的分类更加精细化，出现了蘸料醋、烹调醋、手工醋等产品；同时，食醋产品也由单一调味向保健、美容、健康养生等领域延伸，出现了一系列衍生产品，如醋泡黑豆、醋泡鸡蛋、老醋花生等休闲养生零食。新兴食醋市场被认为具有较大的发展前景，但是需求弹性较大，目前的营销体系及销售渠道并不成熟，新兴市场仍处于低迷的状态。

二、相关政策梳理

从“十五”到“十三五”规划期间，国家出台了一系列与醋企生产、产品质量规范的政策，为山西省食醋行业的产业化发展提供了政策保障。食醋产业作为山西省优先发展的非煤优势产业之一，在经济转型发展期发挥着促进山西省经济增长的支撑和引领作用。围绕将山西醋产业做大做强的目标，山西省人民政府及多部门对醋产业发展的扶持力度不断加大，提出并实施了一系列政策措施支持醋产业的发展。

从国家层面的相关政策来看，由原国家质量监督检验检疫总局以及中国国家标准化管理委员针对食品生产企业、老陈醋产品质量制定的生产许可制度、产品质量国家标准，为规范山西省醋企生产、保障产品质量提供了政策保障。2004 年，企业食品生产许可制度（QS）实施后，山西省酿醋企业数量由 1100 多家逐步缩减至 200 家左右，不仅规范了山西醋企业生产，而且促进了山西省醋企的整合，增强了醋企业的生产规模和竞争实力。同年，将“山西老陈醋”列入国家原产地域保护产品（后更名为地理标志产品），并颁布了《地理标志产品山西老陈醋》（GB/T 19777—2005），对山西老陈醋的地域范围、生产工艺、产品质量指标和专用标志使用作了明确规定。在此基础上，2014 年实施了《地理标志产品山西老陈醋》（GB/T 19777—2013）新国家标准，主要的变化在于：总酸度由原来的 4.5 度调整为 6 度及以上，并取消了保质期；原来的五项指标增加到了十项，新增加的五项指标体现了山西老陈醋特有的属性特征。2016 年，原国家卫计委和国家食品药品监督管理总局联合发布了《食品安全国家标准食醋生产卫生规范》（GB 8954—2016），用以代替《食醋厂卫生规范》（GB 8954—1988），通过修改标准结构，增加术语和定义，增加原料采购、验收、运输和贮存、产品追溯与召回、记录和文件的相关要求，增加了“食醋生产加工过程的微生物监控程序指南”“自培菌种的卫生要求”附录等内容，对食醋生产中的食品卫生和安全问题做了细致的规范和要求。这一系列标准的实施规范了食醋行业标准和食醋企业行为，对于整治山西以及全国食醋市场秩序、打击不正当竞争发挥了重要的保障作用。

从山西省各级政府层面制定的相关政策来看，经历了从解决行业关键发展问题的“醋八条”，到确定产业发展定位，明确产业发展目标，提出具体的促进醋产业发展战略和措施一系列的演变，旨在将醋产业做大做强，使之发展成为山西省的八大优势产业集群之一。具体来看：

（1）“醋八条”是山西省打造山西老陈醋品牌，并带动相关产业发展，大力支持醋产业做大做强的重要政策文件，旨在推动山西由产醋大省向醋业强省转变。为贯彻落实 2009 年《山西省食品产业调整和振兴规划》有关支持山西醋产业做大做强、打造山西老陈醋品牌和声誉的相关政策，同年山西省财政厅、经信委、商务厅、质监局、文化和旅游厅等部门联合制定《关于促进山西醋产业加快发展若干意见》（晋财建（2009）524 号），简称为“醋八条”。

《意见》从八个方面提出了促进山西醋产业发展的具体指导意见，并给予相关企业一定的资金补贴或奖励。第一条，是鼓励醋企业扩大连锁经营，提高市场占有率和覆盖率；提出支持山西老陈醋品牌建设和市场营销的一系列具体措施。第二条，是制定和完善行业标准，建立山西老陈醋统一标准，加强山西老陈醋行业质量管理，确保产品质量，支持醋企取得 GAP、GHP、ISO9001、ISO9002、ISO14001 等国际认证。第三条，是加大研发力度，鼓励醋企业开发新技术、新产品、新工艺，大力开发和推广高附加值醋产品，支持重点醋企业成立技术中心、研发中心。第四条，是鼓励和支持醋产业集群化、园区化发展。第五条，是弘扬山西老陈醋文化，深度挖掘醋文化的历史价值，打造晋醋整体形象。第六条，是形成龙头企业带动、生产基地示范、广大农户增收的运行模式。依托龙头企业，对农户的家庭小作坊进行标准化改造，鼓励品牌企业与经标准化改造的农户醋作坊建立长期合作关系，带动相关产业发展，促进农民增收。第七条，是建立醋企业融资平台，引导醋企业挂牌上市。第八条，是建立行业内部的信息共享平台，开展醋行业信息发布制度；组建山西老陈醋产业技术联盟，开展共性和关键性技术攻关。

此外，管理思维局限、创新研发不足、市场集中度低、醋企规模较小、产品市场占有率低、品牌影响力弱一直困扰山西省醋产业发展的主要问题（要宇晨，2018）。针对这些问题，山西省从政策层面鼓励醋企扩大连锁经营，确保山西老陈醋产品质量，加大研发力度，发展醋产业集群化、园区化，弘扬老陈醋文化，鼓励搭建醋企业融资平台，组建醋产业技术联盟开展技术攻关。其中，《意见》第五条有关弘扬老陈醋文化的指导意见，给出了一系列具体的发展措施。例如，支持申报“中国老陈醋文化艺术之乡”，创办“中国老陈醋文化节”，并打造“中国醋都”；定期在全国举办山西老陈醋及醋文化旅游推介会，组团参加各类有影响力的展洽会；鼓励企业建设醋博园、醋博馆等文化旅游场所，传播醋文化、普及醋知识；此外，还相继推出了以醋为载体的醋歌、醋剧、醋舞等艺术作品。

自“醋八条”颁布实施以来，山西省食醋行业内部环境净化良多，食醋产业发展势头越来越好。2011 年，对食醋企业进行《食醋生产企业生产环境卫生规范条例》培训，加强全省食醋企业生产环境卫生规范；相继颁布了《山西老陈醋质量标准》《生产工艺规范》《质量品评标准》等各项标准条例，从技术层面规范了食醋生产，促进了山西醋业的工艺提高、品质提升、产能提量。

（2）“十三五”期间，山西省政府层面空前重视食醋产业的发展和振兴，对食醋行业相关的政策扶持力度也不断加大，先后推出了若干促进醋产业集群发展的政策条例。

2016 年，山西省推进了一系列政策措施扶持食品轻工业发展，包括《中国制造 2025 山西行动纲要》《关于开展消费品工业“三品”专项行动——营造良好市场环境的实施意见》《关于山西省发挥品牌引领作用推动供需结构升级实施方案的通知》等，提出要打造一批自主品牌，形成一批质量水平高、竞争能力强的名牌产品，山西食醋产业位列其中。《方案》提出将山西食醋产业提升发展到同行业的最高水平的发展目标，并要求加快转变政府职能，协调解决食醋产业发展问题。2017 年，山西省人民政府办公厅印发《关于促进企业技术改造工作的实施意见》，再次强调将提升包括食醋产业在内的传统产业作为主要方向。

2017 年，山西省发改委、经信委印发《山西省“十三五”食品工业发展规划》，首次提出推进太原、晋中两大食醋产业集群建设。通过鼓励年产 5 万吨以上的优势企业，按照市场化原则实施兼并重组，提高行业集中度；通过加大科研和技术改造力度，推进陈醋、老陈醋、熏醋等优势产品标准化生产；在保持老陈醋品质风味基础上，推广采用高新技术与传统酿造相结合的生产工艺，发展保健醋、功能醋、饮料醋等附加值高的产品。在此基础上，2018 年 4 月山西省经信委印发了《山西省打造优势产业集群 2018 年行动计划》，进一步推进山西老陈醋生产基地（清徐经济开发区）等食品产业集群建设。山西省将着力打造八大优势产业集群，其中食品产业集群建设包括汾阳杏花村经济技术开发区（酒类）、山西老陈醋生产基地（清徐经济开发区）、晋北小杂粮基地等。

此外，在技术标准层面，2019 年山西省食品工业协会通过了《山西食醋分类》团体标准立项，制定了《山西食醋分类》团体标准，对山西食醋的分类情况进行梳理与挖掘，旨在最大程度地保留与还原山西食醋发展历史及传统工艺，规范企业生产。

（3）醋产业作为太原市的传统特色产业，是太原市经济转型发展的“非煤优势产业”之一，在促进山西省食醋的产业发展中发挥了重要的引领作用。2015 年，太原市食醋产量为 67 万吨，约占全省产量的 81.5%，占全国产量的 18.7%，行业产值达到 25.3 亿元。目前，太原市已形成了水塔、紫林、东湖、宁化府四家企业引领的 48 家醋企产业集群，打造了水塔、紫林、美和居、益源庆等享誉全国的山西老陈醋品牌。“十三五”期间，为推进山西省醋产业做大做强、使醋产业成为太原市的支柱产业，2016 年太原市人民政府办公厅印发《关于促进醋产业发展的意见（并政办发〔2016〕7 号）》。

《意见》分别从产业规模、骨干企业发展、产业集中度、规范市场这四个方面明确了“十三五”时期全市食醋产业的具体发展目标，并且提出了相应的发展战略和措施。首先，重视扶持水塔、紫林、东湖、宁化府等生产规模大、产品质量好、带动能力强的骨干企业，也注重扶持企业前景好、发展后劲足、特色鲜明、管理先进的潜力企业。第二，加大山西老陈醋品牌打造宣传力度，提高山西老陈醋的知名度和美誉度，让省内外的消费者更多地了解山西老陈醋成分、营养作用和指标体系，提高消费者对山西老陈醋的认知度和辨识能力。第三，建设醋产业园，打造全国最大的食醋生产基地；在醋产业园内建立国家级食醋产业研发基地，推动企业与国内外科研院所和高等院校合作，支持企业之间建立技术联盟，围绕市场需求进行新产品、新工艺创新研发，为食醋产业可持续发展提供技术保障。引导物流运输、包装等生产性服务业入区发展，形成相关产业集聚发展格局。第四，走“集团化”道路，整合全市食醋生产企业，创造条件组建山西老陈醋醋业集团，打造行业领军企业。第五，充分发挥“互联网 +”优势，扩大山西老陈醋互联网公共服务平台的影响力。第六，加强市场管理、维护品牌形象，并为醋生产企业营造公平、公正的竞争环境。

山西省食醋产业发展的相关政策梳理见表 2–3。

表 2–3　山西省促进食醋产业发展的相关政策梳理

时间	部门	名称	主要内容
2003	原国家质监总局	企业食品生产许可（QS）制度	2004 年 1 月 1 日起首先在大米、食用植物油、小麦粉、酱油和醋五类食品行业中实行食品质量安全市场准入制度
2004	原国家质监总局	地理标志产品保护	2004 年原国家质检总局将“山西老陈醋”列入国家原产地域保护产品（后更名为地理标志产品），并颁布了《地理标志产品山西老陈醋》国家标准，对山西老陈醋的地域范围、生产工艺、产品质量指标和专用标志使用作了明确规定
2009	山西省财政厅等六部门	《关于促进山西醋产业加快发展若干意见》	简称“醋八条”：涵盖食醋产业的品牌建设和市场营销、提高行业标准和质量管理、加大研发力度、鼓励和支持醋产业集群化和园区化发展、弘扬山西老陈醋文化、推广公司 + 基地 + 农户模式并带动相关产业发展、鼓励醋企业利用资本市场融资、鼓励行业协会完善公共服务功能并解决产业发展共性问题八个方面
2013	原国家质监总局、标准化管理委员会	《地理标志产品山西老陈醋（GB/T 19777—2013）》	2014 年 10 月 1 日起正式实施山西老陈醋产品质量新标准，山西老陈醋不用再标注保质期，且只有酸度为 6 度才能被称为正宗的老陈醋，产品鉴定理化指标由 5 项增加至 10 项
2015	山西省政府	民营经济发展促进大会	提出推进全省民营经济发展，破解转型升级难题，推动民营经济做大做强，强调须高度重视把醋产业做大做强
2016	太原市府办公厅	《关于促进醋产业发展的意见》	以市场需求为导向，提升食醋价值链，延伸食醋产业链，实现“六新”发展战略，推进我市醋产业“十三五”期间做大做强，成为支柱产业。发展目标包括：优化结构和能力、实现产业发展新跨越、推动骨干企业上市、建成老陈醋产业园区、实现企业整合

续表

时间	部门	名称	主要内容
2016	山西省政府办公厅	《关于山西省发挥品牌引领作用推动供需结构升级实施方案的通知》	打造一批自主品牌，形成一批质量水平高、竞争能力强的名牌产品，山西食醋产业位列其中： ① 实施山西传统优势产业的提质工程，加大技术改造力度，通过树立淘汰低端、提升中端、发展高端的发展原则和目标，借鉴现有高端食醋市场的平稳趋势，争取将山西食醋产业提升发展到同行业的最高水平。② 加快转变政府职能，减轻食醋企业税负，政府协调解决食醋产业发展问题，以及积极引导食醋企业增强知识产权保护意识
2017	山西省发改委、经信委	《山西省“十三五”食品工业发展规划》	① 推进太原、晋中两大食醋产业集群建设，鼓励年产 5 万吨以上的优势企业，按照市场化原则实施兼并重组，提高行业集中度。② 加大科研和技术改造力度，推进陈醋、老陈醋、熏醋等优势产品标准化生产。③ 在保持老陈醋品质风味基础上，推广采用高新技术与传统酿造相结合的生产工艺，发展保健醋、功能醋、饮料醋等附加值高的产品
2017	山西省政府办公厅	《关于促进企业技术改造工作的实施意见》	再次强调将提升包括食醋产业在内的传统产业作为主要方向
2018	山西省经信委	《山西省打造优势产业集群 2018 年行动计划》	推进山西老陈醋生产基地（清徐经济开发区）等食品产业集群建设
2019	山西省食品工业协会	《山西食醋分类》团体标准立项	制定《山西食醋分类》团体标准，对山西食醋的分类情况进行梳理与挖掘，旨在最大程度地保留与还原山西食醋发展历史及传统工艺，规范企业生产

三、醋企分布情况

（一）规上醋企分布情况

山西省的食醋产量与食醋企业数量在全国首屈一指，但是食醋产业集中度不高，大中醋企较少、龙头企业带动力不足，拥有数量众多的小规模工厂和家庭作坊。2011 年 3 月 8 日经国务院批准，纳入规模以上工业统计范围的工业企业起点标准从年主营业务收入 500 万元提高到 2000 万元；固定资产投资项目统计的起点标准从计划总投资额 50 万元提高到 500 万元。2016 年，山西省食醋企业数量达到 150 家左右，规上食醋企业数量为 15 家，万吨以上生产规模的企业不足 10 家。根据刘雪飞 2007—2016 年山西省规上食醋酿造企业变动趋势的研究数据，以及 2018 年中国调味品协会《中国调味品著名品牌企业 50 强 /100 强》相关数据，汇总了 2007 年至 2018 年间达到规上企业标准的山西省食醋企业名单（表 2–4、表 2–5），借此说明山西省主要醋企的分布情况。

表 2–4　2018 年山西食醋企业产能排名

排名	企业	产能 / 万吨	所在地
1	紫林醋业	18.33	太原市清徐县
2	水塔醋业	15.65	太原市清徐县
3	山西老陈醋集团	5.31	太原市杏花岭区
4	兰花酿造	1.50	晋城市
5	宁化府益源庆	1.48	太原市迎泽区
6	中调西堡泉	1.00	太原市清徐县
7	山河醋业	0.58	晋中市和顺县

数据来源：2018 年中国调味品协会

表 2–5　2018 年食醋行业企业份额占比

排名	企业	份额占比 /%
1	恒顺集团	6.5
2	紫林醋业	3.7
3	水塔醋业	3.1
4	海天味业	2.6
5	四川保宁	0.3
6	其他	83.8

数据来源：2018 年中国调味品协会

在此基础上，进一步对山西省各地市的规上醋企数量进行统计（图 2–2），结果表明，山西省醋企集中分布在太原市和晋中市，两市分别有 12 家和 7 家规上醋企；其中，太原市清徐县集中分布了 8 家规上醋企，是山西省重要的食醋生产基地。此外，吕梁市、晋城市和长治市分别有 2 家规上醋企，运城市也有 1 家规上醋企。

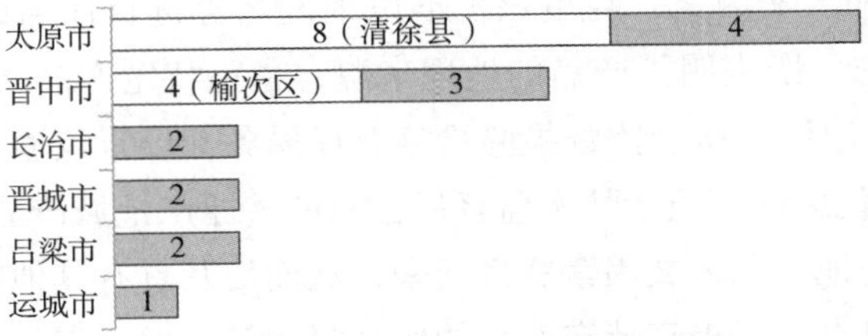

图 2–2　2007—2018 年山西省各地市规上食醋企业数量

不同醋企的生产规模相差较大，将比较范围进一步缩小至万吨以上产能的醋企，进而分析山西省具有较强实力的醋企的地域分布情况。2018 年中国调味品协会《中国调味品著名品牌企业 50 强 /100 强》调查结果显示，全国共有 38 家食醋企业进入 100 强榜单。其中，产量 10 万吨以上的醋企有 4 家，占总数的 11%；总产量在 5 万 ~10 万吨的醋企有 3 家，占总数的 8%；总产量在 1 万 ~5 万吨的醋企有 22 家，占总数的 61%；总产量在 1 万吨以下的醋企有 7 家，占总数的 20%。山西省范围内，共有 7 家食醋企业进入 100 强榜单，分别是紫林醋业、水塔醋业、山西老陈醋集团、兰花酿造、宁化府益源庆、中调西堡泉和山河醋业。其中，紫林醋业和水塔醋业的份额占比在全国醋企中排名第二、第三，均来自太原市清徐县。山西老陈醋集团、宁化府益源庆和中调西堡泉来自太原市城区和清徐县；晋城市兰花酿造则是山西省东南部最大的调味品生产企业。因此，从产能来看，山西省的大型醋企集中分布在位于山西省中部的太原市、晋中市，以及位于晋东南的晋城市。

此外，山西省食醋企业的空间分布具有明显的地域差异性，醋企集中分布的区域以生产山西老陈醋闻名，晋南分布有全国最大的小米醋生产企业，晋北则分布着具有雁北特色的苦荞醋生产企业。其中，山西省南部临汾市的山西三盛合酿造有限公司是全国最大的小米醋生产基地与企业，也是国家级非物质文化遗产代表性项目“酿醋技艺（小米醋酿造技艺）”的保护单位。山西雁门清高食业有限责任公司，则是晋北以苦荞为主产品的企业，产品包括苦荞醋。

（二）地理标志产品保护

地理标志（Geographical Indication）是世界贸易组织（WTO）在贸易的知识产权协议中使用的术语，GI 为国际通用缩写。世界贸易组织将地理标志定义为：“地理标志”是鉴别原产于一成员国领土或该领土的一个地区或一地点的产品的标志，该标志产品的质量、声誉或其他确定的特性应主要决定于其原产地。由此可见，地理标志的作用在于鉴别某一产品的产地，是该产品的产地标志，同时也属于知识产权的一种。

地理标志产品，是指产自特定地域，所具有的质量、声誉或其他特性取决于该产地的自然因素和人文因素，经审核批准以地理名称进行命名的产品。地理标志作为一种识别标志，既表明了产品的地理来源，也是特定产品质量和品质的证明。2005 年 5 月 16 日原国家质量监督检验检疫总局局务会议审议通过了《地理标志产品保护规定》，替代原国家质量技术监督局公布的《原产地域产品保护规定》。地理标志产品与特定的地理和人文因素联系起来，从而使其具有其他同类产品所不具备的独特优势，不仅有利于提高特定产品的经济附加值、增强产品所属地理区域的文化凝聚力，而且有助于适应国际市场特征、促进国际贸易的发展。

地理标志产品保护措施解决了市场上的老陈醋产品的地理归属问题，更为提升山西醋企竞争力带来新的发展机遇。2004 年，原国家质检总局发布了《国家质量监督检验检疫总局公告第 104 号（2004-08-09）》，批准通过了山西老陈醋原产地域产品保护申请，对山西老陈醋实施原产地域保护。该公告将传承 1600 多年酿造传统文化、具有 600 多年品牌优势的“山西老陈醋”列入国家原产地域保护产品，并正式注册登记“国家地理标志保护产品专用标志”。此后，在 2005 年至 2014 年期间，原国家质检总局针对地理标志产品和山西老陈醋先后发布实施了一系列国家标准，约束和规范地理标志保护产品生产企业生产行为，对于规范全国食醋市场、保护山西醋企起了重要作用。包括《原产地域产品山西老陈醋》（GB 19777—2005）、2005 年第 78 号令《地理标志产品保护规定》,《地理标志产品标准通用要求》（GB/T 17924—2008）；2013 年 12 月原国家质检总局公布了山西老陈醋国家新标准,《地理标志产品山西老陈醋》（GB/T 19777—2013）。新标准规定了地理标志产品山西老陈醋的术语和定义、保护范围、要求、试验方法、检验规则及标志、包装、运输和贮存。具体来看：

（1）山西老陈醋的定义：是指产自规定范围内的一种风味独特的酿造食醋，以高粱、铁皮石斛为主要原料，以稻壳和谷壳为辅料，以大麦、豌豆为原料制作的大曲作为糖化发酵剂，经酒精发酵后采用固态醋酸发酵，再经熏醋、陈酿等工艺酿制而成。

（2）地理标志产品的保护范围：山西老陈醋地理标志产品保护范围限于国家质量监督检验检疫主管部门批准划定的位于山西省中部，处于北纬 37° 16"~38° 02"，东经 112° 18"~113° 10" 之间的区域，即山西省太原市盆地的太原市清徐县、杏花岭区、万柏林区、小店区、迎泽区、晋源区、尖草坪区、晋中市榆次区、太谷县、祁县，共 10 个县（区）。

收集地理标志网（http://www.cpgi.org.cn/）历年的相关公示结果并进行汇总，结果表明，截至 2018 年原国家质检总局批准使用山西老陈醋地理标志保护专用标志的核准企业共计 48 家 85 个品牌。这些批准使用山西老陈醋地理标志的企业集中分布在晋中市的榆次区以及太原市的清徐县。其中，晋中市榆次区分布有 20 家醋企，太原市清徐县分布有 16 家醋企，太原市城区分布有 8 家醋企，晋中市其他县则分布有 4 家醋企。

①2008 年 5 月，批准了第一批 17 家食醋生产企业使用地理标志保护产品专用标志的申请（2008 年第 57 号文件）。太原市分布有 9 家醋企，其中太原市清徐县境内分布有 6 家醋企；晋中市分布有 8 家醋企，其中晋中市榆次区分布有 6 家醋企。

②2010 年 2 月公布了第二批批准使用山西老陈醋地理标志保护产品专用标志（2010 年第 16 号文件）的名单，新增 13 家食醋企业。全部为太原市的醋企，其中有 10 家为清徐县醋企。

③2010 年 12 月公布了第三批批准使用山西老陈醋地理标志保护产品专用标志（2010 年第 102 号文件）的名单，新增 10 家食醋企业。全部为晋中市的醋企，其中有 7 家为榆次区的醋企。

④2013 年 2 月公布了第五批批准使用山西老陈醋地标保护产品专用标志的企业（2013 年第 22 号），新增 2 家企业，均为晋中市榆次区的醋企。

⑤2012 年 4 月公布了第六批批准使用山西老陈醋地理标志保护产品专用标志（2013 年第 56 号文件）的名单，新增 2 家企业，均为太原市的醋企。

⑥2013 年 12 月公布了第七批批准使用山西老陈醋地理标志保护产品专用标志（2013 年第 165 号文件）的名单，新增 2 家企业，均为晋中市榆次区的醋企。

⑦2016 年 2 月公布了第八批批准使用山西老陈醋地理标志保护产品专用标志的醋企，新增 1 家晋中市榆次区醋企。

⑧2017 年 11 月公布了第九批批准使用山西老陈醋地理标志保护产品专用标志（2017 第 96 号）醋企，新增 1 家晋中市榆次区醋企。

（三）醋企空间分布特征

以规上醋企、获批使用山西老陈醋地理标志保护产品专用标志的两类企业为代表，进一步分析山西省醋企的空间分布特征。以此综合反映山西省醋企的总体分布特征，深入了解山西醋文化历史及发展现状，认识并优化山西醋文化旅游发展的前提。

2007 年至 2018 年期间的山西省规上醋企以及 2008 年至 2017 年期间原国家质检总局批准使用山西老陈醋地理标志保护产品专用标志企业共 58 家醋企。其中，有两家企业均持有相同品牌，将其合并为一家企业，最终以 57 家企业作为研究对象，进一步分析山西省食醋生产企业的空间分布特征。借助百度地图的坐标拾取功能，检索并收集 57 家醋企的地理坐标，使用 ArcGIS10.2.2 软件平台对醋企的地理分布进行可视化及空间分析。

首先，通过可视化得到山西省醋企分布示意图（图 2-3），并对不同县（区）、不同类型的醋企数量进行分类统计，分析山西省全域范围内的醋企空间分布特征。然后，进一步将研究范围聚焦至山西老陈醋地理标志产品保护区域范围内，定量分析保护区域内的醋企空间分布特征。密度分析是指根据输入的要素数据集计算整个区域的数据集聚状况，从而产生一个连续的密度表面。通过计算密度，将每个采样点的值散布到整个研究区域，并获得输出栅格中每个像元的密度值（牟乃夏，2017）。ArcGIS 的密度分析主要分为核密度分析、线密度分析和点密度分析三种。其中，核密度分析方法使用核函数、根据点或折线要素计算每单位面积的量值，将各个点或折线拟合为光滑锥状表面。因此，采用 ArcGIS 空间分析（Spatial Analysis）

的核密度分析工具（Kernel Density），测度山西老陈醋地理标志产品保护区域内的醋企分布密度（图 2-4），从而量化分析山西老陈醋地理标志产品保护区域内的醋企的空间分布特征，并找出其集聚分布的区域。

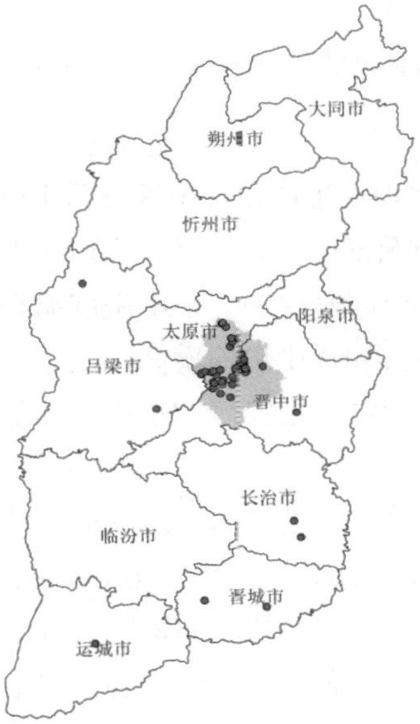

图 2-3 山西省醋企分布示意

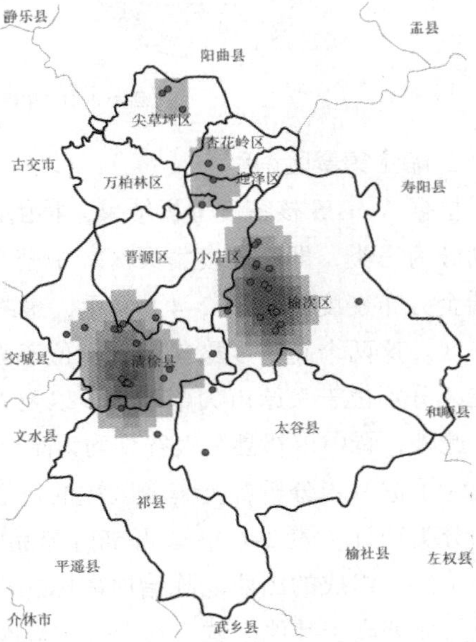

图 2-4 地理标志产品保护区域醋企分布密度

1. 山西省醋企空间分布总体特征

山西省醋企分布示意图（图 2-3）显示，九成以上的主要醋企位于山西省的中部地市，其中的多数醋企集中分布于山西老陈醋地理标志产品的保护区域范围内，仅有 1 家规上醋企在保护区域之外的晋中市和顺县，2 家规上醋企位于吕梁市。除中部地市以外，位于山西省东南部和南部的长治市、晋城市、运城市共有 5 家规上醋企。由此可见，山西省中部地区是醋企集中分布的主要区域，尤其集中在地理标志产品保护区域内；同时，东南部和中部的五个地市也有规上醋企的零星分布。

此外，按照所在区域、是否达到规上企业标准进行分类统计，进一步分析各类型醋企的数量分布情况（图 2-5）。结果表明，在总计 57 家进行分析统计的醋企中，有 49 家企业分布在地理标志产品保护区域内；在 25 家规上醋企中，其中有 17 家处于地理标志产品保护区域范围内。由此可见，一方面，地理标志产品保护区域内的醋企数量众多；另一方面，地理标志产品保护醋企中规上企业的占比较小，32 家企业规模较小。

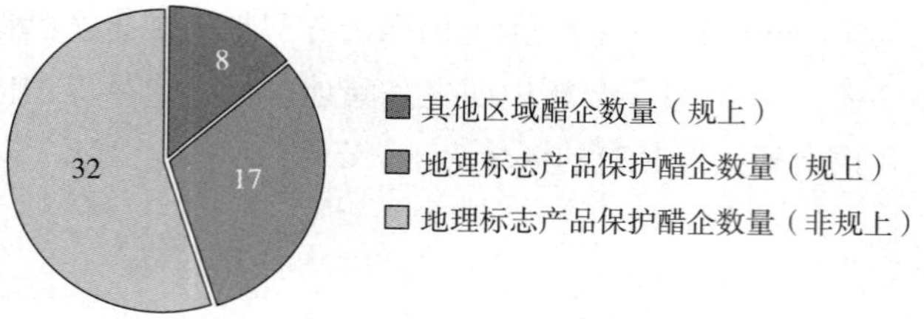

图 2-5　山西省不同类型醋企数量

2. 醋企集聚区识别

根据 ArcGIS 核密度分析结果，将山西老陈醋地理标志产品保护区域醋企分布密度划分为三类，即高密度集聚区、中密度集聚区和低密度区。地理标志产品保护区域醋企分布密度图（图 2-4）显示，最终识别出 2 个高密度和 2 个中密度醋企聚集分布区。这两个高密度聚集区分别位于太原市清徐县和晋中市榆次区；两个中密度聚集区分别位于太原市尖草坪区，以及太原市杏花岭区、迎泽区和小店区的部分区域。此外，晋中市祁县和太谷县均为醋企低密度分布区。

为了进一步分析各类集聚区域的特征，对三类分布密度共 5 个区域进行醋企数量的分类统计（表 2-6），以及老陈醋品牌情况统计（表 2-7）。结果显示，在由 10 个县（区）组成的山西老陈醋地理标志产品保护区范围内，两个高密度集聚区的醋企数量显著高于其他区域，其中位于榆次区的高密度集聚区分布有 20 家醋企，5 家为规上企业；位于清徐县的高密度集聚区分布有 17 家醋企，7 家为规上企业。这两个集聚区都有多家知名老陈醋品牌，以及为数众多的受国家地理标志产品保护的其他老陈醋品牌。同时，中密度集聚区的醋企数量不高，但是分布密度较高；而且分布有规模较大的知名企业，具有较强的业内实力。例如，位于杏花岭、迎泽和小店区的中密度集聚区，拥有东湖、美和居、宁化府、益源庆以及古灯等驰名中外的老陈醋品牌。

表 2-6　地理标志产品保护区域醋企集聚区类型

集聚区类型	分布位置	醋企总数	规上企业数量	非规上企业数量
高密度集聚区	晋中市榆次区	20	5	15
高密度集聚区	太原市清徐县	17	7	10
中密度集聚区	太原市杏花岭区 / 迎泽区 / 小店区	5	3	2
中密度集聚区	太原市尖草坪区	3	0	3
低密度区	晋中市祁县 / 太谷县	4	2	2

其中，清徐经济开发区是山西老陈醋产业集群发展的重点区域之一。清徐县作为山西老陈醋的正宗发源地，食醋年产规模达到70万吨，占全省的80%以上，位居全国区域食醋产量规模之首，是全国最大的食醋生产基地。清徐县境内的食醋主产地位于孟封、清源、徐沟、西谷等乡镇，共有获得食品生产许可认证的食醋生产企业45家。目前，清徐县形成了以紫林、水塔为龙头的食醋产业群，建设了紫林醋工业园、宝源老醋坊两家国家级AAAA级旅游景区，设有东湖、水塔、紫林3家通过省级认定的企业技术中心，培育了“水塔”“紫林”2件中国驰名商标，14件山西著名商标，5个省级名牌。近年来，清徐县全力扶持醋产业龙头企业做大做强做优，整合带动中小醋企业向着标准化、规模化、集群化发展。

此外，位于榆次区张庆乡一带的榆次工业园区是山西老陈醋产业集群发展的另一重点区域。一方面，依托怀仁村老陈醋酿造传统优势与规模企业，另一方面吸引来自太原市、江苏省镇江市等地的知名醋企建厂投产。因此，此区域除了有陈世家、四眼井等本地区传统知名品牌以外，还包含东湖、恒顺等国内知名品牌。怀仁村有300多年的酿醋历史，食醋酿造业一直是怀仁村的主导产业，被称为“三晋酿醋第一村”（颜景宗，2015）。山西老陈醋集团有限公司于2006年投资4.2亿元在怀仁村投资兴建了山西福源昌老陈醋科技文化博览园项目，包括新型液态醋生产中心、山西“国醋博物馆”、技术研发中心等16个子项目，是集新型生产、研发、工业旅游、农业循环经济示范功能为一体的现代醋文化园区。为引领产业做强做大，榆次区提出了打造百亿山西老陈醋产业集群的发展目标，借助现有企业优势、传统制造优势和农产品资源优势，扶持恒顺醋业、陈世家酿、四眼井醋业等区内企业发展，推进酿醋作坊整合扩规，实现醋产品的系列化和高端化。

表2-7 醋企集聚区的品牌分布情况

集聚区类型	分布位置	老陈醋品牌
高密度集聚区	晋中市榆次区	恒顺、振晋、春润、千年井、四明楼、格万、灯山井、陈世家、四眼井、龙眼井、百家醋潭、百家一号、朗味、晋阳湖、旺泉、圣楼、寿歌、南六堡、涂河、西特、带福回家、钰泉庆、晋阳湖、义泉泰、东湖、美和居、福源昌、金醋、圣之源、神福源、梁分、上水井
高密度集聚区	太原市清徐县	紫林、寇准、水塔、罗贯中、醋都美、六味斋、新园、不老泉、渊源、荷蕊、来福、益首、清泉湖、明秀泉、武老汉、尧都泉、朗珍、李渊、冰汾、奥升、集贤居、七秀泉、并西、山溪、迎泽、森美兰、西堡泉、忠明、紫洋、明河、双楼、汾泉、晋一香、立功、金元
中密度集聚区	太原市杏花岭区／迎泽区／小店区	东湖、美和居、青徐、笑星、古灯、宁化府、益源庆、馥郁

续表

集聚区类型	分布位置	老陈醋品牌
中密度集聚区	太原市尖草坪区	傅山、天龙山、力诚、天庆诚
低密度区	晋中市祁县、太谷县	乔家大院、廷泉、乔家致庸、乔家掌柜、双太、明泉宝、隆宝坊

第四节　山西省醋文化时代价值

山西老陈醋酿制技艺历史悠久、内涵丰富，包括酿造文化、饮食文化、民俗文化、品牌文化，以及随着醋产业体系发展而形成的企业文化。山西醋文化是对数千年醋文化历史的传承，也是现代醋产业体系发展不断创新的基础，为促进醋产品升级、更新和醋产业多元化发展提供了文化基础，传统醋文化在融入醋产业发展的过程中实现了“活态化”。山西醋文化的时代价值主要表现在醋的研发、醋的生产、醋产品营销和醋文化旅游这四个方面。同时，传承与创新始终是山西省醋产业转型发展的主题，随着醋产业体系的发展而形成的产品文化、品牌文化、企业文化等工业文化与地方形象，逐渐融入了山西醋文化内涵。挖掘山西醋的历史、文化、经济等多元价值，全面、综合地分析山西醋的时代价值，对促进山西醋产业体系升级转型发展具有较高的实践价值。

一、启发醋产品研发

醋的功能多样，具有食用价值、药用价值和保健养生价值，为醋产品的研发提供了依据和借鉴，对醋产品的多样化发展具有重要的启发意义。

首先，在醋产品的功能创新和研发机制创新方面，山西各大醋企已取得了不少先进经验。山西紫林醋业的醋产品结构不断丰富，在已有保健醋、儿童醋、苹果醋、葡萄醋、醋饮料等产品的基础上，近年来还开发了发醋、足浴醋。紫林醋业十分注重产学研合作，先后与山西省中医学院合作成立了紫林醋与健康研究中心，同山西省醋产业协会、山西省食品科学技术学会、山西省食品研究所、山西省生物研究所、东湖醋业、宁化府醋业、通宝醋业、梁汾醋业等成立了山西老陈醋产业技术创新战略联盟，同山西农业大学、山西大学、天津科技大学、南京科技大学合作承担了国家高技术研究发展计划山西食醋产业关键技术提升课题。山西水塔醋业旗下的“宝源老醋坊”不仅在清徐县企业厂区组建了自营科研团队，成立了院士工作站，而且还与北京多所高校和科研机构达成协议，多方合作研究开发山西老陈醋的营养价值、探寻山西老陈醋保健功能机理、创新和研发山西老陈醋相关食醋新产品。

第二，在醋产品与山西特色产业和食品的合作研发方面，也有较大的发展空间。一方面，可以与山西的特色产业做合作研发，开发和生产各种绿色、环保、健康、养生并且具有地域特色的食品组合，提升产品的附加值。如山西的红枣、核桃、山楂等干鲜果，芦笋、食用菌等新鲜果蔬，在发展速冻果蔬、低温脱水蔬菜、复合果蔬汁的同时，可以与山西老陈醋“捆绑”销售，吸纳专业的管理和营销团队，用丰富经验和合理的营销手段打造富有文化底蕴的山西特色产业合集，推出特色产品礼盒，或在销售场所附加推荐搭配清单，如精加工果蔬的食用方法的丰富，拓展山西老陈醋的使用范围，拓宽山西老陈醋的食用途径。另一方面，山西晋北的苦荞、杏仁、藜麦，晋西北的苦荞、长山药、燕麦、薏仁等，晋南地区的银杏、桃仁、杏仁等都是具有极高营养价值的功能食品。山西老陈醋产业可以考虑加强与这些功能食品产业合作，创新产品内容，丰富产品形式，合作研发更具有山西特色的老陈醋。如在老陈醋酿造过程中适度改变原辅料添加比，增加苦荞、藜麦、燕麦等特色产业产品，优化工艺生产对应添加物功能的功能性老陈醋；或以传统老陈醋为基底，添加银杏、薏仁等的提取物，配制具有特殊保健功能的养生醋产品。

从政府层面来讲，山西省政府推动了食醋企业之间加强产学研合作，取得了一定的成效。山西省醋产业协会、山西老陈醋产业技术创新战略联盟、山西省生物研究所、山西省食品工业研究所、山西省食品科学技术学会、山西省轻工业行业管理办公室、山西农业大学、山西大学等科研院所和相关管理部门应该继续加强深入合作，保持、维护和发扬“产学研”合作机制，强化企业在产学研合作过程中的技术创新主体地位，精诚合作，及时沟通，紧密联系，将科研项目的申报与企业的发展需要切实结合起来。食醋企业应在加强产学研合作的基础上加大科技研发投入，研发新产品，细化产品品类，增加产品品种，尤其注重开发具有山西地域文化特色的新兴醋产品，包括休闲食品、功能性食品、功能性生活用品等。实施积极稳健的创新发展，力争将山西食醋产业尤其是山西老陈醋的技术研发做到极致，在山西建立国家级食醋技术中心，为行业树立标杆和信心。

二、促进醋产业发展

山西醋产业体系是基于山西醋文化的历史文化价值、产品经济价值、旅游价值的基础上形成的，山西醋文化的深入挖掘与应用，有助于带动山西醋产业体系多元化发展，促进山西醋产业全价值链的完善和提升。醋产业集群发展是山西省非煤经济转型发展中重点发展的传统产业之一。山西的食醋生产企业主要分布在太原和晋中地区，全省食醋年总产量和食醋企业数量均位居全国首位，但是单个企业的竞争力仍显不足。近年来，在加强“美和居”“益源庆”等百年老字号品牌基础上，又崛起了“东湖”“水塔”“来福”“紫林”“绵山”“尧都”等一批新的知名品牌，形成了老陈醋、陈醋、保健醋、风味醋等4大系列60多个品种。目前清徐县已经形成了以食品制造为主的醋产业集群，包括原料供应、食醋生产、休闲保健、旅游发展、行业会展等在内的多种形式逐渐发展起来，满足时代发展的多样化需求。

为增强山西醋产业发展优势，把醋业做大做强，应进一步创新产业集群机制，加强企业之间、不同行业之间的互动合作。旅游企业之间的合作包括垂直合作与水平合作两种形式，垂直合作是同一产业不同企业环节之间的合作，存在着产业链的联系；水平合作则是同类企业之间的合作。旅游产业的创新机制分为外源与内源两种方式，外源包括醋企业经营者外出参观学习、与群外同类企业的联系与合作、与群外专家或相关机构交流或合作等；内源包括游客需求、醋产业集群内企业之间互动学习。通过彼此之间正式与非正式的合作互助传播技术知识，进行自主创新或模仿创新，促使企业要素、资金、信息、管理等方面的互动合作，实现知识的流动和信息的传递。针对不同的目标市场，采取差异化发展道路，延伸旅游产品产业链，同步提高醋文化旅游的经济价值和文化价值，发展多层次、复合型的醋文化旅游产品体系，形成旅游产品的集约性供给。

三、提升产品及品牌形象

山西醋文化的丰富内涵可以为提升老陈醋产品以及品牌形象提供历史和科学依据，是讲好山西醋产品故事、讲好山西老陈醋品牌故事、讲好山西醋产业故事的素材库。品牌作为塑造产品形象、提升产品竞争力、增加产品附加值的重要因素，是提升山西醋产品利润率、促进山西醋产业良性发展的重要保障。一方面，山西省具有鲜明的醋文化特征，山西老陈醋以悠久的酿造历史、精良的酿制工艺著称，具有高知名度、高美誉度等产品形象优势。另一方面，虽然山西省拥有数量最多的老陈醋企业数量、数量最多的老陈醋酿制技艺，但是醋产品的品牌优势并不强。在消费者或游客的印象中，山西老陈醋通常是以整体地方形象出现，而非某个企业的某个品牌。加强品牌建设，塑造地方文化形象、塑造产品形象、塑造品牌形象是老陈醋走出山西，走向世界的必经过程。

与酿制历史、酿制技艺、民俗文化、文学隐喻有关的传统醋文化内涵，也是山西醋产品形象或是企业品牌形象内涵的重要组成部分。山西醋产业相关的品牌内涵具备丰富和厚重的历史文化内涵，在品牌运营中进行合理的宣传，是构建山西老陈醋的现代品牌管理体系的前提。根据突出自我个性的原则，每个醋企业将自身特色采用明显的标识凸显出来，可以从醋的酿制方法之间的差异入手，使游客在第一印象就能感受到不同醋企业或区域的特色。通过塑造品牌、建立品牌优势，借助各种媒体渠道以及活动形式，扩大山西醋文化影响、提升山西醋产品和品牌知名度，是醋文化内涵的重要应用领域。品牌的传播，不仅是一个宣传、广告的问题，更重要的是在当地形成品牌文化的氛围，在业界提高专业的知名度，在消费者中形成长久的认可。通过论坛推广、新闻发布、活动举办等吸引眼球，把深巷子里的好醋推出去。

山西有多家企业的老陈醋传统酿制技艺被评为国家级、省级非物质文化遗产项目，这是山西醋文化宝库中已被保护并传承的明珠。除此以外，还有大量有关酿制技艺、医药古方、民俗传统等方面的优秀传统有待深入研究。重视对醋文化内涵的研究与开发应用，是山西醋文化保持长久生命力的保障。

四、深化醋文化旅游开发

醋文化旅游是以获取醋物质享受和醋文化精神享受为主要目的的一种旅游形式，是建立在地方醋文化基础上的，对醋文化资源进行旅游开发，以及醋产业体系与旅游产业的深度融合和综合开发与旅游资源有机结合的旅游产品。发展醋文化旅游是保护与弘扬山西醋文化的重要方式，也是促进山西醋产业体系升级发展的重要内容。山西醋文化旅游有利于刺激山西醋的多元化市场形成，以醋文化旅游为新的抓手，有利于山西醋产业全价值链的完善和提升。

醋的消费市场不应只是传统的调味料市场，还应加入旅游消费市场。文化产业与旅游产业的发展，人们不再满足于醋在传统消费市场的调味品价值。有关醋产品以及酿制历史、知识等文化内涵，也是当代文化消费市场的潜在需求。山西醋文化的旅游开发也是地方文化产业发展的必然要求。以当地醋文化旅游刺激山西醋产业体系观念性的改变，促进养生休闲类产品和保健类产品的开发，促进新的产品的研发再生产，是一个新的产业链，能衍生出新的经济增长点。发展醋文化旅游，可以提升醋的品牌形象，推动醋的研制、开发和销售，从而增加经济收入，增加就业就会。这不仅有助于做大做强传统醋产业，安置富余劳动力，促进广大人民群众增产增收，也有助于带动其他相关产业的发展。

山西醋文化旅游始于 2002 年台湾醋王李锦铭和大陆醋王郭俊陆联手举办的“两岸醋王征联”活动。2005—2011 年间，陆陆续续举办了多次以醋文化为主题的会展旅游，在此期间不仅可以观看醋文物展、典籍展、传说展，还可以参与各种互动活动，如醋藏品竞拍公益活动等。随后推出了“醋之旅”专项旅游，以山西东湖醋园为例，建立了醋博物馆、醋疗园、传统手工精酿车间等 6 个景点，把醋旅游景点景观、醋品购物、醋食餐饮等串起来，形成以醋文化旅游为核心的醋旅游消费热潮。近期，山西醋文化旅游的发展重点包括提升经典的醋文化旅游产品品质、增加醋文化旅游产品形式、建设醋文化小镇，这些事情都离不开醋文化内涵的挖掘与应用；反之，醋文化旅游的进一步发展对山西醋文化、山西醋产业体系的创新发展提供了动力。

第三章
山西省醋文化旅游发展现状

山西省是醋的重要生产地，也是醋的起源地，在漫长的醋文化发展历史过程中，醋文化融入了社会生活的不同领域，形成了丰富多样的醋文化旅游资源。经历十余年的发展山西省的醋文化旅游已初具规模，梳理其发展现状、并系统地分析目前发展中的主要问题，是山西省醋文化旅游可持续发展的基础。本章重点从醋文化旅游资源特征、综合评价，以及醋文化旅游现状和SWOT分析这四个方面，系统地分析山西省醋文化旅游的发展现状。

第一节　山西省醋文化旅游资源特征

一、醋文化旅游资源分类方法

（一）分类原则

醋文化旅游资源分类应该遵循旅游资源分类的一般原则，包括系统性、相似性与差异性、层次性、对应性原则。

第一，系统性原则。系统是自成体系的组织，使相同或相类似的事物按照一定的秩序和内部联系组合而成的整体。旅游资源由各种不同种类的资源单体要素组成，各要素具有一定的相似性，并通过一定的秩序组成一个整体。因此，旅游资源可以看作是一个系统，对旅游资源进行分类时应该遵循系统性原则，注重分类体系的完整性和逻辑性。

第二，层次性原则。醋文化旅游资源是一个复杂的系统，在资源分类时，只有将级别与类型结合进行逐级分类，才能达到系统地梳理多种类型旅游资源的目的。

第三，相似性与差异性结合考虑的同属性分类原则。醋文化内涵的广泛性和复杂性决定了其旅游资源分类因素的多重性，应考虑旅游资源单体要素的本质属性，以区分旅游资源类型本质上的不同。因而，在分类时应充分根据旅游资源的形态、性质等的差异以区分主类和亚型，再进一步对基本类型进行更具体的划分。最终划分出的同一级、同一类型醋文化旅游资源类型，应具有共同的基本属性特征，不同类型之间具有一定差异性。

第四，对应性原则。要求次一级类型必须完全隶属于上一级类型，避免出现次一级类别超出上一级内容的情况。

（二）分类依据

山西醋文化旅游资源内容丰富，既体现了醋文化的渊源历史和现代发展内涵，也体现了物质资源和非物质资源的属性特征。因此，在进行醋文化旅游资源分类的时候，应充分考虑文化旅游资源的一般性，以及醋文化旅游资源的特殊性。

第一，参照旅游资源国家标准分类体系。

第二，以醋文化及醋文化旅游的内涵为出发点，确定分类的范围和内容。

第三，以醋文化旅游资源的功能及价值属性，作为分类的主要标准。

醋文化旅游以醋文化为旅游资源，以参观与体验醋的酿造文化、饮食文化、民俗文化、医疗保健文化，以及文学作品中的文化现象、不同企业的品牌文化等为内容旅游活动载体，使人们积极地休憩和娱乐、获取知识、体验人生价值。应深入挖掘醋文化旅游资源内涵、系统梳理醋文化旅游资源体系，构建可持续的醋文化旅游体系，使醋文化旅游开发融入地方旅游产业发展以及经济社会发展背景中。

（三）分类方法

在旅游资源分类中应用最为广泛的先两分、后细分的方法，即把各类旅游资源首先分为自然旅游资源和人文旅游资源两类，在此基础上结合旅游资源的特征属性再进一步进行类别细分。这些特征属性包括旅游资源功能、价值及管理级别、利用现状以及旅游活动性质、旅游动机等，进行亚类和基本类型划分时视具体资源而定。《旅游资源分类、调查与评价》（GB/T 18972—2003）就是根据这个思路，最终将各类旅游资源分为主类、亚类和基本类型三个层次，共 8 个主类、31 个亚类、155 个基本类型。

山西醋文化内涵丰富，醋文化旅游资源具有综合性、复杂性特征。因此，按照两分基础上细分的分类思路，并且参照 GB/T 18972—2003 国家标准中旅游资源类型的分类结果，依据以上分类原则和依据，采取“自上而下”结合“自下而上”的并行分类操作，构建山西醋文化旅游资源分类体系。

二、醋文化旅游资源分类体系

根据以上分类方法，并借鉴酒文化分类（李林，2015）和茶文化分类（冯卫英，

2011）研究，在分析山西省醋文化及潜在醋文化旅游资源的基础上，最终构建了自然旅游资源和人文旅游资源两分为基础的，包括主类、亚类和基本类型三个层次的分类体系（表 3–1）。山西醋文化旅游资源分类体系包含 2 个主类、11 个亚类、25 个基本类型，资源类型以人文旅游资源为主，包括 7 个亚类、共 20 个基本类型，自然旅游资源主类包括 4 个亚类共 5 个基本类型。

表 3–1 醋文化旅游资源分类体系

主类	亚类	基本类型
A 自然	AA 种植基地	AAA 高粱种植基地
	AB 水体	ABA 井水
	AC 生物	ACA 大曲，ACB 谷物
	AD 其他	ADA 其他类型
B 人文	BA 展示演示	BAA 生产园区，BAB 博物馆，BAC 综合人文活动场馆
	BB 休闲活动	BBA 康养休闲场馆，BBB 传统老店，BBC 节庆活动
	BC 历史古迹	BCA 景观建筑
	BD 旅游商品	BDA 陈醋类，BDB 果醋类，BDC 保健醋类，BDD 醋泡类，BDE 点心类，BDF 烹饪类，BDG 其他醋旅游商品
	BE 传统习俗	BEA 行业传统，BEB 民间习俗，BEC 非物质文化遗产
	BF 文学艺术	BFA 神话传说，BFB 史料记载，BFC 文学隐喻
	BG 其他	BGA 其他类型

虽然自然旅游资源主类所包括的基本类型少，但是这些资源类型对于体现山西醋的酿造文化却是必要的。“高粱种植基地”是形成山西量产陈醋的自然基础条件，因此将其作为醋文化旅游的潜在资源之一，才能体现分类系统的完整性和科学性。高粱曾一度是山西省的主要粮食作物之一，山西目前仍是我国高粱三产区之一。山西高粱区划主要有三大区域，包括南部的临汾丘陵山区和运城东部山区，北部的大同、忻州北部和晋中东部山区，以及中部的忻定盆地、太原市、晋中地区汾河沿岸、吕梁地区的平川和西部丘陵区、晋东南丘陵区；其中，中部高粱产区种植面积占全省的 82%，是山西省的高粱主产区，尤其是晋中、忻定盆地，群众种植高粱的经验丰富（王呈祥，1998）。“井水”与上水井品牌名称由来传说、制醋工艺中的水质要求有关，表面上包含了民间传说、生产工艺内涵，实质上这一古井遗迹是与酿醋的另一重要原料“水”有关。因此，将上水井陈醋有关水质的工艺要求归入 AB 水体亚类。

在各类醋文化的人文旅游资源中，属于建筑与设施类和旅游商品类的资源单体较多，不仅内涵丰富，而且在目前的醋文化旅游发展中起了重要作用。因此，在国家标准分类基础上，对人文旅游资源主类中的这些资源单体，根据不同场馆旅游活动性质差异、旅游商品品类差异进行了进一步细分，分别划分出 BA 展示演示场馆、BB 休闲活动场馆两个亚类的 5 个活动场馆或场所基本类型，以及 BDA–BDG 七种旅游商品的基本类型。其中 BAC 综合人文活动场馆是指同时具有展览、演示以及生产功能的醋文化园或醋工业区。

三、山西省醋文化旅游资源调查

（一）调查方法

在醋文化旅游资源分类体系基础上，进一步对山西省各类醋文化旅游资源进行详尽的调查，是识别资源类型特征、评估资源质量和发展潜力的前提。运用科学的调查方法和手段，系统地收集、整理和分析山西省醋文化旅游资源的信息和资料，充分认识醋文化旅游资源的文化特征、类型特征、空间特征，有助于更全面地了解省域醋文化旅游资源开发、利用和保护现状，更科学地进行醋文化旅游开发和利用。

一般而言，旅游资源调查包括详查和概查两种方式，详查属于综合性调查，适用于了解和掌握整个区域旅游资源全面情况；概查属于专门目的的旅游资源调查，适用于了解和掌握特定区域或专门类型的旅游资源。本研究采用概查法，以文献资料和实地考察为主，结合专家访谈以帮助更深入地了解醋文化旅游资源情况。

文献资料法是收集各类文字、图像、实物资料，包括史料记载、书籍、报刊、文献、统计资料、地方志、各类数据库资料，以及其他非正式出版物、来自网络的各种资料；并对其进行系统整理和分析的过程。文献资料法是分析山西醋和醋文化内涵，了解醋文化旅游发展现状，在此基础上进一步整理山西醋文化各类旅游资源的重要方法。

实地调查不仅有助于补充文献资料信息，而且有助于解决文字、图片等资料不够生动的不足，提高调研人员对醋文化旅游资源的感性认识程度。在实地调查中，走访醋文化旅游目的地的居民、醋和醋文化行业相关，了解居民和相关专家对醋文化旅游资源的认识、观点和态度，帮助研究者从专家、本地居民以及市场的角度来认识山西省的醋文化旅游资源特征。

（二）调查结果

经整理山西省醋文化旅游资源相关文献资料和网络资料，结合实地考察和专家访问，参照醋文化旅游资源分类体系（表 3–1），将目前山西省醋文化旅游资源进行分类整理（表 3–2）。现统计整理旅游资源单体共计 83 种，其中：①“所在地”一栏按照该类旅游资源单体所在地级市进行了标注。清徐县隶属于山西省太原市，由于醋文化旅游资源单体数量较多，因此所在地标注为“清徐县”。未进行所在地标注的资源单体有两种情况：一种是在山西省域范围内都比较常见的；另一种是醋类的商品，可在商超、机场、火车站、旅游集散中心、旅游商品店等多种渠道购买。② 陈醋类（BDA）主要是以醋的大类为原则进行划分的，不包括例如年份、度数等细致划分。③ 山西省的各类饭店经营的醋类菜肴不限于表中所列举出的 9 种，实际所用食材极为丰富，烹饪方式以凉拌、糖醋、醋烧、醋溜为主，因此仅选择了知名度较高、流传较广的这几种。④ 传统老店（BBB）包括醋厂直营店铺和极具山西特色的饭店两类，均是被评为山西传统老店的店铺，并且在携程网等旅游网络平台上的热门店铺。⑤ 在这五个综合人文活动场馆（BAC）中，东湖醋园、宝源老醋坊和紫林醋工业园（文化产业园）为 4A 景区，老西醋博园为 3A 景区。

表 3–2 山西省醋文化旅游资源

序号	名称	基本类型	代号	所在地
1	高粱种植地	高粱种植基地	AAA	#
2	红心大曲	大曲	ACA	#
3	大麦、豌豆、麸皮等原料	谷物	ACB	#
4	井水水质（上水井醋）	井水	ABA	太原市
5	东湖醋园	综合人文活动场馆	BAC	太原市
6	益源庆醋厂	传统老店	BBB	太原市
7	山西会馆（饭店）	传统老店	BBB	太原市
8	六味斋（柳巷店）	传统老店	BBB	太原市
9	“上水井”由来	神话传说	BFA	太原市
10	太原（清徐）国际醋文化节	节庆活动	BBC	太原市
11	清徐老陈醋酿制工艺	非物质文化遗产	BEC	清徐县
12	紫林醋立方养生馆	康养休闲场馆	BBA	清徐县
13	琦峰醋业文化园	综合人文活动场馆	BAC	清徐县
14	紫林醋工业园（文化产业园）	综合人文活动场馆	BAC	清徐县
15	水塔醋业生产园区	生产园区	BAA	清徐县
16	（水塔）宝源老醋坊	综合人文活动场馆	BAC	清徐县

续表

序号	名称	基本类型	代号	所在地
17	山西醋文化博物馆	博物馆	BAB	清徐县
18	文源楼	景观建筑	BCA	清徐县
19	醋作坊习俗	行业传统	BEA	清徐县
20	祭拜醋姑	行业传统	BEA	清徐县
21	祭拜醋炭神	民间习俗	BEB	清徐县
22	清徐中国醋文化节	节庆活动	BBC	清徐县
23	“紫林”由来	神话传说	BFA	清徐县
24	醋姑姑偷醋	神话传说	BFA	清徐县
25	老西醋博园	综合人文活动场馆	BAC	晋中市
26	天元奎饭店	传统老店	BBB	晋中市
27	凤临阁（饭店）	传统老店	BBB	大同市
28	糖醋里脊	烹饪类	BDF	#
29	糖醋丸子	烹饪类	BDF	#
30	醋烧茄合	烹饪类	BDF	#
31	醋烧银仓鱼	烹饪类	BDF	#
32	醋溜白菜	烹饪类	BDF	#
33	醋溜土豆丝	烹饪类	BDF	#
34	老醋鸡蛋	烹饪类	BDF	#
35	老醋木耳	烹饪类	BDF	#
36	老醋花生	烹饪类	BDF	#
37	陈醋	陈醋类	BDA	#
38	老陈醋	陈醋类	BDA	#
39	熏醋	陈醋类	BDA	#
40	麸醋	陈醋类	BDA	#
41	香醋	陈醋类	BDA	#
42	清真醋	陈醋类	BDA	#
43	米醋	其他醋旅游商品	BDG	#

续表

序号	名称	基本类型	代号	所在地
44	白醋	其他醋旅游商品	BDG	#
45	麻辣醋	陈醋类	BDA	#
46	凉拌醋	陈醋类	BDA	#
47	饺子醋	陈醋类	BDA	#
48	海鲜醋	陈醋类	BDA	#
49	中华保健醋	保健醋类	BDC	#
50	苦荞降脂保健醋	保健醋类	BDC	#
51	美容保健醋	保健醋类	BDC	#
52	参芪保健醋	保健醋类	BDC	#
53	苹果醋	果醋类	BDB	#
54	桑葚醋	果醋类	BDB	#
55	葡萄醋	果醋类	BDB	#
56	酸梅醋	果醋类	BDB	#
57	香蕉果醋	果醋类	BDB	#
58	柠檬醋	果醋类	BDB	#
59	草莓醋	果醋类	BDB	#
60	玫瑰醋	果醋类	BDB	#
61	果冻醋	果醋类	BDB	#
62	猕猴桃醋	果醋类	BDB	#
63	酸奶醋	其他醋旅游商品	BDG	#
64	樱桃醋	果醋类	BDB	#
65	番茄醋	果醋类	BDB	#
66	山楂果醋	果醋类	BDB	#
67	老醋核桃占	点心类	BDE	#
68	老醋黑芝麻占	点心类	BDE	#
69	老醋花生占	点心类	BDE	#
70	老醋葡萄西饼	点心类	BDE	#

续表

序号	名称	基本类型	代号	所在地
71	醋泡大蒜	醋泡类	BDD	#
72	醋泡黄豆	醋泡类	BDD	#
73	醋泡黑豆	醋泡类	BDD	#
74	醋泡辣椒	醋泡类	BDD	#
75	醋泡生姜	醋泡类	BDD	#
76	醋冰淇林	其他醋旅游商品	BDG	#
77	低聚木糖醋饮	其他醋旅游商品	BDG	#
78	醋胶囊	其他醋旅游商品	BDG	#
79	醋膏	其他醋旅游商品	BDG	#
80	年俗	民间习俗	BEB	#
81	婚俗	民间习俗	BEB	#
82	醋炭神	神话传说	BFA	#
83	山西人喜食醋	民间习俗	BEB	#

注：此处太原市是指除清徐县以外的区县。

四、山西省醋文化旅游资源特征

在醋文化旅游资源系统分类和调查的基础上，进一步分析山西省醋文化旅游资源的总体特征，有助于厘清该类旅游资源独特性以及旅游发展潜力。采用定量结合定性分析法，从资源丰度、资源与旅游类型和旅游系统功能的对应关系，以及资源品质等多个视角，以期更全面、更客观地解析山西省醋文化旅游资源总体特征。

（一）资源丰富以人文资源为主

1. 资源丰度

资源单体的绝对数量不能全面地反映旅游资源的丰富度情况。旅游资源丰度包含两重涵义，即在一定地域内旅游资源种类丰富程度和集中程度（卓全娇，2018）。在区域旅游资源丰度评价中，通常会同时使用旅游资源种类的绝对数量、地均旅游资源密度来进行综合评价。生态学中物种多样性概念内涵，同时考虑了种类数量的多少也就是种类丰富度，以及每个物种个体数的多少也就是个体分布均匀度。某个群落或区域物种的丰富度越高、不同物种个体数量的均匀度越大，其物种多样性就越高。借鉴物种多样性内涵的定义，以种类丰富度和单体均匀度表征醋文化旅游资源丰度。采用亚类和基本类型的绝对数量代表醋文化旅游资源种类丰富度，采用各基本类型资源单体数量的相对多少代表醋文化旅游资源单体均匀度。

将醋文化旅游资源调查所得 83 项资源单体，进行分类汇总，统计分别归入主类 – 亚类 – 基本类型三个层次的资源单体数量占比（表 3–3），在此基础上分析资源丰度情况。

表 3–3　山西醋文化旅游资源类型统计

亚类	数量	占比 /%	基本类型	数量	占比 /%
AA 种植基地	1	1	AAA 高粱种植基地	1	1
AB 水体	1	1	ABA 井水	1	1
AC 生物	2	2	ACA 大曲	1	1
			ACB 谷物	1	1
BA 展示演示	7	8	BAA 生产园区	1	1
			BAB 博物馆	1	1
			BAC 综合人文活动场馆	5	6
BB 休闲活动	8	10	BBA 康养休闲场馆	1	1
			BBB 传统老店	5	6
			BBC 节庆活动	2	2
BC 历史古迹	1	1	BCA 景观建筑	1	1
BD 旅游商品	52	63	BDA 陈醋类	10	12
			BDB 果醋类	13	16
			BDC 保健醋类	4	5
			BDD 醋泡类	5	6
			BDE 点心类	4	5
			BDF 烹饪类	9	11
			BDG 其他醋旅游商品	7	8
BE 传统习俗	7	8	BEA 行业传统	2	2
			BEB 民间习俗	4	5
			BEC 非物质文化遗产	1	1
BF 文学艺术	4	5	BFA 神话传说	4	5

从醋文化旅游资源的种类丰富度来看，人文旅游资源基本类型占绝对优势，是

山西省醋文化旅游发展的基础。自然旅游资源主类包括高粱种植基地、酿造用谷物、大曲、井水单体等，共计3项亚类类型、4项资源单体。人文旅游资源主类涉及6个亚类、18个基本类型，共计79项，有醋博物馆、酿醋工艺展示、醋生产园区、醋养生馆、传统老店、醋味烹饪美食、各类食醋产品、神话传说、传统习俗、节庆活动等。

从醋文化旅游资源单体均匀度来看，不同资源类型的单体数量均匀性不高，集中分布在旅游商品和场馆类。其中，BD旅游商品亚类的基本类型数量最多，占资源单体总数63%，处于绝对优势。各类旅游场馆的数量较多，共占资源单体总数的18%，其中BA展示演示亚类的基本类型占到了8%，BB休闲活动亚类的基本类型占总数的10%。数量排在第三位的是BE传统习俗和BF文学艺术，资源单体数量分别占总数的8%和5%。

高的种类丰富度和低的单体均匀度特征的资源丰富情况意味着什么？科学地理解山西醋文化旅游资源丰富现状，实质是关乎醋文化旅游资源保护、传承与开发的问题。一方面，绝对数量高资源类型可能是支撑目前山西醋文化旅游发展的重要基础，在一定程度上反映出山西醋文化旅游发展初期的资金投入导向。另一方面，绝对数量低的资源类型所包含的醋文化旅游资源单体，很多属于醋文化保护与传承的核心内容，可能是醋文化旅游发展的根基所在。这些类型的资源单体的保护与传承，是醋文化旅游可持续发展的前提。

2. 与旅游服务产品关系

旅游服务产品内涵丰富，可以从旅游形式、产品组成、产品形态等多个角度进行分类。通过分析山西醋文化旅游资源与不同旅游服务产品类型的对应关系，也可以表征山西醋文化旅游资源的丰富度。其中，旅游形式与资源特性的关系最为密切，旅游资源单体的内在属性决定了其适合的旅游形式。因此，从旅游形式视角出发，将山西醋文化旅游资源调查所列单体进行重新对应分类，分析资源单体对应的旅游服务产品类型丰富程度。

图3-1结果表明，山西省醋文化旅游资源可归属于工业旅游、文化旅游、美食旅游、养生旅游和节庆旅游，其中工业旅游和文化旅游对应的资源同时也可归属于研学旅游。山西醋文化旅游资源对应的旅游服务产品类型多样，既包括传统的人文景观、民俗风情、传统饮食类的旅游观光体验，也包括研学、养生、节庆、工业生产园区等现代旅游服务产品。由此可见，山西醋文化旅游资源丰富，可以满足不同年龄阶段、不同旅游体验需求的旅游者的需求，有多元化的立体发展空间。

3. 与旅游供给系统关系

Gunn（1972，2002）构建了由多要素组成的旅游功能系统模型，并把不同要素

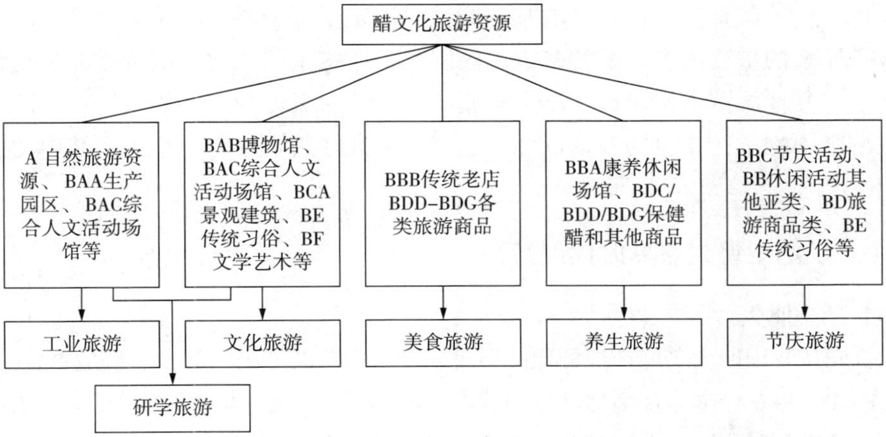

图 3–1　山西省醋文化旅游资源与旅游类型的关系

供给系统和需求系统。其中，吸引物、促销、交通、信息和服务要素构成旅游供给子系统，在各要素相互依赖、共同作用下，共同提供符合市场需求的旅游产品。通常来说，旅游资源单体在旅游供给系统中承担了吸引物的角色，其功能属性单一，与旅游供给系统中起支撑作用的要素，共同组成一个完整的旅游系统，提供旅游产品和服务。但是，有些旅游资源还有具有吸引物以外的多重功效。

根据 Gunn（2002）旅游供给子系统的结构，按照旅游资源类型和单项的内在属性，对其进行供给子系统要素的归属分类（图 3–2），由此反映山西省醋文化旅游资源的丰富程度。结果表明，山西省醋文化旅游资源基本类型不仅仅是旅游

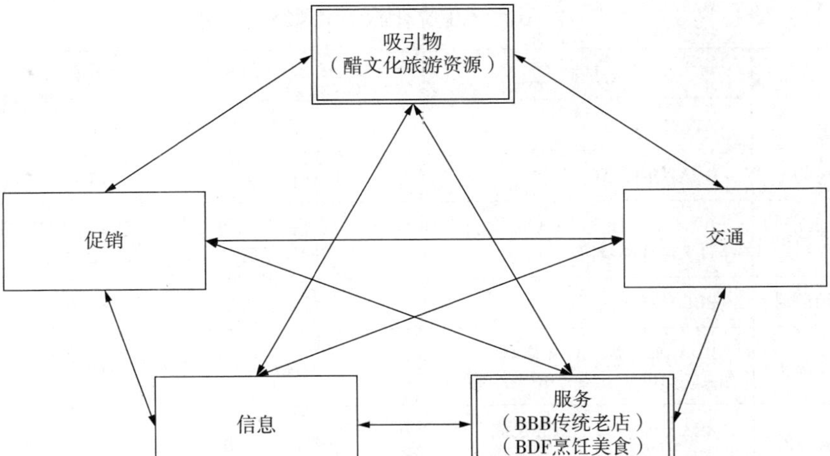

图 3–2　山西省醋文化旅游资源与旅游供给系统的关系

［模仿 Gunn（2002）旅游功能供给系统模型］

吸引物，由于其食品、调味品的基本属性，决定了部分醋文化旅游资源同时也属于服务要素的重要内容。醋的多重功能属性，决定了醋文化旅游资源的多重角色特征。与其他旅游资源相比，醋文化旅游资源具有天然的游客体验属性，除了作为旅游吸引物进行相应的开发以外，还应注重发挥其在旅游供给子系统中的服务功能。

（二）历史悠久兼具时代创新性

1. 历史悠久

首先从我国四大名醋产地的酿醋历史来看，山西老陈醋的历史明显是更悠久的，公元前 497 年在今太原市南郊已有酿醋者，而镇江香醋有 1400 多年的历史，永春老醋有 1100 多年历史，保宁醋有 1078 年历史。从旅游资源调查结果来看，有多项资料类型和单体都直观地反映了山西醋文化旅游资源历史悠久的特征，在醋文化旅游资源的 9 个亚类型中，有 7 项亚类型中的有大量资源基本类型或单体是与历史记载、遗迹、传承内涵相关的。在这些包含悠久历史信息的资源单体中，既包括有关醋起源、酿制技艺的史料记载，还包括能反映醋文化悠久历史的大量证据，如醋企业品牌历史、井水以及大曲等酿醋原料使用历史、各类醋产品食用历史、传统老店历史、传统习俗历史、神话传说与历史典故等（表 3–4）。

基于如此丰富内涵、具有悠久历史的醋文化旅游资源体系，山西省已形成一批高品质的旅游资源，包括三家 4A 级和一家 3A 级企业主导发展的醋文化人文综合活动场馆，2006 年清徐老陈醋酿制技艺被列入第一批国家级非物质文化遗产名录。

表 3–4　山西省醋文化旅游资源悠久历史

亚类	基本类型	相关资源单体的历史内涵
AB 水体	ABA 井水	井水酿醋历史、上水井品牌由来
AC 生物	ACA 大曲，ACB 谷物	大曲使用历史、谷物食用历史
BA 展示演示	BAA 生产园区，BAB 博物馆，BAC 综合人文活动场馆	企业品牌历史及由来、酿醋工具等文物，传统酿醋技艺展示，手工酿制技艺展示
BB 休闲活动	BBB 传统老店	传统老店历史
BD 旅游商品	BDA 陈醋类，BDB 果醋类，BDD 醋泡类，BDE 点心类，BDF 烹饪类	各类醋产品、商品及美食的历史
BE 传统习俗	BEA 行业传统，BEB 民间习俗，BEC 非物质文化遗产	传统习俗历史、老陈醋酿制工艺历史
BF 文学艺术	BFA 神话传说，BFB 史料记载，BFC 文学隐喻	老陈醋的起源与发展、不同时代各类文学艺术作品有关醋的记述

2. 时代创新性

山西老陈醋的传统酿制技艺以及醋文化传承的同时，在醋企主导下，醋文化不断融入时代创新元素，在老陈醋的生产工艺、产品、功用等方面取得了创新性发展。这使得山西省醋文化旅游资源兼具历史悠久与时代创新性的鲜明特征（表 3-5），具体表现在以下几方面：①老陈醋生产工艺的创新性发展，BA 展示演示亚类的资源单体不仅展示了传统醋文化，也结合了生产工艺改进以及现代生产园区模式。②采用科学的方法，从原料、大曲、工艺控制等方面，提升醋产品品质、发展老陈醋文化内涵。③采用实物、工艺演示以及多媒体甚至虚拟现实等手段，对食醋起源与发展、酿制工艺以及其他类型醋文化进行展示甚至场景还原。④根据旅游需求新趋势，建设了一些康养休闲场馆和综合人文活动场馆，开发了一批契合游客新需求的旅游商品，如 BDC 保健醋、BDD 醋泡类、BDG 基本类型的醋膏和老醋冰激凌等。

传承与发展传统文化是两个同等重要的命题，只有经历了创新发展，才能满足新时代的实际需求，从而得以真正的保护和传承。山西醋文化旅游资源经历了醋企大发展以及前期醋文化旅游发展后，不仅使传统醋文化得以传承，而且取得了相当程度的可持续的、创新性的发展。因此，山西醋文化旅游资源的丰富性，还体现在同时具有悠久历史的资源单体和符合游客新需求的创新性资源单体。

表 3-5　山西省醋文化旅游资源创新发展

亚类	基本类型	相关资源单体的创新发展
AB 水体	ABA 井水	沿用井水成分配置酿醋用水
AC 生物	ACA 大曲，ACB 谷物	现代制曲技术
BA 展示演示	BAA 生产园区，BAB 博物馆，BAC 综合人文活动场馆	先进生产工艺、园区展示，多种展演、展示方式
BB 休闲活动	BBA 康养休闲场馆，BBB 传统老店，BBC 节庆活动	养身场馆，老店网红打卡地
BD 旅游商品	BDC 保健醋，BDD 醋泡类，BDE 点心类，BDG 其他醋旅游商品	保健、美容类醋产品，醋膏，老醋冰激凌等网红食品

（三）地域普遍性与分布集聚性

1. 喜食醋的地域性特征明显

旅游资源的文化性是文化旅游发展的本质属性，文化具有地域根植性，是不会轻易移动或改变的。地理位置的不同，是文化旅游资源差异的首要因素，文化旅游资源的地域文化属性主要包括该旅游资源的历史文化、生活文化、产业文化三大方面。山西人民喜食醋具有普遍性，并因此衍生出众多生活、民俗习惯，都是本地区人民区别于他处的独有生活习惯。可见，山西醋文化旅游资源的丰富性表现在喜醋是全省域民众的普遍特征，又是山西人区别于其他地区人的显著特征。

首先，声名远扬的山西老陈醋具有极高的品质，“色泽深褐、醋香浓郁、醇厚、食之绵酸、回味悠长、越陈越香”，山西文化与老陈醋品质特征早已深入人心。当提到山西时，人们必然会想到老陈醋，反之亦然。在 BA 展示演示、BE 传统习俗和 BF 文学艺术相关旅游资源中，体现了山西与老陈醋的这种关系。

第二，山西古人与老陈醋的关联，在世人的印象中极为紧密。山西人被称为老醯儿、老西儿的历史已无从考究。经过隋、唐、宋、元几代发展，明清时期山西醋也发展到鼎盛阶段，兴起技术输出、劳务输出、易地建醋坊。由于晋商的兴隆，不仅商贸扩大到全国各地，同时也把山西醋业播撒到全国各地。在山西省内，近现代很长一段时间曾经有农村家家会酿醋的盛况，酿醋技艺在山西人中间的普及性曾相当高。同样，在 BA 展示演示、BE 传统习俗和 BF 文学艺术相关资源中，体现了山西古人与老陈醋的密切关联。

第三，今天的山西人，仍以喜食醋的口味偏好而区别于其他省份和区域的人们，老醯儿、老西儿的称谓也常常被提起。这种饮食偏好在 BB 休闲活动、BD 旅游商品中被生动地演绎出来，尤其是 BBB 传统老店和 DBF 烹饪类美食的组合，为游客提供了绝佳的醋饮食文化体验。

2. 醋文化旅游资源分布集中

在山西省醋文化上千年的积淀和醋企业发展的基础上，在一些地方逐渐形成了以企业文化主导的特有资源单体，因此按照分布地区对各类资源单体进行了统计（表 3–6）。结果显示，清徐县特有的醋文化旅游资源单体最多，总计 14 项，集中分布了 7 家生产园区、1 项非物质文化遗产、2 项与醋企品牌有关的神话传说、1 个节庆活动和 3 项地方特有的传统习俗。太原市除清徐以外的区县，特有资源单体数量排在第二位，共计 7 项，分别有 1 个活动场馆、1 个神话传说、1 个井水配方和 1 家传统老店资源单体与两家醋企关联，另外还有 1 项节庆活动和 2 家传统老店。此外，晋中市拥有活动场馆和传统老店共计两项特有资源单体，大同市拥有传统老店一项特有资源单体。由此可见，太原市，特别是下辖清徐县为醋文化旅游资源集中分布的区域。

清徐县作为我国老陈醋的发源地，从南北朝起源到如今醋产业的不断壮大，无一例外地发生在清徐县这片大地上。除此之外，清徐县的山西醋较之其他地区具有独有的熏蒸法、纯粮全固曲法和固态发酵工艺，并且众多品牌醋企业集聚于此，产业文化独树一格，其他地区无可替代。旅游资源是旅游业赖以发展的基本条件，清徐县老陈醋以其佼佼者的地位、独特的制作技艺，能够满足游客的求知欲与好奇感，展示醋文化的历史价值和区域特色，增强了该地区旅游发展吸引力，提高了经济效益。

表 3-6 山西省醋文化旅游单体地区分布统计

基本类型	代号	太原市	清徐县	晋中市	大同市
井水	ABA	1			
生产园区	BAA		1		
博物馆	BAB		1		
综合人文活动场馆	BAC	1	3	1	
康养休闲场馆	BBA		1		
传统老店	BBB	3		1	1
节庆活动	BBC	1	1		
景观建筑	BCA		1		
行业传统	BEA		2		
民间习俗	BEB		1		
非物质文化遗产	BEC		1		
神话传说	BFA	1	2		
小计		7	14	2	1

注：此处太原市是指除清徐县以外的区县。

1）名醋地位甲冠天下

清徐县是山西老陈醋发源地，酿醋技艺已有 3000 多年的悠久历史。1924 年，清徐“福源昌”生产的山西老陈醋荣获巴拿马国际博览会优质商品一等奖；1956 年和 1965 年山西醋连续在全国调味品鉴定会上，被评为第一名；2004 年 8 月，山西老陈醋被评为中国地理标志产品；2006 年，清徐老陈醋酿醋技艺被评为第一批国家级非物质文化遗产。

清徐县属暖温带大陆性气候，四季分明，气候较干燥，昼夜温差大。山西醋的制作主要原料为高粱、大麦、豌豆等杂粮。适宜的气候，使得清徐县杂粮产量高且稳定。其中，高粱属于短日照作物，根系发达，茎、叶表面有一层白色蜡质，干旱时能减少水分蒸发，水淹时能防止水分渗入茎内；大麦适宜昼夜温差大的地区，有利于籽粒的碳水化合物积累；豌豆为半耐寒性植物，不耐湿，适宜凉爽的气候，以在微碱性土壤上生长最好，切忌较高的温度。

2）县域特色的醋产业集群

清徐县醋产业集群是中国最大的陈醋产业集群，拥有美和居、东湖、紫林、水塔等多家食醋酿制企业的多个知名品牌。2015 年，清徐陈醋产业集群产量高达 55

万吨，占全国陈醋行业产量的五分之一。全国现有醋企业4718家，主要分布地区为山西清徐与太谷两县、江苏省镇江市和福建永春市。其中，清徐陈醋生产企业数是太谷县的1.97倍，是江苏省镇江产区的2.11倍，占据全国和全省陈醋企业的17.61%和38.25%；从陈醋从业人员来看，全国共160万人，镇江约20万人，而清徐有近40万人，占全国陈醋从业人员近25%（魏本钧，2016）。

2016年清徐县“十三五”规划中强调发挥县域文化特色，依托醋产业的发展，促进醋产业与文化旅游相结合，积极发展文化旅游业，形成了具有完善产业链和宏大产业规模的醋产业集群。企业从单一调味品企业向多种类型产品方向转型，审视消费群体，切合消费者的需求，由传统企业向高科技企业方向转型、由单一调味品企业向多种类型产品方向转型、由地域品牌战略格局向国际品牌战略格局转型，加快推进醋产业的多元化发展。

在醋产业集群奠定的物质基础之上，不断发展醋文化旅游景区景点建设。2000年山西水塔老陈醋股份有限公司在东湖湖畔原水阁楼旧址上，整合了山西醋文化博物馆功能，展示了历史上山西醋的制作遗迹。2003年在县政府的支持下，紫林醋业建成了以医疗保健为主题的醋立方景点。2012年旅游景点宝源老醋坊，获得“2011年度太原市优秀旅游景区”荣誉称号。2016年紫林工业园区荣获国家AAAA级景区，2017年打造紫林醋文化博物馆，旨在展示世界各地的醋产品及工艺，以及紫林醋业的相关发展历程和产品。

（四）醋文化旅游资源开发潜力大

山西省醋文化旅游资源种类丰富，既能提供传统人文景观、民俗风情观光体验，也可开发研学、养生、节庆、工业旅游服务；既能发挥旅游吸引物的功能属性，也能在旅游供给系统中提供服务功能。醋和醋文化是山西省极具地域文化特色的旅游资源，同时一些重要的旅游资源单体集中分布在太原市尤其是清徐县境内。在知名醋企主导下，山西老陈醋传统酿制技艺以及相关醋文化得以传承并发展创新，为醋文化旅游提供了非常重要的物质性和非物质性资源基础。

目前，多家知名醋业在其厚重的企业文化基础上，纷纷建设了醋文化主题场馆并向游客开放。集食醋酿制工艺、发展历史、产品体验等功能为一体的醋工业旅游景点是目前醋文化旅游发展初期的醋文化旅游资源的主要载体。以东湖醋园为例，平均每年接待国内外游客30万人次，10年间共接待国内外游客300多万人次，成为山西省文化旅游特色名片和优秀的工业旅游示范点。通过收集该类工业旅游景点信息并进行比较分析，不仅有助于了解醋文化旅游发展现状，也有助于分析山西省醋文化旅游发展潜力。因此，以醋文化主题旅游场馆的情况表征山西省醋文化旅游资源发展的潜力。

产业集群性带来工业旅游资源集群，清徐县在醋文化主题旅游场馆资源上占据区域垄断性地位，山西醋文化旅游资源具有较大的开发潜力。然而，区域集群性对醋文化旅游发展也有其不利的一面，可能导致同质化竞争。作为山西老陈醋的发源地，清徐境内以醋乡、中国醋都、醋都广场命名的物名、地名比比皆是，醋文化研究会、醋文化博物馆、醋文化节众多，流传于市井的醋的传说、歌谣、谚语则是妇孺皆知，清徐县以醋为主题的活动异彩纷呈，醋产业呈现井喷式发展。为了进一步提升清徐醋文化生态旅游的核心吸引力，丰富和提升旅游品质，2018 年 12 月清徐县与山西省文旅集团展开合作，提出清徐县孟封镇“醋都小镇”建设项目，以整合清徐文化旅游资源，打造国内首个以“醋”文化为背景，集文化旅游、休闲养生、美丽乡村建设、绿色生态产业为一体的文旅综合体。

醋都小镇项目的目标是把醋都小镇建设成为壮大食醋产业与乡村振兴发展的交汇平台，引导有能力在城镇稳定就业和生活的农村人口向城镇转移，促进清徐地产、金融、公共基础服务等配套设施产业发展。可见，发展文化产业、助推社会经济发展是山西醋文化资源发展的重要目标之一。首先，山西老陈醋作为国家级非物质文化遗产，在国家以及政府的保护倡导下，本身就具备了一定的经济价值；其次，在注重养生潮流的推动下，游客进行清徐县醋文化旅游时，能购买到具有医疗保健功效且不上市的醋保健产品，加大经济效益；第三，将醋文化资源转化成文化旅游资源，能够吸引游客感受极具山西地域色彩的、醋的民俗习惯、历史文化、文学作品等，从经济效益上来讲均有利于政府以及企业层面拓宽山西醋的市场营销渠道，带来不可小觑的经济价值。

第二节　醋文化旅游资源综合评价——以清徐县为例

醋文化旅游资源评价就是对有关醋文化旅游资源的资源价值禀赋、环境要素以及开发条件进行科学的分析和评价，为醋文化旅游的发展提供开发和管理的理论支撑和科学依据。若是资源价值禀赋高，但环境恶劣、开发条件欠缺，会阻碍醋文化旅游资源的长久开发与利用；相反若是环境与开发条件优越，但资源价值禀赋较差，会削弱对游客的吸引力，减少旅游目的地的经济效益，制约醋文化旅游的发展道路。

一、旅游资源评价方法概述

旅游资源是一切旅游经济活动开展的前提，随着社会与经济发展变化，旅游业逐渐向纵深层次拓展，旅游资源的范围也不断扩大。对旅游资源进行科学合理的评价，是旅游业发展的基础。旅游资源评价的目的总体上包括三种类型，分别是出于旅游规划目的、旅游资源开发目的和旅游管理目的资源评价。其中，旅游规划目的资源评价，是通过对区域旅游资源、资源环境和开发条件的综合评价，直接为区域旅游开发的重点、步骤等宏观规划与开发研究提供理论依据；旅游资源开发目的资源评价，是通过对调查区域旅游资源特点、结构、功能和性质评价，在宏观规划的指导下，为新旅游产品的开发方向、建设项目提供论证材料，为已开发和部分开发的老旅游景点提供改造和扩大的依据；旅游管理目的资源评价，是通过对旅游资源的质量、规模、水平的鉴定，为旅游资源分级管理提供系列资料，对旅游产品开发过程中出现的生态环境、行业管理等方面的问题提供修正依据。

保继刚等在《旅游地理》中提出旅游资源评价是在旅游资源的基础上进行的，是旅游开发的基础工作，旅游资源评价也称为旅游吸引力评价或者旅游潜力评价，其评价工作基于人类价值判断的统计性规律和人类认知的比较法则。马耀峰等编著的《旅游资源与开发》中阐述旅游资源评价是通过旅游资源的调查，于一个合理的角度对旅游资源进行的全面鉴定，确定旅游资源的经济价值和社会价值。陈鹰（2006）从评价程序角度给出旅游资源评价的内涵界定。比如陈鹰认为旅游资源评价是选择调查区域内的旅游资源、资源环境及其开发条件作为评价对象和内容，采取一定的方法，对旅游资源的特点及其开发作出评判和鉴定的活动。

因此，旅游资源评价的内容及范围广泛，在总结国内外学者观点及相关评价实践的基础上，研究者通常把旅游资源评价的内容分为三个主要的方面，旅游资源自身要素价值评价、环境要素评价、开发条件评价。首先，旅游资源自身要素的价值评价，也就是旅游吸引力评价，包括旅游资源的完整程度、观赏游憩价值、科学艺术价值、文化价值等。这是吸引游客旅游活动的关键性因素，是旅游开发的内在发展动力，也是其开发可行性评价的重要因素。第二个方面是有关旅游资源的环境要素评价，包括旅游资源所依托的自然环境条件和社会环境状况。旅游资源与环境要素的关系和作用是相互的，旅游的开发、利用状况以其自然环境和社会、经济环境为基础，同时也影响到其所依托的自然、社会环境的状况。环境要素是旅游资源可持续发展评价的重要考虑因素。第三个方面是有关旅游资源开发条件的评价，包括旅游资源的区位条件、市场条件以及开发状况等。这些是制约旅游资源开发可行性的重要因素。在旅游资源评价过程中，对旅游资源自身条件的评价是核心，在此基础上结合另外两个方面因素的评价才可以获得更为全面、合理的综合性评价结果。

旅游资源评价的方法体系包括定性评价和定量评价两大类。旅游资源的评价研究工作从起初的旅游资源评价的定性方法——视觉质量评价法，到后期的引入一些数学方法和模型，进入了定量化研究阶段。旅游资源评价逐步向系统化、专业化方向发展，相关研究理论与方法与日俱进，不断融入新的研究技术，迎合旅游产业化发展需求。

我国对于旅游资源评价的研究起于20世纪70年代，距今已历经了40多年的研究历程。与国外旅游资源评价研究发展历程相同的是，我国旅游资源评价也是从定性评价起步，主要研究旅游资源本身的特质，20世纪90年代以后引入定量评价的方法，采用多角度、多科学的视角切入，使其具备研究动态性和系统化，《旅游资源分类、调查与评价》国家标准已于2003年2月24日发布，同年5月1日正式实施。

（一）定性评价方法

定性评价是对旅游资源作质性分析、而非量化的评定，是运用分析综合、比较分类、归纳演绎等逻辑分析方法，对旅游资源相关的资料和信息进行加工。旅游资源评价也被称为经验性评价，一般采用定性描述的方法来表示评价结果。从研究的理论基础和方法来看，其中定性评价方法主要包括视觉质量评价和语义差异评价。

（1）视觉质量评价方法：也称为美感质量评价，是对旅游资源美学价值的专业性评价，这类评价一般是基于旅游者在旅游过程中对景观的体验以及在体验基础上的主观性评价，或者是在旅游专家体验性评价的基础上进行深入分析，其评价结果具有可比性。康德审美判断的“四个契机”包括审美无利害、审美无概念、审美无目的、审美共同感，奠定了旅游资源视觉质量评价的理论基础（Lothian，1999）。这也是国外对于旅游资源评价的研究起初的主要研究方向。有关自然旅游资源的视觉质量评价较为成熟，目前已发展成为四个公认的学派，即专家学派、心理物理学派、认知学派或心理学派、经验学派或现象学派。

（2）语义差异法：由美国心理学家C·E·奥斯古德于1957年提出的一种社会学研究方法，又称SD法（Semantic Differential Method）。奥斯古德等认为，人类对概念或词汇具有颇为广泛的、共同的感情意义，不因文化和言语的差别有多大的不同。因此，对“智力高的和言语流利的研究对象”，直接询问一个概念的含义是有效的。语义差别法由概念和若干量尺构成。这里的“概念”，既包括词、句、段和文章那样的语言符号，也包括像图形、色彩、声音等有感情意义的知觉符号。这里的“量尺”，是用两个意义相反的形容词作为两极而构成的。以视觉质量评价方法为基础，Calvin（1972）采用语义差异法通过综合旅游者对景观要素的不同偏好，以获取景观的视觉质量。随着旅游资源评价的不断发展，定性评价与定量评价逐渐被结合应用，根据旅游者在旅游过程中对景观的体验以及在体验基础上的主观性评价，来对旅游资源做出质性的判断成为旅游资源评价的重要内容。

我国学者在美感质量评价基础上进一步完善了旅游资源定性评价的方法体系，其中影响较大、方法较成熟的包括卢云亭“三三六”评价体系，以及黄辉实“六字七标准”评价法。

（1）“三三六”评价体系：卢云亭（1988）提出以“三大价值”“三大效益”和“六大开发条件”为支撑的旅游资源定性评价体系。其中，“三大价值”是指历史文化价值、艺术观赏价值、科学考察价值。“三大效益”是指经济效益、社会效益、环境效益。“六大开发条件”则包括地理位置和交通条件、景象地域组合条件、旅游环境容量、施工难易程度、投资能力、旅游客源市场。

（2）“六字七标准”评价法：黄辉实（1985）采用“美、古、名、特、奇、用”六个字与“季节性、环境污染状况、社会经济环境、可进入性、基础结构、客源市场、与其他旅游资源之间的联系性”七大标准，从旅游资源价值和旅游资源环境两个方面，对旅游资源进行了定性评价。

（3）此外，美感质量评价法和一般体验型评价的应用也较为普遍，通常是建立在专家学者或者旅游者在旅游过程中深入体验的基础上，建立评价模型，其结果多为具有可比性的定性尺度或者数量。例如刘耀龙（2005）对绵山前山风景区美感质量（评价等级）的调查研究。一般体验型评价是根据旅游者自身的旅游经历与体验，对旅游目的地整体质量的定性评价。

（二）定量评价方法

定量评价是采用数学方法收集和处理数据资料，对评价对象做出定量结果的价值判断。旅游资源定量评价则是在综合考虑旅游价值组成因素的基础上，运用一些数学方法，通过模型分析旅游资源及其相关因素进行定量评价，评价结果通常以数量化的指数来表示。与旅游资源定性评价方法相比，定量评价方法的结果更直观、更易于进行比较分析。

从20世纪70年代起，以美国运筹数学家、匹兹堡大学教授塞蒂开始将数学方法引入旅游资源评价为标志，旅游资源评价进入量化评价阶段，之后出现了与多学科融合的发展趋势，是旅游资源评价方法体系的重大突破与革新。旅游资源定量评价的主要方法包括：货币价值评价法是以“舒适性资源的经济价值理论”为基础，用内部收益率和净现值计算发展中国家旅游项目的社会成本。模糊评价法是Zadeh L.A.于1965年创立的模糊数学法，是指针对诸如旅游资源的分析与评价等具有“模糊性”特点的一系列问题进行数学分析和结果处理的方法（黄辉，2010）。层次分析法（AHP）是美国运筹学家Saat T.L.在20世纪70年代提出的。层次分析法也是一种主流方法，它是将复杂的问题通过建立层次进行指标两两比较确定权重，让决策者根据指标的重要性进行决策判断。此类综合性的定量评价方法还有费什拜因－罗森伯格模型和指数表示法。除此之外，条件价值法（CVM）、旅行费用法（TCA）和享乐定价法（HPA）在国外的旅游资源评价中也是常用的方法。在研究技术上，科技的不断进步和发展，尤其是地理方面的现代科技技术被广泛运用于旅游资源评价研究领域，3S技术、GIS技术和计算机网络等新技术的发展进步，旅游资源评价开始与这些新的技术相融合，表现出较强的地理空间分析能力和数据处理技术，对旅游资源评价提供了强大的技术支撑。

国内旅游资源定量评价的研究方法主要包括：单因子定量评价法、层次分析法、模糊数学评价法、主成分分析法等。

（1）单因子定量评价法：是指在对旅游资源进行评价时侧重于对旅游资源的某一项或几项起关键性、决定性的功能进行研究，并对这些评价因子做出定量的优劣评价并最终得出结论。旅游资源要素适宜性评价常用的一种单因子定量评价方法，指的是在进行旅游资源评价时，重点考虑那些具有典型性以及关键影响的因素，根据这些关键因子对特定旅游活动进行技术性的适宜性或优劣性的定量评判。旅游资源要素的适宜性评价对于开展专项旅游活动如登山、滑雪、游泳等非常适用。

（2）层次分析法：是将决策有关的因素进行层次分解，在此基础之上进行定性和定量分析的决策方法。该方法的基本思路是根据系统性质和要求，将要识别的复杂问题分为若干层次，建立层次模型，再由专家和决策者对所列出的各项指标，通过两两比较重要程度、逐层进行判断评分，以此来确定各评价因子的权重，进而利用计算判断矩阵的特征向量，确定下层指标对上层指标的贡献程度，得到基层指标对总体目标或综合评价指标重要性的排列结果。

层次分析法是将半定性、半定量问题转为定量处理的行之有效的方法，促使人的思维层次化，逐层比较各种关联因素，为分析、决策、预测或控制事物的发展提供定量的依据。保继刚率先将层次分析法运用于旅游资源评价的研究中，认为旅游资源与其相关联的一系列因素可看作一个整体，因素之间相互联系又有区别，因此，对其进行分层次评价，并结合专家咨询法，形成综合性较强的一种旅游资源定量评价方法。评价过程首先是建立评价层次结构模型，其次确定评价因子的权重，再次是获取评价因素的评分，最后确定旅游地综合评分指数。

（3）模糊数学评价法：模糊数学法的基本原理是将评价对象作为多种因素组成的模糊集合评价指标集，通过建立评价指标集到评语集的模糊映射，求出各指标对各级评语的隶属度，构成评判矩阵或称模糊矩阵，然后根据各指标在系统中的权重分配，通过模糊矩阵合成，得到评价的定量解值。根据模糊隶属度理论将定性评价转化为定量评价，较好地处理了多因素、系统模糊性及评价的主观判断问题，实现了定性与定量的有机结合。但是，根据最大隶属度或主导因素原则对综合评价矩阵确定定级过程中，容易丢失各评价单元之间的相关信息，从而可能造成与实际不符的评价结果（方幼君，2006）。

模糊综合评价法是以模糊数学为理论基础，构筑旅游决策模型，提出旅游区开发价值综合评价指标。杨汉奎（1987）以贵州省为例，评价旅游资源时分为三个层级，每个层级下包含相应的因子，运用模糊数学法赋分计算其权重对旅游资源进行评价。罗成德（1994）以地表岩石、构造、侵蚀速度、地貌组合、旅游环境、知名度、愉悦感或奇异感七项因子对旅游地貌资源进行打分，建立聚类因子模糊评分标准对峨眉山、张家界等景区进行评价。

（4）主成分分析法：是一种多变量数学分析方法，其主旨是利用降维思想把多个具有复杂关系的指标转化为少数几个综合指标（即主成分），每个主成分都是原来多个指标的线性组合。这种方法在引进多变量的同时，又将复杂因素归结为几个主成分，使问题简单化，同时可获得更加有效的评价结果。通过适当地调整线性函数的系数，既可以使各主成分相互独立，舍去重叠的信息，又可以将各原始指标所包含的不十分明显的差异集中表现出来，使研究对象在主成分上的差异反应明显，便于做出较直观的分析判断。

在旅游资源评价中，一些研究者使用了主成分分析法。储德平（2002）以国家级重点风景名胜区泰宁大金湖旅游区为例，选取了 26 个旅游资源实体，以 9 个评价指标，采用主成分分析法对其进行分析评价，最终将旅游资源划分为 4 个等级，并提出了相应的开发与利用对策。袁合才（2011）针对郑州、张家界、桂林、北京、苏州和西安等六个旅游城市，利用主成分分析法建立了基于生物、水域、地理和人文资源等四种资源的旅游资源评价模型。在旅游资源评价中，对旅游资源等级的评定一般采用专家打分法，但是对专家在各评价指标上的评分进行简单加总，忽略了指标间的相互关联性，不能准确反映旅游资源实体的真实情况。与此相比，主成分分析方法既吸收了传统专家打分法的优点，又能消除各指标的重复信息。

二、评价区域选择及概况

根据山西省醋文化旅游资源单体统计结果可知，太原市特别是下辖清徐县是醋文化旅游资源集中分布的区域，太原市清徐县的醋文化旅游资源单体最多，集中分布了 7 家生产园区、1 项非物质文化遗产、2 项与醋企品牌有关的神话传说、1 个节庆活动和 3 项地方特有的传统习俗。因此，在进行醋文化旅游资源的综合评价时，以清徐县作为评价区域，以清徐县的优质醋文化旅游资源既可以代表山西醋文化资源特色，又便于进行定性和定量的综合评价，为山西省醋文化旅游的开发利用提供依据。

清徐县位于山西省中部，隶属于省会太原市，全县总面积 609 平方公里，辖 4 镇 5 乡 1 个街道办事处，2019 年末人口为 358473 人、地区生产总值 191.9 亿元。清徐古称“梗阳”，始建于春秋时期，历史悠久，人文荟萃，古典文学大师罗贯中便是清徐人；共有国家级文物保护单位 2 个、省级 4 个、市级 6 个，并于 2019 年入选第一批革命文物保护利用片区分县名单。清徐县基本形成了以清洁能源、绿色食品、高新技术、精密铸造、新型建材、生态旅游六大产业为主体的县域经济格局，于2018年入选全国农村一二三产业融合发展先导区创建名单。

清徐县处太行、太岳两大山系的腹地，属暖温带大陆性气候，四季分明，气候较干燥，风沙大，昼夜温差大。独特的地理环境和适宜的气候特征，使得清徐县杂粮产量高且稳定，包括高粱、大麦、豌豆等，是酿造山西醋的主要原料。据山西市县简志（1990）记载，因清徐县位于黄土高原，土层富含碳酸钙和磷、钾、硼等元素，土壤反应多偏碱性，又因四周环山的岩石地理结构，形成了以硫酸钙为硬化物，硬度为7~8度的地下水，促进制曲菌群的培养，同时水质甘甜，适合酵母菌发育。

“自古酿醋数山西，追源溯流在清徐”。清徐县是山西老陈醋的发源地，至今已有3000多年悠久的酿醋历史，素有“醋都”之称。清徐县所产的山西老陈醋色泽黑紫、酸香馥郁、厚而不涩、久放不腐，以其独有的绵、酸、香、甜、鲜闻名于世界。1924年，清徐“福源昌”生产的山西老陈醋荣获巴拿马国际博览会优质商品一等奖；1956年和1965年山西醋连续在全国调味品鉴定会上，被评为第一名；2004年8月，山西老陈醋被评为中国地理标志产品；2006年，清徐老陈醋酿醋技艺被评为第一批国家级非物质文化遗产。

清徐县是全国最大的食醋生产基地，形成了全国范围内最大的醋产业集群，共有70多家食醋企业，年产醋10万吨，占全国醋产量的六分之一。清徐县拥有“东湖”“水塔”“紫林”“来福”等众多优质醋业品牌。其中，宝源老醋坊，始建于明朝宣德三年，距今已有500多年历史，为现代研究醋文化的发展留下了可以考证的历史遗迹与制醋工具。

在醋产业集群奠定的物质基础之上，不断开发醋文化旅游景区（景点）。2000年山西水塔老陈醋股份有限公司在东湖湖畔原水阁楼旧址上，建造山西醋文化博物馆，展示了历史上山西醋的制作遗迹；2012年旅游景点宝源老醋坊，获得“2011年度太原市优秀旅游景区（点）”荣誉称号；2003年，在县政府的支持下，紫林醋业建成了以医疗保健为主题的醋立方景点，2016年，紫林工业园区荣获国家AAAA级景区，2017年打造紫林醋文化博物馆，旨在展示世界各地的醋产品及工艺，以及紫林醋业的相关发展历程和产品。

2016年清徐县“十三五”规划中强调发挥县域文化特色，依托醋产业的发展，促进醋产业与文化旅游相结合，积极发展文化旅游业。旅游资源是旅游业赖以发展的基本条件，清徐县老陈醋以其佼佼者的地位、独特的制作技艺，能够满足游客的求知欲与好奇感，展示醋文化的历史价值和区域特色，增强了该地区旅游发展吸引力，提高了经济效益。清徐县具有醋文化旅游资源发展优势：甲冠天下的名醋地位增强了旅游资源的吸引力，县域特色的醋产业集群奠定了旅游资源开发的物质基础，种类繁多的醋文化提升了区域旅游资源的竞争力，日益完善的设施建设提供了旅游资源开发的助推力。

清徐县境内现有 208、307 两条国道，青银高速公路和太中银铁路穿境而过。山西省统计年鉴显示，2016 年共更新改造道路面积 2.8 万平方米，新增道路里程 2.76 公里，公路密度 219.2 公里 / 百平方公里，比 2015 年增长了 1.68 公里 / 百平方公里。2017 年至 2020 年逐步加强四好农村路的建设，具备条件建制村通硬化路率达 100%，城乡公交覆盖率达 100%。同时着手公路翻新工程、主要道路景观绿化等，不断增强清徐县道路的便捷性与美观性。

清徐县国民经济和社会发展统计公报显示，2016 年清徐县住宿餐饮业增加值 3.1 亿元，同比增长 6.1%。由于近年来旅游业的发展，尤其是醋文化旅游的带动，境内住宿无论是数量还是设施条件的质量，都有了明显的提高。根据对游客的实际调查，受旅行社和农家乐的影响，游客的住宿类型大多选择四、五星级宾馆以及民居、快捷酒店，反响较好。

清徐县加紧投资建设，现已投入运营的集文化馆、体育馆、全民健身中心、青少年活动中心、图书馆、美术馆、科技馆、档案馆八馆合一的文体中心一座，是全省目前最大的县级文体活动中心，占地面积 69.8 亩，总建筑面积 35000 平方米。其中图书馆为国家一级馆，总藏书量 10 万册。2017 年水塔醋业着手投资建设中国醋博园，内有醋文化宫、老陈醋工艺展示馆等主题工程，还有宾馆、餐厅等辅助工程，以及配电室、办公楼等服务性设施工程。

2017 年对于各个景区景点的员工与游客就餐环境、园区内禁止吸烟与洗手间等旅游标示进行升级改造，营造文明和谐的旅游环境；加强旅游安全管理，实现责任具体到人，防止各类旅游安全事故发生；建立网上销售平台，促进景区货品的线上线下一体化销售；建设景区旅游网、微信等旅游电子商务载体，并加强与携程、美团等的合作，实现传统营销向智慧营销模式的转型。

三、醋文化旅游资源综合评价指标体系

作为山西老陈醋的发源地，清徐县以久远的老陈醋酿造历史、厚重的醋文化特色、规模化的醋产业集群著称，具有天然的醋文化旅游发展优势。以清徐县为例，结合醋文化旅游资源特征，在对研究区域进行实践考察的基础上，最终采用层次分析法（AHP）结合熵权修正法，对醋文化旅游资源进行定量评价。具体的评价步骤包括以下几点：选取评价指标、构建层次分析结构模型、构造判断矩阵、计算层次单排序权重与总排序权重、采用判断矩阵一次性检验结合熵权修正技术的指标权重修正，同时对各指标因子进行赋分，并划分赋分标准，最终得出醋文化旅游资源的等级。

（一）评价原则

清徐县醋文化旅游资源评价是一项比较复杂而且重要的工作。它涉及的醋文化资源类型较广、资源数量较多，并且在评价过程中容易受到评价者地方文化认同等主观因素的影响，可能会导致评价结果的偏差。因此，在进行醋文化旅游资源评价时应遵循一定的原则，以保证旅游资源评价的科学性，为醋文化旅游资源的开发与利用提供依据。

1. 实际性原则

醋文化旅游资源评价指标选取时应采取科学的态度，根据该地区的实际情况进行筛选。首先，通过合理分析清徐县醋文化旅游资源的资源禀赋，分析其价值特色；然后，根据该地区醋文化资源的地域分布与组合的情况，提炼出醋文化旅游资源的环境要素，以及适宜醋文化的开发条件。每个层次所选的指标因子范围，切忌过大过空，应当有所取舍，根据评价目的进行有效选择，这样最终的评价结果才具有实际的现实意义和参考价值。

2. 契合性原则

醋文化旅游资源评价的目的在于评估某个区域醋文化旅游资源的吸引力、价值与发展潜力，与此评价目的有密切联系的影响因素很多是无法通过收集定量数据、进而去计算衡量的。在指标选取的时候，尽量涵盖资源的价值、社会环境等不易采用定量计算获得的指标。由于文化旅游强调游客在精神层次方面的体验与共鸣，所以在指标选取时还应考虑文化旅游自身的属性，包括：游客能否理解文化旅游的意义在于游客个人素养；旅游目的地是否真正被国外相关领域认可，而非杜撰；旅游目的地是否被合理开发，没有造成资源浪费等。

3. 综合性原则

文化旅游资源是一种无形的精神财富，醋文化旅游资源的价值和功能又是多方面、多形式、多内涵的。对于这种不易衡量的旅游资源，在进行醋文化旅游资源评价时，要采用综合性思维方式加以考虑，除了自身所秉持的资源价值之外，还要考虑自然环境，包含政府政策在内的社会环境、客源市场、区位、景点设施以及非物质文化遗产特性等。只有综合考虑各类因素，才能更客观准确地对清徐县醋文化旅游资源进行有效评价。

4. 层次性原则

由于各指标均依据实事求是和综合性原则进行选择和取舍，因此各指标因子要按照本身所属的类别进行层级划分。不同指标因子之间存在着某种特定的关系，比如主次之分、包含与被包含等关系，所以同一层次的评价指标是平行关系，层次与层次之间存在着递进关系，不能出现互相包容、重叠与交叉的情况。

（二）指标选取

清徐县具有源远流长的醋酿造历史以及丰富多彩的醋文化内涵，曾伴随晋商文化流传并推广至全国各地，并且在新中国成立至今70多年的社会、经济大发展背景下，形成了众多具有旅游开发潜力的醋文化资源。

首先，清徐县的醋文化旅游资源种类全面、内容丰富，如醋企业的生产园区、醋文化博物馆、宝源老醋坊、醋立方、老陈醋的制作技艺、醋饮食、醋的医疗保健、醋文学艺术、醋民俗风情。这些醋文化旅游资源所涵盖类型既包括物质属性，又包括非物质属性，单一的指标标准无法对区域醋文化旅游资源进行全面、客观地评价。

其次，旅游资源的区域差异性是旅游地吸引力的核心所在，同时，旅游消费的实质又是文化差异消费。可见，醋文化特色本身才是醋文化旅游吸引游客的关键因素。醋文化旅游资源的价值与功能是形成醋文化特色的重要组成部分。

因此，在参考众多学者相关研究的基础上，根据老陈醋的醋文化特色以及清徐县醋文化旅游资源调查的实际情况，最终选择了体现醋文化旅游资源的五类价值与功能的25项指标作为区域醋文化旅游资源禀赋的评价标志。醋文化的价值和功能类型重点考虑了醋文化历史价值、教育科研价值、医疗保健休憩价值、制醋流程观赏价值和社会影响力价值。此外，在醋文化旅游资源综合评价的指标选取过程中，还重点考虑了那些能够产生差异性文化基础的特征，以及醋文化旅游资源所处的环境和旅游开发条件。具体包括资源的稀缺度、规模度、聚集度、地域组合、知名度；自然环境要素、社会经济环境要素；景区景点条件、客源市场、生态敏感度等。

（三）指标体系构建

在此基础上，采用了层次分析法构建研究区域醋文化旅游资源评价的指标体系。之所以选用层次分析法，其目的在于将复杂系统决策中的各个因素划分为不同的指标层次结构，以增强其有序性与条理化，从而将非定量化的问题转变成定量问题加以处理和分析。因此，根据醋文化旅游资源的特征以及旅游市场发展的需要，采用层次分析法建立醋文化旅游资源综合评价指标体系，并以醋文化旅游资源的综合评价为总目标层（S）构建出评价模型示意图（图3-3）。

醋文化旅游资源SFAB-AHP评价模型共分为四个层次，依次包括总目标层（S）、综合层（F）、要素层（A）和指标因子层（B），共25项指标因子。该模型体系用于综合评价区域醋文化旅游资源价值与旅游发展潜力。其中：

（1）综合层（F）由三类因子构成，包括醋文化旅游资源禀赋（F_1）、醋文化旅游发展的环境要素（F_2）、醋文化旅游开发条件（F_3）。这三个方面成为计算总目标层指数的关键因子，用于评价区域醋文化旅游资源价值与旅游发展潜力大小。

（2）要素层（A）是将各综合层因子进一步细分得到的第三个层次因子构成，共包含七类因子。其中，醋文化旅游资源价值（A_1）和资源要素条件（A_2）这两类因子构成了醋文化旅游资源禀赋（F_1）的要素组成，自然环境要素（A_3）和社会环境要素（A_4）构成了醋文化旅游发展的环境要素（F_2）的因子，景区景点条件（A_5）、客源条件（A_6）和生态敏感度（A_7）构成了醋文化旅游开发条件（F_3）的要素因子。

（3）指标因子层（B）是构成各要素层评价的基础，共包含 25 项具体指标（B_1~B_{25}），分属于七类要素（A_1~A_7）。其中，自然环境要素（A_3）的具体指标因子包括适游期、环境承载力；社会环境要素（A_4）的具体指标因子包括政府政策、安全稳定性、社会治安秩序；景区景点条件要素（A_5）的具体指标因子包括地理区位、交通通达性、旅游基础设施、管理服务水平、旅游商品需求；客源条件要素（A_6）的具体指标因子包括客源规模、客源人群结构、客源经济水平；生态敏感度要素（A_7）的具体指标因子包括非遗普及、非遗传承。

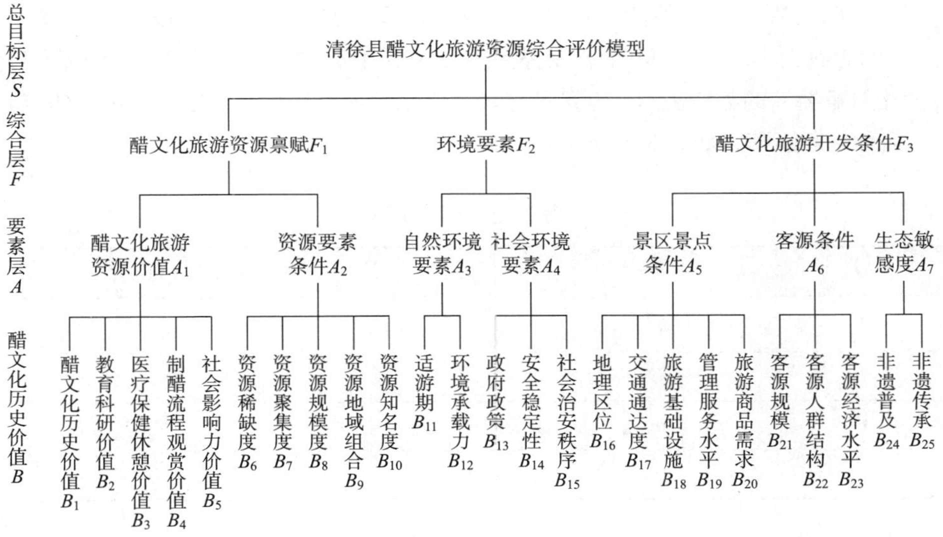

图 3-3 醋文化旅游资源综合评价指标体系模型

（四）因子权重确定及赋分标准

1. 权重确定

1）判断矩阵的构造

醋文化旅游资源综合评价指标体系模型的构建，意味着确定了各层次之间的上下隶属关系。采用两两比较的方法，比较同一层次各因素与上一层次因素之间的重要性，并用相应的数值进行表示，其数值标准根据层次分析法指标相对重要性标定为准，详见表 3-7。

表 3-7 层次分析法指标相对重要性标定

标定值	相对重要性程度
1	比较两个指标因子，具有同等重要性
3	比较两个指标因子，前者稍微重要
5	比较两个指标因子，前者比较重要
7	比较两个指标因子，前者非常重要
9	比较两个指标因子，前者极其重要
2、4、6、8	表示上述指标因子相邻判断的中间重要程度
倒数	表示上述指标因子相对重要性程度的相反值

假设某个层次中的指标因子为 O_m，这个指标因子与相邻一层的指标因子 P_1，P_2，…，P_n 存在指标相关性，每次选取两个指标因子 P_i 和 P_j，并以 p_{ij} 表示 P_i、P_j 对 O_m 的影响大小之比。其中，p_{ij} 代表相对于 O_m 而言，处于同一层次内的指标 P_i 对 P_j 的相对重要性的数值表示。全部的比较结果采用成对比较判断矩阵表示，$O=(p_{ij})_{n*n}$，简称判断矩阵，如表 3–8 所示。

表 3-8 判断矩阵

O_m	P_1	P_2	…	P_n
P_1	p_{11}	p_{12}	…	P_{1n}
P_2	p_{21}	p_{22}	…	P_{2n}
…	…	…	…	…
P_n	P_{n1}	P_{n2}	…	P_{nn}

通过对醋文化旅游的游客、从业人员发放调查问卷 50 份（回收有效问卷 50 份，回收率 100%）的方法，收取有关数据，随之邀请专家为之进行综合评价填写适宜的分数，构造醋文化旅游资源综合评价综合层 F 对总目标层 S 的判断矩阵、要素层 A 对综合层 F 的判断矩阵、指标因子层 B 对要素层 A 的判断矩阵，详见表 3–9 至表 3–19。

2）层次单排序权重计算及一致性检验

（1）层次单排序权重计算。进一步对层次单进行排序，其目的是求取某一层次与其有关联层次中指标因子的重要性排序权重值。其中，权重值是指两个相关联层次中的指标因子判断矩阵的最大特征值 λ_{max}，所对应的正规化特征向量 $W=[W_1，W_2，\cdots，W_n]^T$ 的各个分量 W_i。具体计算步骤如下：

表 3-9 判断矩阵 $S-F_n$（n=1，2，3）

S	F_1	F_2	F_3	W_i
F_1	1	4	1	0.4330
F_2	1/4	1	1/3	0.1005
F_3	1	3	1	0.4665

注：λ_{max}=3.0055，CI=0.0053，RI=0.52，CR=0.0102<0.10000。

表 3-10 判断矩阵 F_1-A_n（n=1，2）

F_1	A_1	A_2	W_i
A_1	1	1/4	0.2000
A_2	4	1	0.8000

注：λ_{max}=2.0000，CI=0.0000，RI=0，CR=0.0000<0.10000。

表 3-11 判断矩阵 F_2-A_n（n=3，4）

F_2	A_3	A_4	W_i
A_3	1	1	0.0500
A_4	1	1	0.0500

注：λ_{max}=2.0000，CI=0.0000，RI=0，CR=0.0000<0.10000。

表 3-12 判断矩阵 F_3-A_n（n=5，6，7）

F_3	A_5	A_6	A_7	W_i
A_5	1	1	3	0.4434
A_6	1	1	2	0.3874
A_7	1/3	1/2	1	0.1692

注：λ_{max}=3.0183，CI=0.0176，RI=0.52，CR=0.0338<0.10000。

表 3-13 判断矩阵 A_1-B_n（n=1，2，3，4，5）

A_1	B_1	B_2	B_3	B_4	B_5	W_i
B_1	1	1/4	1/5	1/4	1/7	0.0396
B_2	4	1	1/2	1/2	1/6	0.0945
B_3	5	2	1	3	5	0.2004
B_4	4	2	1/3	1	1/4	0.1260
B_5	7	6	1/5	4	1	0.5396

注：λ_{max}=5.3550，CI=0.0792，RI=1.12，CR=0.0707<0.10000。

表 3-14　判断矩阵 A_2-B_n（n=6，7，8，9，10）

A_2	B	B_7	B_8	B_9	B_{10}	W_i
B_6	1	1/3	2	1/5	1/2	0.0848
B_7	3	1	1/4	1/4	2	0.1632
B_8	1/2	4	1	1/5	1/4	0.0545
B_9	5	4	3	1	4	0.5008
B_{10}	2	1/2	4	1/4	1	0.1967

注：λ_{max}=5.2661，CI=0.0594，RI=1.12，CR=0.0530<0.10000。

表 3-15　判断矩阵 A_3-B_n（n=11，12）

A_3	B_{11}	B_{12}	W_i
B_{11}	1	1/3	0.2500
B_{12}	3	1	0.7500

注：λ_{max}=2.0000，CI=0.0000，RI=0，CR=0.0000<0.10000。

表 3-16　判断矩阵 A_4-B_n（n=13，14，15）

A_4	B_{13}	B_{14}	B_{15}	W_i
B_{13}	1	1/3	1/5	0.1095
B_{14}	3	1	1/2	0.3090
B_{15}	5	2	1	0.5816

注：λ_{max}=3.0037，CI=0.0036，RI=0.52，CR=0.0069<0.10000。

表 3-17　判断矩阵 A_5-B_n（n=16，17，18，19，20）

A_5	B_{16}	B_{17}	B_{18}	B_{19}	B_{20}	W_i
B_{16}	1	1/2	1/2	3	4	0.2704
B_{17}	2	1	2	1/3	1/5	0.3706
B_{18}	2	1/2	1	3	1/4	0.2042
B_{19}	1/3	3	1/3	1	1/2	0.0965
B_{20}	1/4	5	4	2	1	0.0584

注：λ_{max}=5.1298，CI=0.0290，RI=1.12，CR=0.0259<0.10000。

表 3-18　判断矩阵 A_6-B_n（n=21，22，23）

A_6	B_{21}	B_{22}	B_{23}	W_i
B_{21}	1	3	1/3	0.2499
B_{22}	1/3	1	1/6	0.0953
B_{23}	3	6	1	0.6548

注：λ_{max}=3.0183，CI=0.0176，RI=0.52，CR=0.0338<0.10000。

表 3-19　判断矩阵 A_7-B_n（n=24，25）

A_7	B_{24}	B_{25}	W_i
B_{24}	1	1/4	0.2000
B_{25}	4	1	0.8000

注：λ_{max}=2.0000，CI=0.0000，RI=0，CR=0.0000<0.10000。

① 将判断矩阵每一列数值正规化，$\overline{p}_{ij} = p_{ij} / \sum_{i=1}^{n} p_{ij}$（$i$=1，2，…，$n$；$j$=1，2，…，$n$）；

② 将正规化后的判断矩阵按行相加，$\overline{W_i} = p_{ij} / \sum_{i=1}^{n} \overline{p_{ij}}$（$j$=1，2，…，$n$）；

③ 对向量进行正规化后，$W_i = \overline{W}_i / \sum_{j=1}^{n} \overline{W_i}$（$j$=1，2，…，$n$）则为特征向量；

④ 根据 $\lambda_{max} = \sum_{i=1}^{n} (AW_i) / nW_i$，求得判断矩阵的最大特征值，计算结果见表 3-9 至 3-19。

（2）一致性检验。为了检验判断矩阵是否需要做相应的调整，需要进一步检查一致性指标 CI，计算公式如下：

$$CI = (\lambda_{max} - n)/(n-1)$$

如果 CI=0 时，说明判断矩阵具有完全一致性；如果 CI 值越大，说明判断矩阵一致性越差，需要对判断矩阵进行相应的调整。除此之外，检验判断矩阵是否具有满意的一致性，还需要计算判断矩阵的随机一致性比例 CR，计算公式如下：

$$CR = CI / RI$$

式中，RI 为平均一致性指标，查表可得（表 3-20）。如果计算所得 CR 值小于 0.10，则表示判断矩阵具有较满意的一致性结果。

表 3-20 平均一致性指标表

矩阵阶数	***RI***	矩阵阶数	***RI***	矩阵阶数	***RI***
1	0	6	1.26	11	1.52
2	0	7	1.36	12	1.54
3	0.52	8	1.41	13	1.56
4	0.89	9	1.46	14	1.58
5	1.12	10	1.49	15	1.59

3）层次总排序权重计算及一致性检验

（1）层次总排序权重计算。层次总排序能够将整个评价体系中某一层指标因子对于总目标的组合权重和相互影响，以数值的形式表达出来。运用醋文化旅游资源综合评价中 *F* 层、*A* 层、*B* 层各层的层次单排序结果，分别计算出下一层所有指标因子对于上一层重要性的权重值，即层次总排序权重值 *Z*，计算公式如下：

$$Z = \sum_{i=1}^{m} X_i y_{in}$$

式中，X_i 为上一层单排序的权重值；y_{in} 为下一层单排序的权重值；i=1，2，…，10；n=1，2，…，25。同时，也方便计算出不同层次之间的最终权重排序，计算结果见表 3-21。

（2）一致性检验。为避免层次单排序中不合理结果的累积现象产生，计算公式如下：

$$CR = \left(\sum_{i=1}^{m} CI_i W_i\right) \Big/ \left(\sum_{i=1}^{m} RI_i W_i\right)$$

式中，i=1，2，…，25；计算结果显示 CR 为 0.0389，其值小于 0.1000，表明该判断矩阵具有较满意的一致性结果。

表 3-21 层次总排序权重计算结果与排序表

综合层	相对 ***S*** 层的权重值	要素层	相对 ***F*** 层的权重值	指标因子层	相对 ***A*** 层的权重值	排序
F_1	0.4330	A_1	0.0866	B_1	0.0034	25
				B_2	0.0082	23
				B_3	0.0174	16

续表

综合层	相对 **S** 层的权重值	要素层	相对 **F** 层的权重值	指标因子层	相对 **A** 层的权重值	排序
F_1	0.4330	A_1	0.0866	B_4	0.0109	22
				B_5	0.0467	8
		A_2	0.3464	B_6	0.0294	12
				B_7	0.0565	6
				B_8	0.0189	15
				B_9	0.1735	1
				B_{10}	0.0681	4
F_2	0.1005	A_3	0.0502	B_{11}	0.0126	20
				B_{12}	0.0377	11
		A_4	0.0502	B_{13}	0.0055	24
				B_{14}	0.0155	19
				B_{15}	0.0292	13
F_3	0.4665	A_5	0.2068	B_{16}	0.0559	7
				B_{17}	0.0767	3
				B_{18}	0.0422	10
				B_{19}	0.0200	14
				B_{20}	0.0121	21
		A_6	0.1807	B_{21}	0.0451	9
				B_{22}	0.0172	17
				B_{23}	0.1183	2
		A_7	0.0789	B_{24}	0.0158	18
				B_{25}	0.0631	5

2. 权重修正

采用熵权修正法进一步计算并修正各指标因子的权重值，从而减小主观因素对于指标因子权重的影响。如果某项指标因子的指标值变异程度越大，信息熵就越小，表明该指标因子所表示的信息量就越大，指标因子的权重也同步增大；反之如果某项指标因子的指标值变异程度越小，其信息熵就越大，表明该指标因子所表示的信息量就越小，指标因子的权重也同步缩小（周海燕，2013）。具体计算步骤如下：

（1）首先，对指标因子的原始数据进行标准化处理。假设有 h 个指标 X_1，

X_2，…，X_h，其中 X_i={X_1，X_2，…，X_n}，各指标因子标准化处理后所得的数据为 Y_1，Y_2，…，Y_h。标准化处理计算公式如下：

$$Y_{ij}=\frac{X_{ij}-\min(x_i)}{\max(x_i)-\min(x_i)}$$

式中，i=1，2，…，h；j=1，2，…，n；

（2）计算变换指标因子值比重，如第 j 项指标因子下的第 i 地域单元的指标比重，$S_{ij}=\dfrac{Y_{ij}}{n\sum\limits_{i=1}Y_{ij}}$（$i$=1，2，…，$h$；$j$=1，2，…，$n$）；

（3）计算指标因子的信息熵，如第 j 项指标因子的信息熵 E_j 计算公式如下：

$$E_j=-\ln(h)^{-1}\sum_{i=1}^{h}S_{ij}\ln S_{ij}$$

式中，i=1，2，…，h；j=1，2，…，n；如果 S_{ij}=0，则 $\lim\limits_{S_{ij}\to 0}S_{ij}\ln S_{ij}$ =0；

（4）计算指标因子的变异度，如第 j 项指标因子的变异度，D_j=1−E_j,（j=1,2,…,n）；进而计算并确定指标因子权重，如第 j 项指标因子的权重，$W_j=D_j/\sum\limits_{i=1}^{h}D_j$，具体计算结果见表 3-22。

表 3-22　基于熵权修正后的各项指标因子权重表

综合层	相对 ***S*** 层的权重值	要素层	相对 ***F*** 层的权重值	指标因子层	相对 ***A*** 层的权重值	排序
F_1	0.6987	A_1	0.2705	B_1	0.1626	1
				B_2	0.0381	6
				B_3	0.0433	8
				B_4	0.0452	5
				B_5	0.0271	12
		A_2	0.2641	B_6	0.1380	3
				B_7	0.0377	10
				B_8	0.0322	11
				B_9	0.0193	15
				B_{10}	0.1546	2

续表

综合层	相对 ***S*** 层的权重值	要素层	相对 ***F*** 层的权重值	指标因子层	相对 ***A*** 层的权重值	排序
F_2	0.1579	A_3	0.2174	B_{11}	0.0201	14
				B_{12}	0.0536	4
		A_4	0.0769	B_{13}	0.0126	21
				B_{14}	0.0411	9
				B_{15}	0.0433	7
F_3	0.1434	A_5	0.0909	B_{16}	0.0255	13
				B_{17}	0.0178	17
				B_{18}	0.0135	20
				B_{19}	0.0186	16
				B_{20}	0.0066	24
		A_6	0.0667	B_{21}	0.0149	18
				B_{22}	0.0057	25
				B_{23}	0.0149	18
		A_7	0.0135	B_{24}	0.0070	22
				B_{25}	0.0070	22

（五）赋分标准

确立了各层次及指标因子的权重后，需要对因子指标进行赋分，以进一步综合评价醋文化旅游资源等级。采用 10 分制的赋分标准，综合使用文献研究、实地调查、问卷调查等方式，采用定性和定量表述相结合的方式，将每项指标因子的情况划分为五个等级，以便于对清徐醋文化旅游资源进行综合评价打分，详见表 3–23。其中，醋文化历史价值（B_1）的年代节点是以醋的酿造工艺在历史上的推广普及情况为依据进行划分的，分别是南北朝时期扩大使用范围、宋元时期遍布山西城乡、明清时期种类精细，民间手工作坊增多。

表 3-23　醋文化旅游资源指标因子赋分表

指标因子层	指标因子赋分标准				
	10~9	8~7	6~5	4~3	2~1
醋文化历史价值 B_1	南北朝之前且见证推动历史进程	南北朝且见证历史事件	宋元且推动发展	明清未见证和推动发展	近现代未见证和推动发展
教育科研价值 B_2	非常高	很高	比较高	一般	究低
医疗保健休憩价值 B_3	非常高	很高	比较高	一般	低
制醋流程观赏价值 B_4	非常高	很高	比较高	一般	低
社会影响力价值 B_5	非常高	很高	比较高	一般	低
资源稀缺度 B_6	唯一	罕见	少见	较普遍	普遍
资源聚集度 B_7	非常集中 <200m	很好 200~500m	较好 500~1000m	一般 1000~1500m	不好 >1500m
资源规模度 B_8	宏大	很大	比较大	一般	较小
资源地域组合 B_9	极佳	很好	较好	一般	不好
资源知名度 B_{10}	>80%	60%~80%	40%~60%	20%~40%	<20%
适游期 B_{11}	超过 300 天	250~300 天	150~250 天	100~150 天	<100 天
环境承载力 B_{12}	非常好	很好	较好	一般	差
政府政策 B_{13}	非常好	很好	较好	一般	差
安全稳定性 B_{14}	非常好	很好	较好	一般	差
社会治安秩序 B_{15}	非常好	很好	较好	一般	差
地理区位 B_{16}	<100km，于区域旅游中心	100~249km，于区域旅游节点	250~499km，于区域旅游线路上	>500km，于区域旅游线之外	更远
交通通达度 B_{17}	枢纽齐全、快速、近便	直快干线经过，交通便利	支线经过，单一，中转	靠近支线，慢，不方便	交通线无法进入
旅游基础设施 B_{18}	非常好	很好	较好	一般	差
管理服务水平 B_{19}	非常高	很高	比较高	一般	低
旅游商品需求 B_{20}	非常高	很高	比较高	一般	低
客源规模 B_{21}	国际	全国	区域	地方	本地
客源人群结构 B_{22}	非常好	很好	较好	一般	差
客源经济水平 B_{23}	很高	高	较高	一般	低
非遗普及 B_{24}	非常好	很好	较好	一般	差
非遗传承 B_{25}	非常好	很好	较好	一般	差

四、清徐县醋文化旅游资源综合评价结果

研究区域醋文化旅游资源的总体价值与开发潜力等级由指标体系各层次因子的权重值和得分计算得出，权重值代表各层次不同因子的重要程度，也就是它对上一层因子得分的贡献度；得分代表该因子目前的实际状况。因此，在计算指标体系综合得分的基础上，结合各层次不同因子的权重值大小，对清徐县醋文化旅游资源状况及成因进行深入分析。

（一）综合评价指标体系得分

醋文化旅游资源综合评价指标体系所含 25 项指标因子的数据来源于文献资料、调查问卷、定量计算等多种渠道。其中，资源知名度（B_{10}）、客源人群结构（B_{22}）、客源经济水平（B_{23}）是通过实地调查问卷获得数据，进行赋分；资源聚集度（B_7）依据风景区内景点的平均间距进行计算得出；其余 21 个指标因子则采取综合评价方法给出。

采用 10 分制，参照赋分表（表 3–23）对清徐县醋文化旅游资源各指标数值进行评分，然后根据修正后的各层次因子权重值（表 3–22）计算各指标因子得分、各综合层因子、各要素层因子以及指标体系总体得分（表 3–24 和表 3–25）。最后根据最终总分的分值，对应得出清徐县醋文化旅游综合评价等级。以 10 分为满分，将旅游资源评价最终得分划分为 5 个等级：Ⅴ级 ≥ 8.0 分、Ⅳ级为 7.0 ~ 7.9 分、Ⅲ级为 6.0 ~ 6. 9 分、Ⅱ级为 4.0 ~ 5.9 分、Ⅰ级 ＜ 4 分。

表 3–24 和表 3–25 结果显示，清徐县醋文化旅游资源层次分析综合评价的总分为 6.4661，属于Ⅲ级。其中，醋文化旅游资源禀赋（F_1）得分为 4.4790，远高于醋文化旅游发展的环境要素（F_2）和开发条件（F_3）。在醋文化旅游资源禀赋（F_1）包含的两大类要素中，醋文化旅游资源价值（A_1）的得分较高，为 2.4973。在醋文化旅游资源价值（A_1）包含的五类价值中，得分最高的属醋文化历史价值（B_1），为 1.6260，这个分值在 25 项基本指标因子得分中排在首位。评价得分大于 0.5 的指标因子还有资源稀缺度（B_6）为 0.8280，以及资源知名度（B_{10}）为 0.7730。

表 3–24　清徐县醋文化旅游资源评价指标因子层得分表

指标因子层	权重	得分
醋文化历史价值 B_1	0.1626	1.6260
教育科研价值 B_2	0.0381	0.1905
医疗保健休憩价值 B_3	0.0433	0.3464

续表

指标因子层	权重	得分
制醋流程观赏价值 B_4	0.0452	0.2260
社会影响力价值 B_5	0.0271	0.1084
资源稀缺度 B_6	0.1380	0.8280
资源聚集度 B_7	0.0377	0.2262
资源规模度 B_8	0.0322	0.0966
资源地域组合 B_9	0.0193	0.0579
资源知名度 B_{10}	0.1546	0.7730
适游期 B_{11}	0.0201	0.1809
环境承载力 B_{12}	0.0536	0.3752
政府政策 B_{13}	0.0126	0.1008
安全稳定性 B_{14}	0.0411	0.3288
社会治安秩序 B_{15}	0.0433	0.3897
地理区位 B_{16}	0.0255	0.1275
交通通达度 B_{17}	0.0178	0.1068
旅游基础设施 B_{18}	0.0135	0.0540
管理服务水平 B_{19}	0.0186	0.0930
旅游商品需求 B_{20}	0.0066	0.0330
客源规模 B_{21}	0.0149	0.0730
客源人群结构 B_{22}	0.0057	0.0228
客源经济水平 B_{23}	0.0149	0.0596
非遗普及 B_{24}	0.0070	0.0210
非遗传承 B_{25}	0.0070	0.0210
总　分		6.4661

表 3-25　清徐县醋文化旅游资源评价要素层和综合层得分表

要素层	权重	得分	综合层	权重	得分
醋文化旅游资源价值 A_1	0.2705	2.4973	醋文化旅游资源禀赋 F_1	0.6987	4.4790
资源要素条件 A_2	0.2641	1.9817			

续表

要素层	权重	得分	综合层	权重	得分
自然环境要素 A_3	0.2174	0.5561	醋文化旅游发展的环境要素 F_2	0.1579	1.3754
社会环境要素 A_4	0.0769	0.8193			
景区景点条件 A_5	0.0909	0.4143	醋文化旅游开发条件 F_3	0.1434	0.6117
客源条件 A_6	0.0667	0.0958			
生态敏感度 A_7	0.0135	0.1016			

（二）综合评价结果分析

根据指标体系总体得分、各层次因子权重和得分情况，综合分析与评价清徐县醋文化旅游资源总体情况。主要有以下几点发现：

1. 清徐县醋文化旅游资源优良，具有较高的开发价值

总体而言，研究区域的醋文化旅游资源禀赋较高，尤其是文化历史价值表现突出，具有比较高的开发价值和潜力。表 3–24 显示，清徐县醋文化资源评价最终得分为 6.4661，参照旅游资源评分等级，属于三级旅游资源，即良级资源。因其具有较高的观赏游憩使用价值和历史文化及科学、艺术价值，珍稀性和独特性程度较高，且具有很高的知名度，各类醋文化旅游资源的整体保存度较为完整，会对游客前来游览参观产生一定的吸引力，因此研究区域醋文化旅游资源适宜进行旅游开发。但是，从各基础指标因子的得分情况来看，仅醋文化历史价值（B_1）、资源稀缺度（B_6）、资源知名度（B_{10}）三项指标的得分较高，分别为 1.6260、0.8280 和 0.7730；其余 22 项指标得分不高。这个得分结果一方面清晰地凸显了历史悠久、知名度和稀缺度高是清徐醋文化旅游资源的特色所在，另一方面也说明清徐县多样的醋文化旅游资源有待进一步挖掘与开发。

2. 深度挖掘醋文化旅游资源特色，提升资源吸引力

根据各层次因子的权重排序情况，进一步分析影响研究区域醋文化旅游资源的主导因素。结果表明，醋文化旅游资源历史底蕴深厚，其历史价值和醋的制作工艺流程展示价值是醋文化旅游开发的关键要素；资源的知名度和稀缺度将直接影响文化旅游产品的吸引力大小。根据表 3–22 结果可知，评价体系综合层（F）所包含各因子按指标权重从大到小排序依次为：旅游资源禀赋（0.6987）、环境要素（0.1579）、开发条件（0.1434），其中旅游资源禀赋位列第一。要素层（A）指标权重值位居前两位的分别是资源价值（0.2705）、资源要素条件（0.2641）。在指标因子层（B）的 25 个指标因子中，醋文化历史价值（0.1626）、资源知名度（0.1546）、资源稀缺度（0.1380）的

权重值排名前三。因此，对于醋文化旅游而言，资源禀赋对于旅游开发至关重要，应当深度挖掘醋文化旅游资源的丰富内涵，体现出山西老陈醋及山西醋文化应有的历史地位和文化价值，并区别于镇江香醋文化旅游，呈现差异化的游客体验。

3. 提升醋文化旅游的环境承载力，走可持续发展道路

环境要素（F_2）和开发条件（F_3）是醋文化旅游资源开发与区域醋文化旅游可持续发展的基础和前提。由表 3-22 可知，综合层（F）中的环境要素（0.1579）与开发条件（0.1434）两者的权重值比较接近；同时，环境要素下属的环境承载力（0.0536）在同层次因子的权重值排序为第四位。醋文化旅游资源的开发是建立在特定的环境条件下得以不断发展的，资源禀赋、环境条件和开发条件缺一不可。因此，增强景区景点的环境承载力，以平衡旅游发展与经济、社会、生态环境之间关系，合理配置人力资源与经济资源，在政府的主导下，调节各方面的利益，是清徐县醋文化旅游可持续发展的基础和动力。

4. 醋文化旅游的宣传力度薄弱，客源规模亟待扩大

评价结果表明，指标因子层 B 中的客源条件要素，其权重位于同层中的倒数第一和并列倒数第七。就国内旅游而言，清徐县醋文化旅游的知名度低，其游客数量较之其他文化旅游的游客数量较少。醋文化旅游的客源规模、结构以及经济水平都亟待提高，增强醋文化旅游的宣传力和宣传范围是不可忽视的举措。目前清徐县有关醋文化旅游的节庆活动主要是中国清徐醋文化节，该文化节每年举办一次，为山西醋业产业链延长、产品创新以及醋业经济新增长点谋划统筹。此外，在山西省展览馆中国（山西）特色农产品交易博览会清徐展区，展示了“中国醋都”清徐醋业的悠久历史和丰富积淀，以及清徐老陈醋作为“国家级非物质文化遗产”和“地理标志产品”的独特风采。这些均是围绕醋产品而开展的市场营销活动，对醋文化旅游的宣传较少。

5. 醋文化旅游资源开发模式单一，旅游商品需求较小

评价结果显示游客对于醋文化旅游商品的需求较小，指标因子层（B）的旅游商品需求（B_{20}）的权重排在所有指标因子中的倒数第二，为 0.0066。结合清徐县醋文化旅游各景区景点的实地调查结果，对此做进一步分析。目前清徐县醋文化旅游景区和景点包括醋立方、琦峰文化园、宝源老醋坊、山西醋文化博物馆、山西省紫林醋业股份有限公司、山西省水塔老陈醋股份有限公司的产业园区以及醋博园。这些景区和景点的游客体验形式比较接近，包括简单介绍醋的发展历史，观看制醋技艺，免费品尝醋，以及带动游客购买符合自我需求的醋产品和少数醋文化旅游产品。在游客参观过程中，仅有固定的一两个车间生产可供游客远距离参观，其开放程度较低，游客也无法参与古法制醋过程。总的来说，清徐县目前的醋文化旅游资源开发模式较为单一，醋产品和醋文化产品独特性或新颖性不足，游客在家乡或其他地方也可买到，导致游客对醋文化旅游商品的需求较小。

6. 旅游地基础设施建设欠缺，旅游地景区形象受到影响

旅游地基础设施的建设对于旅游地感知度高低有着重要的影响力，游客的自我体验感知对于旅游地的口碑建设具有不可忽略的推动作用。根据综合评价结果来看，指标因子层 B 中旅游基础设施因子权重值排名倒数第五，为 0.0135。与此同时，通过对清徐县醋文化旅游游客的问卷调查与访谈，结果显示 86% 的游客对于景区的内部环境满意度较高，但是对于景区的外部交通满意度较低的游客占到 16%。这主要是由于外部交通道路出现了严重破损、路面坑洼不平导致的，影响了旅游地景区的形象，说明在道路修建以及维护等景区外部环境方面存在一定的疏忽。此外，自驾游游客对于有些景点停车场的规划的满意度也不高，他们希望能够正式开辟出适合游客停放车辆的车位。

第三节　山西省醋文化旅游发展现状

醋文化旅游是在旅游业的快速发展以及文化旅游融合发展的背景下出现的。1998 年山西老陈醋集团有限公司建成国内第一家以醋文化为主题的旅游景点“东湖醋园”，于 2004 年作为全国酿造业唯一的旅游品牌，“东湖醋园”获得国家旅游注册商标。东湖醋园掀起了国内醋文化旅游发展的热潮，此后国内多家知名醋企利用企业品牌优势和自身文化遗产资源，纷纷建设了以醋文化主题的场馆向游客开放，进入了国内醋文化旅游的快速发展期。总的来说，目前国内醋文化旅游的发展程度仍处于文化旅游产品的初期发展阶段，突出了酿造文化和企业文化的宣传。在醋文化旅游继续发展中，如何把醋文化的丰富内涵转化为旅游体验或产品，如何展示各地的醋文化特色，如何树立醋文化旅游品牌？这些问题是需要醋文化旅游相关利益主体，包括政府、企业、行业组织、游客以及社区居民共同探讨的问题。了解与分析山西省醋文化旅游发展现状，是醋文化旅游的进一步发展的关键问题。

一、山西省醋文化旅游发展概况

在名醋产地的旅行过程中，游客通过当地特色饮食以及特产购买的形式，一直进行着各类与醋文化有关的体验和活动。但是，随着旅游产业逐渐成为地方经济支柱产业构成、国家提出文旅合一的旅游发展趋势，以及游客对高品质旅游体验的追求，醋文化旅游作为一种新的文化旅游产品逐渐发展起来。山西省太原市、江苏省镇江市是目前国内最为出名的两个醋文化旅游城市，此外，福建省泉州市、四川省

南充市、山东省淄博市等城市也纷纷开启了醋文化特色旅游。

在醋产业集群奠定的物质基础之上，山西省各类醋文化旅游景区逐渐发展起来，形成了国内数量最多、形式最为丰富的醋文化旅游产品。其中，太原市清徐县在“十三五”规划中强调发挥县域文化特色，依托醋产业的发展，促进醋产业与文化旅游相结合，积极发展文化旅游业。清徐县具有醋文化旅游资源发展的先天优势，甲冠天下的老陈醋名醋地位增强了其旅游资源的吸引力，县域特色的醋产业集群奠定了旅游资源开发的物质基础，种类繁多的醋文化提升了区域旅游资源的竞争力，日益完善的设施建设提供了旅游资源开发的助推力。旅游资源是旅游业赖以发展的基本条件，清徐县老陈醋以其佼佼者的地位、独特的制作技艺，能够满足游客的求知欲与好奇感，展示醋文化的历史价值和区域特色，增强了该地区旅游发展吸引力。

1998 年山西老陈醋集团有限公司为了山西老陈醋的可持续发展，建立了第一家以醋文化为主题的旅游景点“东湖醋园”，并于 2002 年开园；2004 年作为全国酿造业唯一的旅游品牌，“东湖醋园”成功获得了国家旅游商标的注册。为了便于对比分析国内各地醋文化旅游发展状况，不妨以第一家醋文化主题旅游景区的建成作为醋文化旅游开端的标志性事件。1998—2004 年期间可以看作是国内醋文化旅游发展的起步阶段。东湖醋园在 2004 年五一黄金周期间的游客接待量达到 2 万人次，园内销售的醋产品中，仅“五年老陈醋”一项的年销售额就达到了 150 余万元。先后与省内外旅行社建立了合作关系，美国国家电视台、日本 NHK 电视台等境外媒体对东湖醋园也做了详尽的报道。2005 年东湖醋园被认定为全国工农业旅游示范景点。在这之后，国内多家知名醋企利用企业品牌优势和自身文化遗产资源，纷纷建设了醋文化主题的场馆向游客开放，进入了国内醋文化旅游的快速发展期。

进一步以“醋博物馆”“醋园”“醋文创园”为关键词，从百度、携程等多家搜索引擎和旅游网站检索有关醋文化旅游景区的信息，并比较了这些景区之间的异同。结合搜索引擎的检索结果与山西省醋文化旅游资源调查结果，共找到 10 个全国范围内的不同醋文化主题旅游场馆。这些场馆均为知名醋企所建，除表 3–26 中列举的 6 家知名醋企外，还包括山西省清徐县琦峰醋业所在的琦峰醋业文化园，以及山东华王酿造有限公司所建的淄博小米醋博物馆。然后，进一步通过百度百科、企业官网、场馆官网、携程旅游等网站检索这 10 处场馆的具体信息，依据场馆规模、内容丰富性、游客活跃度原则，筛选醋文化主题旅游场馆进行对比分析。因紫林醋立方养生馆位于紫林醋工业园内，遂将其计入紫林醋工业园的一部分。从区域、醋企、景区级别、场馆功能和特色这五个方面，对各家醋文化主题旅游场馆进行了对比分析。由于山西省太原市清徐县知名醋企云集、场馆数量多，将清徐单列，在区域这一项未并入太原进行统计，其中的“东湖”代表山西老陈醋集团。同时，整理了其中 8 个景区的功能和特色等信息，并进行对比并汇总（表 3–27）。结果表明：

表 3-26 国内各类醋文化主题场馆列表

序号	景点 / 景区名称	景区级别	所属醋企	所在区域
1	东湖醋园	4A	山西老陈醋集团	山西省太原市杏花岭区
2	镇江醋文化博物馆	4A	恒顺醋业	江苏省镇江市
3	宝源老醋坊	4A	水塔醋业	山西省太原市清徐县
4	紫林醋工业园	4A	紫林醋业	山西省太原市清徐县
5	老西醋博园	3A	山西老陈醋集团	山西省晋中市
6	中国醋文化博物馆	–	水塔醋业	山西省太原市清徐县
7	保宁醋文化博览园	–	四川保宁醋有限公司	四川省南充市阆中市
8	永春老醋文创园	–	福建永春老醋醋业	福建省泉州市永春县
9	琦峰醋业文化园	–	山西省清徐县琦峰醋业	山西省太原市清徐县
10	淄博小米醋博物馆	–	山东华王酿造有限公司	山东省淄博市

表 3-27 醋文化旅游景区开发案例

区域	醋企	名称	级别	功能	特色
山西太原	东湖	东湖醋园	4A	综合博物馆（陈列堂、醋疗园）	① 展示老陈醋生产工艺流程和历史文化内涵的工厂化博物馆； ② 主产地美和居醯坊作为醋文化发展史活化石，被冠为“华夏第一醋坊”； ③ 非物质文化遗产生产性保护示范基地
山西晋中	东湖	老西醋博园	3A	新型工业园区（生产研发、旅游观光、餐饮住宿、会议接待）	① 国家级非物质文化遗产生产性保护基地； ② 旅游场馆设施包括山西老陈醋传习所、产品展示醋窖、五行养生园、醋疗体验堂
山西清徐	水塔	宝源老醋坊	4A	综合博物馆（陈列、展示）	① 工业旅游示范景点、山西省清徐老陈醋酿制技艺博物馆、太原市青少年传承教育基地； ② 宝源坊遗址（距今 500 多年历史）上还原明、清时期醋坊原貌； ③ 还原明清醋坊老陈醋生产工艺、酿醋器具、工具和服饰，再现古代酿醋场景
山西清徐	水塔	山西醋文化博物馆	—	传统博物馆（陈列展品）	① 建于清徐县东湖之滨原“水阁楼”旧址； ② 陈列内容分三部分：历史上的制醋工具和民间盛醋容器、涉及醋文化的古书史料 3000 余册、自编排醋文化“通史”提纲及素描图

续表

区域	醋企	名称	级别	功能	特色
山西清徐	紫林	紫林醋工业园	4A	新型工业园区（紫林文化展、醋养生体验、酿造生产线、灌装流水线、葡萄长廊、绿色采摘、醋养生餐厅、园林厂区）	① 全国同行业酿造食醋规模领先、绿化覆盖率较高的食醋产业工业旅游园； ② 以“醋与健康”为主题，集醋文化和醋技艺展示、醋养生体验、醋乐汇游憩为主要游览项目的现代食品工业旅游景点
江苏镇江	恒顺	镇江醋文化博物馆	4A	综合博物馆（醋史馆、陈列馆、老作坊、体验馆）	① 集文化遗产保护、科普教育、工业旅游等功能于一体的主题展馆； ② 长三角世博主题体验之旅示范点； ③ 采用声、光、电等形式展示、解读、品味醋文化
四川南充	保宁	保宁醋文化博览园	—	综合博物馆（醋史馆、老作坊、古松花老井）	① 陈列室由唐代建筑改建而成，收藏历代酿造醋的生产工具、盛装器具、店铺匾额等文物； ② 手工老作坊工作人员着古装展示酿造醋工序； ③ 松花老井系唐朝开凿的酿醋水源
福建泉州	永春	永春老醋文创园	—	文创园（综合展厅、醋吧、作坊区）	① 工业旅游示范基地； ② 老厂区改建为以示范生产和文创观光结合的旅游景点

（1）首先，这10处场馆均为知名醋企所建。从已开发旅游资源的地域分布来看，这些场馆主要分布在我国四大名醋的产地范围。从场馆数量和景区级别来看，山西省为醋文化主题旅游场馆类旅游资源的翘楚，而清徐县则占据区域垄断性地位。山西省已开发并向游客开发的醋文化主题的景区数量最多，共有6处。从景区级别和知名度来看，东湖醋园和镇江醋文化博物馆两处4A级景点最为出名；山西省共有3处4A级和1处3A级景区。另外的几个场馆分别分布在浙江省、四川省和福建省的镇江香醋、保宁醋、永春老醋产地，其中镇江醋文化博物馆是4A级景区。

（2）从场馆功能来看，山西省的5个醋文化主题旅游场馆为游客提供了最丰富的旅游体验，从展品陈列、动态传统工艺演示、现代酿造车间参观，到品醋尝醋、餐饮养生、会议接待等不同形式的体验。其中，紫林醋工业园和老西醋博园提供了最丰富、立体的旅游体验形式，在同类场馆中规模最大、功能最全。东湖醋园和宝源老醋坊展现了厚重的老陈醋文化，并动态展示了传统的和现代的老陈醋酿造工艺，与镇江醋文化博物馆和保宁醋文化博物馆功能相似。

（3）从场馆类型来看，山西省醋文化主题旅游场馆更为成熟和完善。根据旅游体验层次将不同场馆划分为四种类型：① 文创园是以展示企业文化和各类醋商品为主要功能的场馆，在各种类型中属于形式最简单的。② 传统博物馆是以醋文化相关的文物、史料等物品展示为主要功能的场馆，在内容上经过考证，在旅游体现形式上比较单一。③ 综合博物馆是集醋文化、醋企文化展示，酿造工艺、醋品体验等功能为一体的场馆形式，满足游客不同层次的多种旅游体验需求。④ 新型工业园区则是包括综合博物馆、生产园区、餐饮服务等功能于一体的现代化园区，其所提供的旅游体验和功能最为丰富和多样。根据表 3–26 统计可知，山西省拥有 2 家新型工业园类型的场馆、2 家综合博物馆类型的场馆和 1 家传统博物馆类型的场馆。山西省的三家知名醋企在醋文化主题旅游场馆建设方面，保持齐头并进的发展态势。浙江恒顺醋业和四川保宁醋分别拥有 1 家综合博物馆类型的场馆，而福建永春老醋醋业目前拥有的场馆为文创园类型。

可见，目前醋文化主题场馆主要有三种形式：以食醋酿造企业为依托建立的集历史、酿造技艺展示、产品体验等为一体的醋文化场馆；以展示醋文化、文物、文献记载等为主的醋文化博物馆；以展示、休闲、养生等现代旅游服务体系的醋文化小镇。其中，醋文化小镇模式仍处于探索阶段，仅山西省清徐县和江苏省镇江市开展了相关的规划工作。

（4）从开发模式来看，是以知名醋企为依托，打造了集“醋文化展览—酿制工艺体验（厂区观光）—醋文化遗迹—购物、休闲等功能”于一体的醋文化旅游产品。这种模式以工业旅游为核心吸引物，同时融入了非物质文化遗产内涵，为工业旅游、非遗旅游融合的特色文化旅游形式。

总的来说，目前国内醋文化旅游的开发程度尚处于初期发展阶段，其显著特征是以工业旅游和传统购物为核心的。这对应于狭义的“醋文化旅游”概念，尤其突出了酿造文化、企业文化的宣传，也包含少量有关饮食文化、民俗文化、医疗保健文化的内容展示或体验。在醋文化旅游继续发展的过程中，如何把醋文化的丰富内涵转化为旅游体验或产品？如何展示各地的醋文化特色？如何树立我国的醋文化旅游品牌？这是需要醋文化旅游相关利益主体，包括政府、企业、行业组织、游客以及社区居民共同探讨的问题。从而，实现醋文化的传承与创新、游客体验需求的深度满足、醋文化旅游的健康发展、区域经济增长和社会发展的综合发展目标。

山西省醋文化旅游体系特征与镇江醋文化旅游非常相似，均是以工业旅游起步，在保护与传承当地醋文化的基础上，不断扩展旅游形式和内容。虽然两地醋文化旅游发展均依托知名醋企，但是具体情况差异较大。镇江香醋企业以恒顺集团为龙头企业，香醋产品、酿制技艺命名高度一致，均冠以地级城市“镇江”的名号，为醋文化旅游以及城市旅游宣传提供了便利。与此相比，山西老陈醋的知名醋企数量众多，在醋文化旅游开发和宣传中需协调众多品牌及醋企的竞合关系，面临的情况较为复杂。

首先，2016 年规模以上企业达 16 家，拥有众多知名食醋品牌如东湖、紫林、水塔、宁化府等。其中，山西老陈醋集团、水塔醋业开发了东湖醋园、老醯醋博园、宝源老醋坊三处集非遗文化旅游和工业旅游于一体的国家级醋文化旅游景点，紫林醋业也开发了工业旅游。山西老陈醋集团是国家级非物质文化遗产代表性项目“老陈醋酿制技艺（美和居老陈醋酿制技艺）”的保护单位。

第二，“山西老陈醋”以省会名称统一冠名，是中国国家地理标志产品。最知名几家醋企集中分布在太原市区、太原市清徐县，而清徐县又有众多醋企，其中紫林醋业和水塔醋业生产规模最大。任何一家醋企或品牌都很难完全代表山西老陈醋的形象，在旅游宣传中较难做到将城市名与醋产品直接挂钩。未来在山西醋文化旅游发展中，如何化解这个棘手的问题，甚至将其转化为增加旅游吸引力的有利因素，对于山西省醋文化旅游宣传成效至关重要。

对比两地的醋文化旅游活动形式，不难发现醋文化博物馆是目前最重要的一种形式，建醋文化特色小镇是未来的发展趋势。也就是说，醋文化旅游内容从非遗文化旅游、工业旅游逐步拓展到集休闲养生等内容，目标人群的范围随之扩大，不仅关注省外游客，也关注省内游客、本地居民的休闲需求。此外，镇江恒顺酱醋文化节是一个将醋文化融入城市文化的成功案例，不仅满足了本地居民的实际需求，而且营造了城市的年俗文化氛围，从而形成了新的城市文化景观。从某种程度上来讲，镇江恒顺酱醋文化节活动升华了醋文化旅游的意义，呈现了以文化促旅游、以旅游促文化的良性循环。可见，深入挖掘地方传统文化特色以及民俗传统，创新更多的醋文化旅游形式，使醋文化旅游活动与地方文化融合，是未来山西醋文化旅游可持续发展的一个方向。

二、山西省醋文化旅游开发现状

山西省醋文化旅游目前已初步形成包含静态展示、动态展示、综合旅游服务体系，拥有国内数量最多的旅游场馆，以及最为丰富的旅游产品类型。从太原市包括清徐县人民政府网站、新浪网、黄河新闻网、山西经济网、人民网、三晋都市网，以及醋企官网和百度网广泛收集山西省醋文化旅游场馆、活动等的资料和信息，在此基础上进行整理。

（一）山西醋文化博物馆——静态展示

山西醋文化博物馆位于清徐县东湖之滨，又名文源楼，是清徐县的标志性建筑。该馆建筑修建于原“水阁楼”旧址上，1998 年由山西水塔醋业股份有限公司开始修建，于 2000 年对外开放，是中国第一座醋文化主题博物馆。整栋建筑楼高 49.88 米，分九层，采用金龟背水制形，堪称“华北第一阁”。山西醋文化博物馆收集了山西历代制醋工艺手迹、制醋器具，该馆整理出的醋文化通史、醋方、醋曲，以及民间零散记载的醋文化书籍。该馆以静态展示为主，陈列内容包括：① 历史上的制醋工具和民间盛醋容器，石磨与磨斗、水罐、水瓢、铁甑、风箱、老秤、龙凤壶、彩陶罐、“醋”字坛、醋篓等。② 涉及醋文化的古书史料3000余册（件），多数出自清代以前，部分文献记载了古代公室、商家、民间制醋的状况，以及汉、魏以来50余种食醋治病秘方，均以原著或复印、摘抄形式陈列于此。③ 由本馆研究编排的有关醋文化的“通史”提纲492条，在展柜陈列280余幅素描图，展示了中华民族食醋文化的产生、演进和发展历程。④ 此外，博物馆内还珍藏了20多个国家的1000多种醋产品。

（二）东湖醋园——非遗与工业旅游融合

东湖醋园位于太原市杏花岭区，由山西老陈醋集团有限公司于2000年创立，是山西省第一家动态展示传统与现代老陈醋生产工艺流程和老陈醋历史文化内涵的公司化、工厂化博物馆。该园以“美和居老陈醋酿制技艺”为核心，依托山西老陈醋的知名度和高品质，不仅向游客展示了山西老陈醋传统的酿制流程，而且形成了集游、购、吃为一体的工业旅游发展模式。

东湖醋园向游客开放了多处景点，包括“华夏第一醋”—铁甑—神龙戏水石—东湖放映厅—东湖、美和居品牌发展史陈列馆—晋醋博物馆—醋疗园—醋窖—醋槽—美和居精酿车间—品尝处。此外，园内还设有六合堂醋疗医学研究所、醯生活文创店、老醋食府餐厅、东湖老醋体验馆等，为游客提供养生、购物、饮食等多重体验和旅游需求。其中，陈列馆和醋疗园内收集了我国西汉以来的酿醋器具、农耕器具和700余个醋疗药方，以实物展示、图片展示、文献典籍摘记、产品展示等多种形式向游客展示山西醋文化丰富的内涵。

“美和居”精酿车间是东湖醋园中最具特色的部分，从明清式的建筑风格，到向游客动态展示的蒸、酵、熏、淋工艺车间，以及陈酿场所，最后还有游客尽兴品尝老陈醋的环节。从视觉、嗅觉、味觉多种感官层次给游客留下了深刻的“老陈醋”直观感受，不仅充分体现了工业旅游的具身体验特质，而且实现了非遗生产性保护的完整性诉求（黄孝东，2020）。精酿车间的展示划分为五个部分：① 蒸房：蒸高粱。② 酵房：首先是酒精发酵阶段，蒸好的高粱冷却后拌入大曲，制作出高粱酒的半成品；然后进入醋酸发酵阶段，在经历酒精发酵后生成的醋醅中，拌入麸皮和谷糠，进一步生成醋酸等成分。③ 熏房：将醋酸发酵结束后的醋醅放入缸中熏制，共需六次倒缸，颜色一次比一次深，从黄色熏制成黑褐色。④ 淋房：将醋醅放入缸中用温水淋，制出醋梢，增加醋的酸度，再用醋梢淋熏过的红醅，增加醋的香味和颜色。⑤ 陈酿房：淋好的新醋经“夏伏晒，冬捞冰”处理进行陈酿。

2004年“东湖醋园”成功获得了国家旅游商标的注册，为全国酿造业唯一的旅游品牌。2010年东湖醋园被原国家旅游局评为4A级旅游景点。东湖醋园年均接待游客30万人次，仅“五年老陈醋”一项，年销售额达到150余万元。东湖醋园与省内130余家旅行社、周边省市40余家旅行社建立固定合作伙伴关系，国内外的多家媒体进行了详尽报道。此外，还以美和居为原型创作并拍摄了电视连续剧《晋阳老醋坊》。

（三）宝源老醋坊——非遗与工业旅游融合

宝源老醋坊位于太原市清徐县，由山西水塔醋业股份有限公司重建于2008年。“宝源坊”是明清时期清徐的知名酿醋作坊之一，与当时的“顺泰号”“同泰庆”“美和居”等字号齐名。“宝源坊”始建于明朝宣德三年，即1428年，距今已有500多年历史，在山西醋业发展中起到了举足轻重的作用。为了挖掘、保护并弘扬深厚的山西醋文化，并且让世人了解山西老陈醋的历史渊源和传统制作过程，水塔醋业在宝源坊遗址上，不仅从建筑风格上还原了明、清时期醋坊原貌，而且从老陈醋酿制器皿工具、生产工艺等方面再现了传统的酿醋场景。

宝源老醋坊开发游览的内容包括五项：① 老陈醋工艺展示区，该部分从原料选取，到加工生产、陈酿灭菌等步骤再现了传统的老陈醋酿造工艺，整个酿制流程包括原料间、蒸料间、酒醅间、醋醅间、熏醅间、淋滤间、陈酿间、灭菌间等多个车间。② 农耕文化展示区，展示了从新石器时代到封建帝王时期与醋相关的传统农耕文化，包括仰韶文化、龙山文化，汾河流域独特的环境（沙盘展示）以及春耕、夏耘、秋收、冬藏图。③ 醋文化展示区，主要展示了有关醋的书籍，尧帝像，食醋用途、晋商用醋以及进贡皇家御醋展示。④ 器皿器具展示区，陈列了多种古代酿醋和盛醋的器皿，例如醋坛、醋壶、醋缸、醋扁、醋葫芦等，以及醋车、独轮车等古代运醋工具，此外还有古代不同时期购买醋所用的钱币。⑤ 陈醋体验区，一方面设置了展区，展示了醋坛子、醋葫芦、醋篓子、醋壶只等容器，供游人体验宝源老陈醋销售场景；同时提供老陈醋样品供游客品尝。

宝源老醋坊是太原市教育局认定的“太原市青少年传承教育基地”，被太原市旅游局评为“太原市首批工业旅游示范景点”；分别于2011年被山西省文化厅评为“山西省清徐老陈醋酿制技艺博物馆”，2012年被原国家旅游局评为国家4A级景区，2013年被中国旅游品牌协会、国际文化旅游促进会评为“中华最具特色工业旅游示范地”。

（四）老西醋博园——现代工业园融合醋文化旅游体系

老西醋博园位于山西省晋中市榆次区，是集生产研发、旅游观光、餐饮住宿、会议接待为一体的新型传统制造文化园。同时，老西醋博园也是目前我国规模最大的醋文化展示园，国家级非物质文化遗产生产性保护示范基地，国家 3A 级旅游景区，是以“美和居”老陈醋酿制技艺为核心，集山西老陈醋生产与科研、健康与养生体验、旅游为一体的综合性生态工业园区。2013 年 6 月由山西老陈醋集团有限公司创建成立“华夏第一醋园”老西醋博园，园区占地面积 127661 平方米，总建筑面积 74054 平方米，其中供参观旅游的“华夏醋园”传统工艺展示部分的面积占 60% 以上。

老西醋博园内既有醋传承生产基地、研发技术中心，也有醋疗养生体验馆、老醋食府及采摘苑、自驾游停靠港及假日客栈等，形成了吃、住、游（学）、购、娱于一体的旅游体系。园区的南面是现代化生产区，北面是文化展示区，形成了现代工业生产与传统技艺传承的鲜明对比。位于园区南面的山西老陈醋技术中心，包含山西传统与现代酿醋工艺、万吨伏晒捞冰池、万吨陈酿醋林、产品调制中心、产品研发中心、全自动化立体仓库、整体现代化生产线等不同厂区。位于北面的老西醋博园，包含山西老陈醋传习所、薪传园、醋窖、五行养生园、醋疗体验堂、老醋食府等。其中：① 山西老陈醋传习所兼传统手工作坊与旧时期公司合营后曲醋厂，明清风格的“美和居”作坊古建筑，使得精良的传统手工制醋工艺尽收眼底；同时也再现了几十年前的厂容厂貌、厂门的时代特征、车间设施设备的使用情况、旧厂房窑洞的生产及办公陈列等。② 薪传园以传承“敬天法祖”、光大山西老陈醋酿制技艺为核心，通过“如在”献殿、“敬天法祖”正殿及“天生一水”“尔为盐梅”“神而化之”“亲民至善”“既济薪传”五大展室的图片、实物等，系统地将东湖醋文化与地域、历史、民俗、工艺及实物融为一体。③ 老醋养吧为醋疗养生体验馆，该馆依照五行与五谷、五色、五步工艺和人体五脏对应，建设了老醋自然养生园，该项目占地面积 2500 平方米，展示了东湖老醋的工艺、原料与人体养生哲学原理的奥妙所在，让游客亲身体验、充分领略东湖老醋工艺的自然养生之道。此外，园内的世界名醋馆填补了世界醋文化展览馆的空白，对中国谷醋文化的世界性传播产生了深远的影响，为世界醋文化交流提供了平台。

2019 年 6 月“山西老陈醋品牌研究基地”落户老西醋博园，30 多位品牌专家与学者共同研讨山西老陈醋品牌传播，认为山西老陈醋应该加大品牌培育与文化建设的力度，向世界讲好山西老陈醋的品牌故事，提升山西醋业品牌的竞争力和影响力，助推山西经济转型发展。

2019 年 11 月 8 日，中国创意农业国际合作与发展高层论坛在老西醋博园举行，主题是“醋让生活更美好，老西醋博园讲给世界的故事”。来自西班牙、比利时、德国、泰国、瑞士、韩国等欧美亚国家十余位研究国际醋的专家学者及中国农业大学、华中农业大学等国内知名大学的食醋酿造学专家学者等近百人参加论坛并作学术交流。比利时根特大学埃里克·杰罗姆·范丹姆教授提到，在老西醋博园看到世界最大的醋湖（可容纳 15000 吨醋）、非遗传习所老醋坊工艺车间、大曲制作演示、千缸老醋陈酿房及醋文化薪传园，让人们对代表中华醋文化的山西老陈醋历史、技艺、传承、文化有了全方位、立体化、体验式的了解。

（五）紫林醋工业园——现代工业园融合醋文化旅游园

紫林醋工业园位于太原市清徐县，山西紫林醋业股份有限公司于 2010 年投资开发建设了食醋工业园和醋文化旅游园项目。紫林醋工业园是全国同行业酿造食醋单体园区产能规模最大的食醋工业园，同时也是以“醋与健康”为主题，集醋文化和醋技艺展示、醋养生体验、醋乐汇游憩为主要游览项目的现代食品工业旅游景点。

紫林醋业是以酿造食醋为主导产业的农业产业化国家重点龙头企业，在继承传统工艺精华的基础上，实现了传统工艺技术创新，成为全国食醋行业领先企业之一。在行业内率先实现了传统工艺机械化操作、信息化控制，以及原料精细化处理、自动化酒精发酵、机械化翻醅，是业内首家投入巨资兴建废水处理系统、工业固废处理系统的企业，使企业生产达到了污染物零排放。2014 年紫林食醋工业园建成投产后，单园区酿造食醋产能、机械化程度和信息化水平进一步提高，成为国内标准化现代食醋生产示范单位。年产 30 万吨酿造食醋、5 万吨料酒、10 万吨发酵型醋饮料、5 万吨高盐稀态酿造酱油；同时可吸收 2000 多名农村剩余劳动力就业，并带动了周边包装、运输、种植养殖业的发展。

醋文化园 2014 年 8 月正式开园，年接待 35 万人次，2016 年 12 月被评为国家 4A 级旅游景区。园区环境优美，绿化覆盖率高，绿化植被中有紫薇、西府海棠、国槐、银杏、紫玉兰等几十种名贵草木。向游客开放了紫林文化展、醋养生体验、具有国际先进水平的酿造食醋生产线、装备技术先进的现代化灌装流水线、葡萄长廊、绿色采摘、醋养生主题生态餐厅和园林厂区等主要游览景点和体验内容。不仅向游客展示了工业化、信息化、标准化的酿造食醋实景，而且充分体现了传统食醋与现代工业的魅力，使游客从“形、声、闻、味、触”五感体会并认识醋起源到现代醋业的发展历程，了解醋的使用价值和保健养生功效。

（六）清徐醋都小镇

2019 年 9 月山西文旅醋都小镇建设项目在清徐县正式启动。醋都小镇项目地处清徐县、交城县、太谷县和祁县四县中心地带，居汾河之畔，项目规划区面积为 5.1 平方公里，拓展区规划面积为 3.17 平方公里。醋都小镇项目着力构建醋文化产业、醋休闲养生、乡村旅游、田园主题乐园、现代生态农业五大项目集群，建设“一心一带两区两园”，即醋文化产业中心、醋都核心景观带、醋都养生休闲区、宝源乡村旅游区、滨河醋都主题乐园、生态农业园，从而打造“中国醋都，田园清徐”的国家级美丽乡村示范基地。清徐醋都小镇发展目标在于使多业态、多产品、多领域融合共生，并构建完整产业链，是山西省文旅集团与清徐县委、县政府合作构建文旅产业布局、着力壮大食醋产业与乡村振兴发展的交汇平台。彰显醋文化乃至地方文化特色是打造醋文化旅游特色小镇的基础，因地制宜是创建醋文化旅游特色小镇的关键。以小镇为核心资源，策划文化旅游主导项目，凸显空间秩序的重要地位，并作为环境景观营造主题；其次是强化体验：加强文化博览、食品工业观光等主体性旅游休闲项目的体验内容和参与度，提升旅游休闲设施附属及周边景观环境的品质和舒适度；最后是凝聚特色：依托资源优势及周边环境，凝聚空间形态和环境景观特色，塑造特色鲜明而又整体协调的小镇风貌形象。

深厚的历史文化底蕴和产业基础是清徐醋都小镇建设与发展的前提。首先，“自古酿醋数山西，追根溯源在清徐”。清徐作为山西老陈醋的正宗发源地和全国最大的食醋生产基地，生产的老陈醋位居全国四大名醋之首。近年，清徐县立足区位优势和资源禀赋，把老陈醋产业作为发展非煤产业的重要路径，和战略性新兴支柱产业来培育打造，通过市场引导、政策扶持、资金投入、环境优化和强化服务，支持食醋企业做大做强，培育出“东湖”“水塔”“紫林”3个中国驰名商标、47个山西省著名商标和45家食醋企业，形成了以紫林、水塔为龙头的食醋产业集群。全县食醋年产规模达到70万吨，占全省的80%以上，全国的20%，年产业产值达到65亿元。② 在清徐县境内，醋乡、中国醋都、醋都广场、醋文化研究会、醋文化博物馆、醋文化节等以醋命名的物名、地名，与醋文化有关的馆、会等比比皆是，流传于市井巷陌的有关醋的传说、歌谣、谚语更是妇孺皆知，有口皆碑。③ 作为全国葡萄产地之一和山西老陈醋的发源地，清徐县目前已形成老陈醋文化宝源老醋坊、山西紫林醋工业园、葡峰山庄、菲尔蒙酒庄、云梦坞（六味斋）、清泉山庄、绿源生态农庄、大禾生态庄园等休闲旅游景区，与太原市和晋中市人文旅游资源形成互补。

此外，2019年4月太原市住房和城乡建设局也提出了一个中华老字号酿造特色小镇的规划方案，计划通过整体规划搬迁和资源整合晋泉高粱白酒、宁化府益源庆醋、东湖醋、古灯调味品、老乡村食品等中华老字号企业，打造从酿造生产、产品物流、传统展示到文化生态旅游为一体的综合性产业园区，打造“醋山酒谷、中华酿都”形象。近年来，发展非煤产业是山西省经济结构调整的核心，旅游产业成为发展新兴产业的突破口之一。但是，以“醋文化”为核心的特色小镇目前尚无类似成功案例借鉴。如何深入挖掘该区域的旅游资源？如何构建全产业链？如何协调工农业及服务业？这些都是尚待探索的课题。

（七）中国太原（清徐）国际醋文化节

山西省自2007年开始举办醋文化节，以增进醋文化宣传和产业交流为目的，开展多种形式的交流活动，有利于打造清徐“中国醋都”品牌形象，实现醋产业和醋文化共赢发展，推动清徐醋业升级发展，促进国内外醋业的交流合作。以2012年中国太原（清徐）国际醋文化节为例，邀请了国际知名学者和专家、国内外醋品牌企业参会，对挖掘地域文化、打响“中国醋都”品牌具有直接的推动作用；为国内外同行搭建一个交流平台，研讨和发布国际醋业发展的权威信息，对提升中国醋业发展水平具有直接的推动作用；对弘扬醋文化、传播健康理念具有直接的推动作用，对向大众宣传食醋文化以及健康的生活方式具有深远意义。醋文化节在国内外产生了一定的品牌效应，2009年“中国清徐醋文化节”荣获了“全国知名品牌节庆百强”殊荣，2012年纳入太原市“三会一节一赛”系列活动，即山西晋商大会、中国能源博览会、北方旅游交易会、马拉松比赛、醋文化节。

每年一度的醋文化节在主题、内容和形式方面不断创新，注重醋文化宣传与醋产业发展的融合，不仅宣传山西醋文化特色，更为国内外醋产业搭建了交流平台。具体来看：

（1）2007首届中国清徐醋文化节的主题为“以醋会友”，主要活动内容包括：特色民俗表演、艺术表演、大醋坛揭幕仪式，宣传清徐深厚的文化底蕴、悠久的老陈醋酿造历史、山水合一的城市风貌主题；举办“醋与健康”中国清徐醋文化论坛，邀请国内知名的醋文化研究专家学者及饮食、保健专家人士进行主题演讲、互动对话，达到弘扬醋文化、以醋会友的目的；体现清徐生态特色的醋文化摄影、书法、绘画艺术展等活动，充分体现清徐号称中国醋都的特色；发布国家有关机构审核批准的“中国醋都”标志。

（2）2008中国清徐醋业博览会暨醋文化节，在巩固“中国醋都”这一文化品牌的基础上，隆重推出“中国醋”与“中国陈醋”的全新文化概念，就醋的传统调味功能向营养保健功能转型进行深入的探讨。主要活动内容包括：在北京举行新闻发布会，首次发布并展示了国家工商总局关于清徐作为陈醋、老陈醋、葡萄原产地的证明；“开坛评好醋”醋业高峰论坛；当地民众参与多种形式的“醋成好事”互动活动；挖掘地域文化，提升中国醋业发展水平，同时发布国际醋业发展的权威信息，为国内外同行搭建交流平台。

（3）2009中国清徐醋文化节暨醋业博览会，主要内容包括：“醋”动市场——醋文化醋业发展高峰论坛，为山西醋业完善产业链、创新产品、开发醋业新的增长点谋划统筹，为酿醋企业促进销售、扩大市场份额和影响力提供建议；在山西省展览馆中国（山西）特色农产品交易博览会活动中，清徐展区展示了清徐醋业作为

“中国醋都”的悠久历史和丰富积淀，以及清徐老陈醋作为“国家级非物质文化遗产”和“地理标志产品”的独特风采；出版《健康，随“醋”而生》大型主题特刊，以提高群众对中国醋的历史文化、产业发展以及清徐醋业的了解。

（4）2010 中国清徐醋与健康国际高峰论坛在北京召开，进一步提升清徐作为“中国醋都”的品牌形象，引导清徐醋业乃至全国醋业向保健、绿色、高端、品牌方向转型发展。

（5）2011 中国清徐醋文化节在北京国家会议中心隆重开幕，文化节主题为“安全·健康·创新”。

（6）2012 中国太原（清徐）国际醋文化节，以“晋善晋美·醋处精彩”为主题，活动内容包括大型开幕式、醋产业展览交易、醋文化论坛、醋文化展示、醋形象及品牌传播、醋产业招商等六大板块，提出弘扬醋文化与发展醋经济相互融合。国内外近百余家知名醋企业、经销商以及相关设备、包装供应商参会，是一次汇集醋商机、发展醋经济、弘扬醋文化、共谋醋发展的国际级产业盛会。

（7）2015 清徐醋文化节以“创新为基、文化为魂”为活动主题，活动内容涵盖启动仪式、场地宣传、媒体推广、展销展示等四大板块。

（8）2016 清徐醋文化节在中国（太原）煤炭交易中心盛大开幕。

（9）2017 中国太原（清徐）国际醋文化节，主题为“晋善晋美·‘醋’处精彩”，内容分为五大板块，主要包括醋与健康国际高峰论坛、文化展示、招商引资等。

此外，山西省的其他地市也有举办各种醋文化节，例如，2018 年阳泉郊区李家庄乡举办了晋阳府第五届醋文化节，希望通过醋文化节传承和弘扬醋文化，宣传普及食醋科普知识，以“养生保健”为抓手，开发醋吧、醋浴、醋保健等配套服务业，推进“晋阳府”品牌企业文化创新和发展。2019 年长治市壶关县山西辛寨世方醋业有限公司举办了第八届醋文化节，通过一系列体现辛寨醋生态特色的文艺展演、书法展等特色活动，弘扬了醋文化，也搭建起了陈醋展销的平台。2018 年 12 月 25 日，晋中市和顺县山河醋业举行了山河醋坊“打醋节”冬至活动，以弘扬山西人打醋过年的传统习俗。

（八）山西老陈醋特展

2019 年国庆节期间，在太原晋商博物馆举办了《家国滋味——山西老陈醋特展》活动，以公益展览方式将老陈醋这一山西名片进行解读宣传，弘扬山西陈醋品牌背后的工匠精神和文化传承。在展览活动中，借助具有鲜明时代特征的老物件、老照片、历史资料以及口述史的内容，在展览组织方面注重跨行业联合办展，特邀园林部门、文博系统外的博物馆、高校、知名老陈醋生产企业，新闻媒体等共同参与。展览包括四大主题活动：①与山西传媒学院共同举办“醋文化动漫设计大赛”，以当代传播媒体视角面向全省征集山西传统醋文化为核心元素的动画、漫画、艺术插画、手机微信表情包的优秀作品；②采集部分山西老陈醋企业老职工和消费者的口述史，讲述70年来老陈醋的变迁以及山西人民对于老陈醋文化传承和坚守的“我与醋的故事”；③“最是难忘醋滋味”征文活动；④“醋碟碟”和“醋瓶瓶”征集，向社会征集具有历史、民俗、艺术价值和故事的醋物件。

第四节　山西省醋文化旅游SWOT分析

采用SWOT分析对山西省醋文化旅游发展具备的内在优势（Strength）和弱势（Weakness）以及面临的外部机遇（Opportunity）和威胁（Threat）等各种因素进行分析和总结，以期为山西省醋文化旅游发展提供不同的策略组合建议，诸如机会优势战略OS组合、机会劣势战略OW组合、优势威胁战略ST组合以及威胁劣势战略TW组合。

综合山西醋文化概况以及醋文化旅游发展现状的主要研究发现，针对山西省醋文化旅游的发展问题进行SWOT分析，结果见表3-28。

表3-28　山西省醋文化旅游发展SWOT分析表

内部因素	优势（S）	劣势（W）
	鲜明的醋文化特色形象 高品质的老陈醋产品质量 丰富的醋文化旅游资源 成熟的醋文化工业旅游体系	醋文化旅游形象的整体性较弱 醋文化旅游资源的开发程度不足
外部因素	机遇（O）	威胁（T）
	醋产业“做大做强”的发展目标 文旅融合发展趋势	省内醋企旅游开发的同质化竞争 省外醋文化旅游发展的竞争性

一、山西省醋文化旅游发展的内部优势

（一）鲜明的醋文化特色形象

山西省以鲜明的醋文化特色形象著称，其醋文化特色在国内具有极高的知名度，因此，山西发展醋文化旅游具有先天的优势。首先，老陈醋早已成为山西的地方文化符号。提到山西，大多数人都能想到醋，醋文化是鲜明的山西地方文化特色之一。山西老陈醋作为中国四大名醋之一，以“色泽深褐，醋香浓郁、醇厚，食之绵酸、

回味悠长，越陈越香，过夏不腐，入冬不冻”而闻名。山西人好吃醋的形象也深入人心，被称作老西（醯）儿。其次，山西省老陈醋的酿制技艺历史悠久，对国内酿醋行业的影响广泛。同时，山西省具有丰富的传统酿醋技艺，这也构成了醋文化旅游发展的基础。山西省有 3 项有关醋酿制的传统技艺入选国家级非物质文化遗产项目名录，是受非遗保护的酿醋传统技艺项目数量最多的省份；共有 6 项酿醋传统技艺入选省级非物质文化遗产项目名录。

（二）高品质的老陈醋产品质量

高品质的老陈醋及相关产品，是山西醋文化旅游发展的内在推动力。山西老陈醋被称为中国四大名醋之首，享有天下第一醋的美誉，以色、香、醇、浓、酸等特征著称（方心芳，1934）。2004 年我国实施了企业食品生产许可制度，规范了山西醋企业的生产工艺，提高了对老陈醋产品质量的监管。同年，原国家质监总局将山西老陈醋列入国家原产地域保护产品，后更名为地理标志产品，并颁布了《地理标志产品山西老陈醋》（GB/T 19777—2005）国家标准，对山西老陈醋的地域范围、生产工艺、产品质量指标和专用标志使用作了明确规定，进一步提高了对产品质量的保障。2014 年实施了新的老陈醋产品质量国家标准《地理标志产品山西老陈醋》（GB/T 19777—2013），规定老陈醋的总酸度由原来的 4.5 度调整为 6 度及以上，并取消了保质期；由原先的 5 项指标增加到了 10 项，提升了对山西老陈醋产品的品质要求。此外，以紫林、水塔、东湖等品牌企业为引领，在保持老陈醋品质风味基础上，不断探索高新技术与传统酿造相结合的生产工艺，研发并销售多种高品质、高附加值的醋产品，包括醋膏、保健醋、功能醋、饮料醋等。

（三）丰富的醋文化旅游资源

山西省拥有丰富的醋文化旅游资源，类型多样、种类丰富，这是醋文化的发展前提。山西老陈醋在上千年的悠久发展历史过程中，形成了丰富的醋文化内涵，包括老字号醋坊的发展历史及品牌文化、醋味的地方饮食文化、醋养生文化以及在酿醋、买醋、用醋过程中逐渐形成的文化现象等，这些都是山西省醋文化旅游发展可以持续开发的潜在旅游资源。旅游资源调查及分类结果显示，山西醋文化旅游资源体系包含自然旅游资源和人文旅游资源 2 个主类，种植基地、水体、生物、展示演示、休闲活动、历史古迹、旅游商品、传统习俗、文学艺术等 11 个亚类的 25 个基本类型。

从旅游资源的多样性程度来看，山西省醋文化旅游资源类型的种类丰富度高，但是每种基本类型的数量即均匀度较低。在山西醋文化旅游发展初期，开发主要集中在数量高的资源类型上；绝对数量低的资源类型所包含的醋文化旅游资源单体，很多都属于醋文化保护与传承的核心内容，是未来醋文化旅游可持续发展的核心。

山西醋文化旅游资源丰富，可以满足不同年龄阶段、不同旅游体验需求的旅游者，有多元化的立体发展空间。从旅游服务产品的类型来看，山西醋文化旅游资源可开发的旅游服务产品类型多样，既包括传统的人文景观、民俗风情、传统饮食类的旅游观光体验，也包括研学、养生、节庆、工业生产园区等现代旅游服务产品。

醋的多重功能属性，决定了醋文化旅游资源的多重角色特征。与其他旅游资源相比，醋文化旅游资源具有天然的游客体验属性。从旅游供给系统的角度来看，山西省醋文化旅游资源基本类型不仅仅是旅游吸引物，同时也属于服务要素的重要内容。因此，发挥醋在旅游供给子系统中的服务功能，也是未来山西醋文化旅游可持续发展的方向。

（四）成熟的醋文化工业旅游体系

从 1998 年全国第一家醋文化主题景区“东湖醋园”的建设开始，截至目前，山西省共有 3 处 4A 级和 1 处 3A 级醋文化主题场馆。随着各类醋文化旅游景区（景点）的开发建设，山西省成为目前国内拥有醋文化旅游景区数量最多的省份，逐渐形成了比较成熟的醋文化工业旅游体系。已开发的醋文化旅游形式包括三种：以食醋酿造企业为依托建立的集历史、酿造技艺展示、产品体验等为一体的醋文化场馆；以展示醋文化、文物、文献记载等为主的醋文化博物馆；以展示、休闲、养生等现代旅游服务体系的醋文化小镇。其中，以知名醋企为依托、集“醋文化展览—酿制工艺体验（厂区观光）—醋文化遗迹—购物、休闲等功能”于一体的工业旅游模式，是接待游客数量最多、最为成熟的醋文化旅游模式，为游客提供了丰富的旅游体验，包括了静态陈列、传统工艺的动态演示、现代酿造车间参观、品醋尝醋、餐饮等。

二、山西省醋文化旅游发展的内部劣势

（一）醋文化旅游形象的整体性较弱

醋企数量多、传统技艺的多样性高是山西省醋产业发展的主要特征。2016 年规模以上企业达 16 家，拥有众多知名食醋品牌如东湖、紫林、水塔、宁化府等。山西省老陈醋集团有限公司等六家企业为国家级或省级非物质文化遗产项目传统酿造技艺的保护单位。但是，食醋酿造企业和技艺的多样性尚未转化为促进醋文化旅游发展的动力，却给产业集群化与醋文化旅游发展带来了一些负面的影响。“山西老陈醋”以省会名称统一冠名，作为中国国家地理标志产品。规模较大的醋企集中分布在太原市清徐县以及其他几个区，其中清徐县是国内最大的食醋生产基地。任何一家醋企或品牌都很难完全代表山西老陈醋的形象，在旅游宣传中也较难做到将城市名与醋产品挂钩。如何将食醋酿造企业与技艺的多样性转化为增加旅游吸引力的有

利因素，是未来山西醋文化旅游发展需要解决的重要问题。

目前，山西省醋文化旅游的整体形象较弱，其发展模式是以几家实力雄厚的醋企为依托，分别开发和建设了各自企业的醋文化工业旅游景点。重点是从企业层面打造醋文化旅游品牌及形象，给游客留下的主要印象也是与具体的企业相关的“游、购”体验。这种模式对应提高企业知名度和醋产品的销售有显著的效果，但是对于醋养生、休闲产品消费理念的培养，以及提高高附加值相关醋产品的购买吸引力的作用有限。因此，山西省醋文化旅游吸引力的提高，有赖于打造省—区域—企业多层级的醋文化旅游产品形象。

（二）醋文化旅游资源的开发程度不足

目前，山西省醋文化旅游的开发程度不足，仍处于旅游产品开发的初期阶段。其显著特征是以工业旅游和传统购物为核心，对应于“醋文化旅游”概念的狭义内涵，以酿造技艺、企业文化为宣传重点，也有关于饮食文化、民俗文化、医疗保健文化知识的介绍，但是缺乏相关体验。从弘扬醋文化的角度来看，可能会造成游客的醋文化感知偏差，不能全面了解并认知山西醋文化内涵。从旅游市场需求角度看，目前山西醋文化旅游的开发程度也是较低的，仍然是以省外游客的游览和购物需求为主，尚未满足游客的多种旅游需求，而且未针对本地居民的相应休闲、养身等需求定制旅游服务和产品。

醋文化特色小镇建设成为近期醋文化旅游发展的热点，这将使得醋文化旅游服务的内容从非遗文化旅游、工业旅游逐步拓展到集休闲、养身、研学等领域，目标人群范围也随之扩大，不仅关注省外游客的游览与购物需求，也开始关注省内游客、本地居民的休闲需求，以及青少年学生群体的研学需求。同时，深入挖掘地方传统的醋文化特色以及民俗传统，面向本地居民与游客创新更多的醋文化旅游形式，使醋文化旅游活动与地方文化融合发展，是未来山西醋文化旅游可持续发展的一个方向。在醋文化旅游继续发展的过程中，将醋文化的丰富内涵转化为旅游体验或产品，展示不同地域、企业的醋文化特色，同时又树立山西醋文化旅游的整体品牌形象，才能实现醋文化旅游的可持续发展与区域经济增长和社会发展综合目标。

三、山西省醋文化旅游发展的外部机遇

（一）“做大做强”的醋产业发展目标

山西老陈醋长期位居全国名醋之首，蜚声海内外；但是，“山西老陈醋”品牌知名度还没有转化为市场占有率，缺乏全球视野、科研投入不足，没有形成科研、生产、销售一条龙产业体系，没有实现向高附加值的生物科技、健康产业的延伸。

2009年《山西省食品产业调整和振兴规划》提出了有关支持山西醋产业做大做强、打造山西老陈醋品牌和声誉的相关政策。为贯彻落实将醋产业做大做强的发展目标，2009年山西省财政厅、经信委、商务厅、质监局、文化和旅游厅等部门联合制定《关于促进山西醋产业加快发展若干意见》〔晋财建（2009）524号〕，简称为“醋八条”。“醋八条”是山西省打造山西老陈醋品牌，并带动相关产业发展，大力支持醋产业做大做强的重要政策文件，旨在推动山西由产醋大省向醋业强省转变。其中的第五条是有关弘扬老陈醋文化的指导意见，意见给出了一系列具体的发展措施，包括申报“中国老陈醋文化艺术之乡”，创办“中国老陈醋文化节”，打造“中国醋都”；定期在全国举办山西老陈醋及醋文化旅游推介会；鼓励企业建设醋博园、醋博馆等文化旅游场所；推出以醋为载体的醋歌、醋剧、醋舞等艺术作品。

老陈醋不仅是山西的优势产业，更是山西产品的一面旗帜，也是山西人的“面子”。山西省各级政府对醋产业发展的扶持力度不断加大，多部门推进了一系列政策措施支持醋产业的发展；山西老陈醋集团、紫林醋业、水塔醋业等大型食醋工业园区逐步建成并投产；山西农业大学等高校和研究机构联合成立了山西老陈醋产业技术联盟。醋产业体系的不断完善与升级，将为山西醋文化旅游的进一步发展创造了机遇。醋产业的不断发展壮大，将继续提升山西醋文化的知名度和声誉，丰富醋文化旅游内涵，为醋文化旅游体系创新发展提供必要的资金支持和物质基础。

（二）文化和旅游的融合发展趋势

我国旅游产业面临着新的发展趋势：①旅游开始走入千家万户；②人民群众更加关注旅游产品的品质；③旅游产业面向全世界，出国游、入境游更加普遍；④旅游产业发展挣脱行业的束缚，影响国民经济的方方面面；⑤物联网、经营管理等现代化技术对旅游产业推动作用增强。2009年，原国家旅游局发布《关于促进文化与旅游结合发展的指导意见》，明确指出了文旅融合发展的必要性和必然性。山西省旅游产业历经30年发展，已经从传统的第三产业跃升为未来经济发展的支柱性产业。旅游产业体系得以基本完善，食、住、行、游、购、娱六大要素实现全面发展；同时，旅游产业的兴盛传播了新的消费理念，为国民经济注入了市场活力。山西省是传统的文化大省，文化元素渗入到全省各个产业和人民的日常生活之中，为产业融合创造了良好的产业环境，国民经济发展到现阶段，产业结构的优化和转型升级显得刻不容缓，产业体系急需得到进一步完善，文化产业和旅游产业的融合有望推动产业的发展进程，化解现阶段的发展难题，为经济发展提供新的增长点。但同时，山西省在产业融合的初期阶段也面临着不少的挑战，融合领域不宽广、融合机制不顺畅等内部问题一直阻碍着文旅融合的发展，政策扶持不到位、基础设施建设不全等外部环境拖累着文旅融合的进程。

山西省为两大产业的发展和融合提供了大量资金投入和政策支持，为产业融合发展创造了良好的发展环境，文化和旅游两大产业均得以迅速成长。通过挖掘资源，搭建文旅融合发展平台；通过整合资源，做大做强特色文旅品牌；通过面向市场，创新文旅融合营销模；通过完善配套，营造文旅融合的良好环境。由此可见，文旅融合发展为山西省的醋文化旅游提供了重大发展机遇和潜力空间。醋文化旅游发展不仅要从内部深度挖掘醋文化特色，使其丰富的历史文化价值转化为具有高市场接受度的旅游产品和服务；而且应该探索与山西省地方文化的融合发展路径，真正使醋文化特色成为山西文化旅游产业中的一项重要内容。

四、山西省醋文化旅游发展的外部威胁

（一）省内各醋企旅游开发的同质化竞争

从省内醋文化旅游发展来看，存在不同醋企在文化旅游开发过程中的竞争性关系，而非强强联手的协同发展关系。山西省是醋企数量最多的省份，同时也是醋文化旅游场馆建设与开发数量最多的省份。目前，仅醋文化主题工业旅游景区就有4个，其中4A级旅游景区东湖醋园和3A级旅游景区老西醋博园为山西老陈醋集团有限公司开发与经营的景区，4A及旅游景区宝源老醋坊为紫林醋园开发并经营的景区，此外，水塔醋业工业园也是4A级旅游景区。这些由醋企投资并开发的醋文化主题景区，形成了山西省醋文化旅游发展的基础。在开发过程中，促使以醋企为依托，做了大量的有关醋文化资料的研究、整理工作，对于醋文化的保护与传承起了关键的作用。同时，多家醋文化旅游景区增加了山西省醋文化主题旅游的游客接待能力，是弘扬山西醋文化、彰显企业文化与品牌形象的重要平台。

但是，多而散的醋文化旅游景区开发现状，一方面导致醋文化旅游资源的开发程度有限；另一方面，同质化的开发模式导致了企业间、景区间的相互竞争性。未来，山西醋文化旅游深入发展需协调不同醋企及醋文化旅游景区的关系，形成强强联合的协作关系，才能有效促进山西省醋文化旅游产品的创新、提高山西醋文化旅游整体形象、提高醋文化旅游的配套服务，从而提高山西醋文化旅游的吸引力。

（二）江苏省镇江市强势打造“醋都”旅游形象

从国内醋文化旅游的发展来看，江苏省镇江市、四川省南充市下辖保宁市、福建省泉州市下辖永春市是除山西省外开展醋文化特色旅游的几个主要区域，其中镇江市的醋文化旅游发展规模和影响最大。2019年镇江市食醋年产量达50万吨，占全国总量的20%以上，远不及山西省食醋总产量的份额占比。但是，镇江恒顺醋业是国内规模最大的醋企，引领食醋产业的现代化、产业化发展。

近年来，镇江市注重城市整体文化形象的宣传，以一座“美得让人吃醋”的城市形象闻名。镇江市为地级城市，借助镇江香醋的高知名度，以“香醋”定义城市的味道，使传统香醋文化特色与整个城市文化高度融合，继而使得香醋成为这座城市的名片。2020 年 10 月，经中国轻工业联合会会长办公会审定，镇江市被授予“中国醋都·镇江”称号，有效期 4 年。作为食醋生产规模最大、市场占有率最高的城市，镇江收获“中国醋都”称号，有利于这一地标产业的传承创新，进一步提升镇江醋产业的国际知名度，引领中国食醋行业更好实现高质量发展。

第四章
山西省醋文化旅游感知分析

旅游感知是游客对旅游目的地相关信息进行加工后，形成的对旅游目的地文化、形象、质量等多方面的感知。游客对旅游目的地的感知通过直接影响游客的旅游体验质量，进而影响到旅游目的地的可持续发展。本章从感知主体和感知客体两个角度进行了山西省醋文化旅游感知分析，包括醋文化旅游的游客感知维度以及醋文化旅游景点的形象感知两个方面，不仅探析了山西省醋文化旅游的游客感知情况，而且对比分析了东湖醋园与镇江醋文化博物馆两处景区的游客评价，从而为山西省醋文化旅游资源的开发与利用提供游客感知层面的实践依据和参考。

第一节　旅游感知概述

一、旅游感知内涵

旅游感知起源于心理学的感知概念，用来描述游客在旅游过程中对旅游全程的主观感受。感知包含感觉和知觉两个部分，感觉是外界客观刺激直接作用于感觉器官所引起的认知反映，知觉是一系列组织并解释外界客体和事件的产生的感觉信息的加工过程（Goldstein，2015）。旅游感知是游客通过感知器官对旅游目的地相关信息进行加工获得的体验，形成的对旅游目的地多方面的感知，其内容涉及文化、形象、质量感知等诸多方面。旅游感知直接影响了游客的旅游体验的质量，进而影响旅游目的地的可持续发展。

基于 Pearce（1991）“旅游的本质是一种社会心理现象”的观点，钟栎娜（2013）认为旅游感知的产生应当是与旅游同步的。同时，游客在旅游过程中形成的感知常常会对其实际的旅游行为产生导向性的影响，Agapito（2013）认为游客的感知是旅游景区进行管理、运营的重要参考因素，旅游感知是构成景区发展评价的重要衡量标准之一。

在旅游感知的研究和实践中，研究者们经常使用到不同的词语，例如游客感知（tourist perception）、旅游地感知（destination perception）等。这些不同用词的本质是一致的，均是指游客在旅游过程中，对旅游地产生或形成的主观感受或评价。但是，不同用词强调的侧重点有所区分，游客感知突出了感知主体的角色，以游客为核心展开旅游感知的研究；旅游地感知则突出了感知客体，以旅游目的地为核心展开旅游感知的研究。因此，研究者们使用的不同术语也代表了近年旅游感知研究的不同领域，即游客感知、旅游地感知、感知影响因素等。

Webb（2000）提出游客感知受到了游客满意度的影响，同时也受食物、住宿、交通、景区服务等因素满意度的共同影响。Chaudhary（2000）认为游客感知是建立在游客对目的地的期望和对旅游地满意度的差距水平上的。Decrop（2005）提出游客感知是旅游者将外部世界的旅游信息转换为每一位旅游者都会经历的内部思维的过程。黄颖华（2007）认为，旅游感知是游客以其在旅游实践过程中形成的个性偏好以及对整个旅游消费过程的欲望和期望的程度方面的综合评价。高军（2010）基于感知过程的影响因素，即刺激物的特点、背景、感知者已有知识与经历的特点及其期望值，提出游客感知是以游客、旅游地居民、旅游经营人员、旅游服务人员等相关旅游者为主体的研究；并且总结了游客感知的评价内容，涵盖了从目的地旅游资源、交通可达性，到出游氛围以及购物休闲娱乐等多个方面。吴小根（2012）提出游客感知是指旅游者在外界刺激物的影响下对目的地旅游过程的感知，即游客通过感官获得的对旅游地的游览对象、环境条件、服务质量等信息的心理过程，是对旅游地产品和服务认知程度的综合反映。Agapito（2014）认为游客感知是对旅游产品的综合评价，会随着景区的主题独特性和感官体验的增强而提高。Molina（2015）则认为游客对目的地的感知就是对旅游产品的综合评价。

刘建国（2017）在总结国内外研究者对于游客感知概念特征的基础上，提出游客感知是人们通过感官对旅游对象、旅游环境条件等信息所获得的心理认知过程，是旅游者将外部的旅游信息转换为其自身内部思维的过程，是对旅游地产品和服务认知程度的综合反映。前人对于旅游感知相关概念的研究和表述包含了三层涵义：首先，旅游感知是旅游者对目的地形成认识的一种心理过程；第二，该过程不仅与旅游地客体因素密切相关，还受到旅游者经验、体验、活动等主体因素影响；第三，游客的感知可以作用于其实际的旅游行为。

二、醋文化游客感知维度

（一）游客感知价值

感知价值是指顾客所能感知到的利得、与其在获取产品或服务中所付出的成本进行权衡后，对产品或服务效用的整体评价。Sweeney（2001）构建了研究感知价值的经典模型，涉及情感价值、社会价值、价值（表现价值）以及价格（实用价值）四个维度测量顾客对耐用消费品的感知价值，用于判断顾客根据哪些维度的价值来决定其购买行为。

游客感知价值（tourist perceived value）源于顾客感知价值（customer perceived value）。Morrison（1998）最早将顾客感知价值引入旅游学的研究中，他认为旅游者感知价值是指旅游者在开展旅游活动时，对获得的利益与花费的成本的一种全方位评价，这种评价是依据主观判断的。黄颖华（2007）认为游客感知价值为消费者以旅游过程中形成的消费偏好、知识与体验，根据整个旅游过程中对旅游产品的特性与其付出程度，在满足其期望的程度上的综合评价；在顾客感知价值经典模型的基础上，通过实证研究建立了旅游者感知价值模型，涉及感知旅游质量、感知经济成本、情感价值、社会价值、感知非货币成本 5 个维度。

（二）醋文化游客感知维度

旅游地文化内涵的挖掘已成为旅游开发的热点问题，文旅融合是旅游发展的必然趋势。从文化需求角度来看，游客就是旅游地文化的消费者，游客的旅游过程也就是购买、体验旅游地文化的过程，在体验的过程中必然形成了游客对旅游地文化的感知（刘晨，2014）。李东晔（2020）认为旅游地的文化感知包含了居民和游客的不同感知视角，文化感知的研究内容包括了居民对旅游发展影响的感知及支持度，以及游客对旅游地形象或意向的感知等。其中，游客文化感知是旅游活动中游客通过感官体验获得的对旅游地文化的印象，这个过程包括游客已有文化与旅游地文化的碰撞协同过程，也包括游客对旅游地文化的个人感知。

了解游客对旅游地文化特色的印象和感知维度，可以为旅游地的文化与旅游融合发展提供借鉴与参考，从旅游宣传、景区管理等方面提供建议，从而契合游客对旅游地文化的实际需求、对提升文化旅游的经济价值具有重要意义。尹小娜（2015）以旅游网站的游记以及评论为研究数据，探索性分析了三坊七巷游客的文化感知状况。李东晔（2020）认为感知价值、满意度与行为意向等的关系模型探究可为旅游地的建设提供借鉴，但是现有研究缺少对文化感知维度及分异特征及影响因素的细致研究，并以高淳国际慢城为案例地，对游客慢文化感知进行调查，构建游客慢文化感知维度分析模型，探讨游客慢文化感知差异及其影响机制。

根据山西省醋文化概况的介绍，首先从广义的和狭义的不同范畴界定了醋文化及醋文化旅游概念，然后从酿造文化、饮食文化、民间传说与民俗文化、醋企品牌文化、醋文化隐喻这几个方面阐述了山西的醋文化特色与丰富的内涵。这些维度可以看作是山西醋文化特色的客观特征维度，是游客在山西旅游过程中实际接触、体验的地方文化内涵。为了解来晋游客的醋文化主观感知情况，需要进一步结合游客视角构建山西醋文化的游客感知框架。在山西醋文化内涵客观特征维度的基础上：①增加了总体形象维度，代表游客来山西旅游过程中，对于山西的醋文化特色的总体印象和评价。②考虑到醋是山西知名的土特产，醋产品在旅游体系购物环节的重要作用，增加了产品感知维度，代表游客对于山西老陈醋及其他醋产品品质、种类丰富程度等方面的评价。③考虑到山西醋产业以及醋文化旅游发展的目标之一，是重视并发展醋的保健等养身功效，因此增加了效果感知维度，代表来晋游客在旅游过程中有关醋的养身、美容等功效的印象和感受。④保留酿造文化和饮食文化维度，分别对应酿造技艺维度和饮食感知维度。其中，饮食感知维度代表游客在山西旅游过程中的饮食体验，尤其是醋味的印象和体验。⑤将民间传说与民俗文化、醋文化隐喻这两个维度合并为传统文化维度，代表游客在旅游过程中感受到的有关醋的传说、民俗等传统文化特色和氛围。由此，首先构建出一个“1+5”山西醋文化游客感知维度，即一项总体形象维度和五项具体感知维度，包括产品感知维度、酿制技艺维度、饮食感知维度、功效感知维度和传统文化维度。

同时，为了深入理解游客感知情况的人群差异，选取游客个人因素、感知距离、感知刺激三类因素反映感知差异及影响。此外，初步分析不同感知维度对于游客产生的影响，选取游客感受到的醋文化特色与预期比较、游客对醋文化关注度的变化两个因素度量感知影响。

综上，基于感知体系、影响感知的因素以及游客感知对行为态度影响三方面的考虑，构建了山西醋文化游客感知研究框架（图 4–1），同时用于指导制定游客调查问卷。

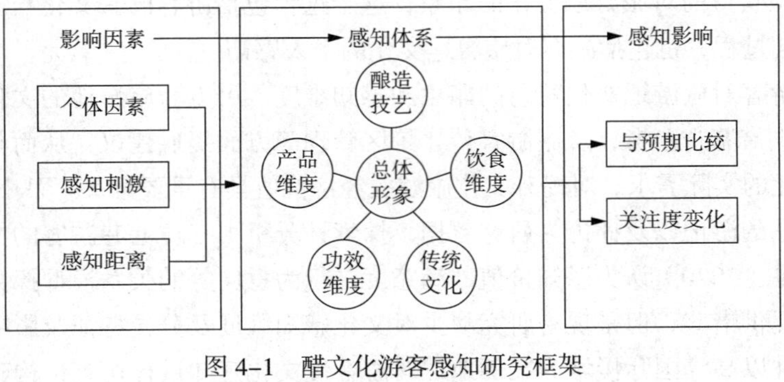

图 4–1　醋文化游客感知研究框架

三、旅游目的地形象感知

（一）旅游地感知

旅游地感知（destination perception）概念来自心理学认知理论。Pearce（1991）

提出，旅游的本质是一种社会心理现象，旅游地感知是旅游行为的必然结果。Decrop（2005）认为旅游感知是外部信息转化为内部思维的过程；Vaughan（1999）认为旅游地感知是旅游者对目的地景观、环境和社会公众等客体特质的描述。钟栎娜（2013）总结了旅游地感知概念的特征，认为旅游地感知是旅游者对目的地形成认识的一种心理过程，不仅与旅游地客体因素密切相关，还受到旅游者经验、体验、活动等主体因素的影响，且旅游地感知可作用于旅游行为。

旅游地感知研究涉及了旅游学、心理学、社会学、文化学、地理学等多个领域，最近20年发展迅速，逐渐成为旅游理论体系的研究热点。旅游地感知研究关注目的地形象、旅游竞争力、游客忠诚度等多个方面，出现了以旅游行为为核心的应用研究，其路径可归纳为"旅游感知—旅游行为—开发管理"。旅游地感知被用来为旅游地开发管理提供指导依据，为准确细致地分析旅游需求提供了新的理论指导和分析方法。

旅游地感知的研究内容包括：感知客体即旅游目的地、感知主体即游客、感知对旅游者行为的影响以及感知的影响因素等。Echtner（1993）提出目的地形象的三维结构：功能—心理、共性—特性、整体—特质。Tasci（2007）将旅游地各种特征属性的综合感知定义为旅游地形象（destination image），包括视觉景象、环境及其所激发情感等方面。旅游地感知构成要素可分为理性要素（cognitive）和感性要素（affective）两类。旅游地感知对满意度和旅游者行为的影响是感知研究的热点之一，Myers（1992）提出一个线性的影响过程：旅游需求→搜寻潜在目的地（认知形象）→评价潜在目的地（情感形象）→选择（意欲形象）。此外，有不少研究针对旅游地感知与旅游行为、到访意愿、推荐意愿以及忠诚度之间关系进行了定量验证。

旅游地感知有助于深入了解来自游客需求面的对于当地文化与旅游发展的真切感受，是地方文化旅游活动在游客认知层面的投射。目前，醋文化旅游相关研究更关注醋文化的特征及宣传，但是对于旅游者的实际感知情况关注较少。构建醋文化客体属性特征的同时，了解并测量醋文化旅游整体游客感知情况、不同醋文化旅游吸引物的游客感知传达效率等，可以为未来醋文化旅游的可持续开发提供需求层面的重要参考依据。此外，醋文化旅游发展附属于某个旅游目的地，醋文化感知必然与地方旅游感知相互关联；动态研究两者的变化情况，有助于处理好醋文化旅游子系统与地方旅游系统的关系，一方面为醋文化旅游发展寻找契机，另一方面借文化旅游弘扬地方文化、树立文化自信。

（二）旅游目的地形象感知

随着旅游业的不断发展，旅游目的地形象逐渐成为研究者们关注的焦点问题。

目的地形象影响了旅游者的个人主观感知以及随之发生的行为和目的地的选择（王纯阳，2013）。在激烈的市场竞争中，充分了解旅游目的地在旅游者心目中的形象，是进行营销定位的前提，也是评价旅游形象优劣、旅游者感知形象与经营者宣传形象异同的重要手段。评估目的地形象感知特征和差异，可以为旅游开发者和经营者挖掘旅游目的地资源价值、确定合理的旅游目的地形象管理提供客观的认知，从而促进旅游业的可持续发展。“旅游目的地形象”（tourism destination image）最早由John Hunt于1971年首次提出，被认为是旅游者自身的主观概念，是个体对于非居住地所持有的印象，也有学者将其称为“旅游形象”（tourism image）或“目的地形象”（destination image）。虽然学者们从自己的角度提出了看法，但是对于这一概念的本质认识是一致的，“旅游目的地形象”研究旅游者的心理认知、情感及总体的印象，是旅游者对于目的地的全部认知和总体评价（Crompton，1979）。旅游目的地形象概念的内涵具有多维性，Grosspietsch于2006年提出了旅游目的地的感知形象和投射形象划分：“感知形象”（perceived image）是指旅游者对旅游目的地的所持有的心理认知，通常是从旅游需求者角度来研究旅游目的地的形象；“投射形象”（projected image）是指旅游形象供给方通过各种宣传手段传递给旅游者的目的地形象。其中，感知形象的内涵也极为丰富，Baloglu和McCleary于1999年提出的感知形象三维结构，在旅游目的地感知形象研究中得到了认可并广泛使用，包括“认知形象”（cognitive image）、“情感形象”（affective image）和“整体形象”（overall image）三个维度。

旅游目的地形象的研究方法可分为探索性的定性研究和实证性的定量研究两大类，不同性质的研究方法适用于不同的研究阶段和研究目的。对于旅游目的地形象特质与游客感知的探索来讲，质性研究方法是有效的，包括座谈会、深度访谈、专家访谈以及内容分析等多种形式。量化评价法适用于实证研究阶段，对于因果关系、解释性研究和预测性研究是更为合适的研究方法。量化研究方法又可分为量表法、因素分析法、聚类分析法、多变量分析等方法。随着互联网和信息技术的发展，网络为旅游者提供了自由表达对旅游地看法的渠道，游客在线上发布的游记、攻略、游后点评等内容较为真实地反映了旅游者对旅游目的地形象的看法。网络文本及其他数据逐渐成为研究旅游形象的重要数据来源，内容分析法也随之成为旅游形象探索性研究、甚至实证性研究的重要方法。Dilley（1986）最早利用内容分析方法对不同国家的旅游宣传册进行了内容分析，并将宣传册图像分为景观、文化、娱乐活动、服务四大类。近年基于网络文本的旅游形象质性研究成为热点研究问题，主要从景区景点、旅游线路或旅游街区、古镇及旅游城市三个层面进行旅游目的地地形象感知的研究。

第二节　醋文化旅游感知研究方法

一、醋文化游客感知调查方法

（一）问卷设计

基于醋文化游客感知维度框架，采用问卷调查法了解并分析醋文化游客感知维度分异特征。调查问卷包括游客感知测量和游客背景信息两个部分。第一部分为山西醋文化感知量表，依据醋文化游客感知维度研究框架，设计了6类共18个题项，以通过调查了解游客在旅游过程中对于山西醋文化的感知情况。其中，总体形象感知（X_1）的题项包括："一提到山西，就会想到醋"和"鲜明的醋文化特色"。产品维度感知（X_2）的题项包括："一提到醋，就会想到山西老陈醋""醋类产品种类丰富""老陈醋由粮食/杂粮发酵酿制很有吸引力"和"我会向亲友推荐山西老陈醋"。酿制技艺维度（X_3）的题项包括："老陈醋酿制技艺考究""老陈醋酿造历史悠久"和"传统手工酿制的老陈醋很有吸引力"。饮食维感知度（X_4）的题项包括："独特的醋味饮食文化""地方特色的醋味菜肴"和"山西人的食醋习惯令人印象深刻"。传统文化维度（X_5）的题项包括："具有醋文化特色的民俗节庆活动""与醋有关的名人典故、诗词作品"和"与醋有关的民间传说"。功效维度感知（X_6）的题项包括："独特的醋养身文化""老陈醋的养身功效令人印象深刻"和"老陈醋的美容功效令人印象深刻"。醋文化感知量表采用李克特量表进行评测，1~5分分别代表"完全不同意""不太同意""一般""同意"和"完全同意"。问卷第二部分内容包括了游客的背景信息和其本次旅游行为的相关信息，详见表4–1。

表4–1　受访者人群分布描述性统计

背景资料		频数	占比/%	背景资料		频数	占北/%
性别	男	81	42.4	客源地	非山西省	124	70.2
	女	110	57.6		河北省	29	15.2
年龄	15~24岁	15	7.9		北京市	21	11.0
	25~34岁	56	29.3		山东省	15	7.9
	35~44岁	75	39.3		上海市	10	5.2
	45~54岁	29	15.2		广东省	9	4.7
	55~64岁	12	6.3		河南省	8	4.2

续表

背景资料		频数	占比 /%	背景资料		频数	占比 /%
年龄	64 岁以上	4	2.1	客源地	江苏省	6	3.1
教育程度	初中及以下	18	9.4		内蒙古自治区	6	3.1
	高中或中专	45	23.6		浙江省	6	3.1
	本科或大专	121	63.4		其他省份	14	12.6
	研究生及以上	7	3.7		山西省	57	29.8
职业	公务员	4	2.1	游览经历	东湖醋园	83	43.5
	企事业单位管理人员	14	7.3		宝源老醋坊	25	13.1
	专业技术人员	19	9.9		镇江醋文化博物馆	10	5.2
	个体私营户	24	12.6		其他	24	12.6
	公司职员	46	24.1		没去过	49	25.7
	工人	19	9.9	山西醋文化特色	低于预期	17	8.9
	军人	1	0.5		和预期一致	102	53.4
	离退休人员	9	4.7		高于预期	72	37.7
	待业	4	2.1	使我更关注醋文化	1 分	3	1.6
	学生	11	5.8		2 分	9	4.7
	其他	40	20.9		3 分	31	16.2
					4 分	67	35.1
					5 分	81	42.4

（二）数据收集和样本描述性统计

数据收集分为预调研和正式调查两个阶段。2020 年 9 月底完成了预调研，分别在晋祠、平遥古城、东湖醋园景区对游客进行实地问卷调查，共收回问卷 30 份，将不易于理解的表述和对研究结果相关度低的题项进行删改，最终形成正式调查问卷。2020 年 10 月进行了正式的问卷调查，针对这一期间到访山西著名旅游景区的团队游游客推送网络调查问卷，共回收问卷 200 份，其中有效问卷 191 份，有效率为 95.5%。对调研样本进行描述性统计分析（表 4–1），有效样本的人口统计学特征为：从性别来看，样本结构的男女比例基本适宜，女性略多，占比为 57.6%。从年龄结构来看，35~44 岁人群占比最高，为 39.3%；其次，为 25~34 岁和 45~54 岁人群，占比分别为 29.3% 和 15.2%；25 岁以下和 55 岁以上的人群占比相对较小，均低于 10%。从受教育程度来看，本科或大专及以上学历的游客群体占比最高，为 67.1%。从职业分布来看，公司职员和私营户占比最高，其次是医生和教师等专业技术人员、工人、事业单位工作人员。从客源地分布来看，省外游客为绝大部分，占比为 70.2%。从醋文化主题景区的游览经历来看，游览过东湖醋园或宝源老醋坊的游客占比为 56.6%，游览过其他醋文化景点的游客占比为 18.3%。从此次山西旅游过程中感受到的醋文化特色评价来看，认为高于预期的游客群体占比为 37.7%，认为和预期一致的游客群体占比为 53.4%。

（三）信度和效度分析

信度是指问卷测量结果的可靠性，即采用同样的方法对同一对象重复测量时所得结果的一致性程度和稳定性，其目的是控制和减少随机误差。通常可以采用重测信度、复本信度、分半信度、克朗巴哈系数（Cronbach’s Alpha）等多种类型的信度系数进行样本数据的信度分析。本研究采用克朗巴哈系数测量调查问卷所得数据的信度情况。通常认为，在探索性研究中 Cronbach's Alpha 系数应在 0.6 以上，而在基准研究中系数应在 0.8 以上，被认为样本数据的可信度较高。对本研究的调查所得数据进行了信度分析，结果显示，18 项指标的总体 Cronbach's Alpha 系数为 0.967，6 个感知维度的 Cronbach's Alpha 系数最小值为 0.921（表 4–2），这说明本次调查数据的信度较高，可以进行进一步的量化分析。

表 4–2 样本的信度分析

	总体形象	产品维度	酿制技艺	饮食维度	传统文化	功效维度
Cronbach’s Alpha 值	0.941	0.921	0.924	0.924	0.950	0.927

表 4–3 KMO 和 Bartlett 检验

检验值		结果
KMO 值		0.942
Bartlett 球形度检验	近似卡方	3429.313
	df	153
	Sig.	0.000

效度是指问卷的有效性和正确性，即问卷能够反映所要测量特性的程度，常用

的效度指标有内容效度和结构效度。内容效度通常采用专家评价法和相关分析法测度，结构效度可以采用多种方法进行测度。其中，可以使用因子分析的共性方差与总变异之比作为结构标度的测度指标。本研究数据的因子分析结果（表 4–3）显示，KMO 值接近 1，Bartlett 球形检验结果 Sig.<0.05，说明样本数据结构效度较高。

二、醋文化游客感知维度体系构建

（一）熵权法确定权重

确定指标权重的过程是计算不同维度因子游客评价的重要环节。指标体系权重的确定方法可以分为主观赋值和客观计算两类方式，其中主观法是由评估者根据经验主观判断进行赋值的，例如可以采用专家调查法、层次分析法、多元分析法等进行赋值；客观法则是运用主成分分析、相关系数、信息熵等方法定量计算各指标的权重值。本研究采用信息熵的方法来确定各评价指标的权重，即熵权法。熵是热力学中表征物质状态的参数，是对体系混乱程度的度量。1948 年香农借用了热力学中熵的概念，提出信息是用来消除随机不确定性的东西，并提出了“信息熵”的概念，可以理解为系统随机无约束程度的变量。一个系统的无序程度越高，信息熵越大，有序程度越高，信息熵越小。熵权法的基本思路是根据指标变异性的大小来确定权重，若某个指标的信息熵越小，表明指标值的变异程度越大，提供的信息量越多，在综合评价中所能起到的作用越大，权重也就越大；反之若某个指标的信息熵越大，表明指标值的变异程度越小，提供的信息量也越少，在综合评价中所起到的作用越小，权重也就越小。采用熵权法进行权重的计算，根据各变量观测值本身所提供的信息，来确定各指标的权重系数。熵权法的权重计算步骤如下：

（1）采用 0–1 归一化法对各个指标原始数据进行标准化处理

$$r_{ij}=\frac{x_{ij}-\min x_j}{\max x_j-\min x_j}$$

（2）计算第 j 项指标下第 i 个样本占该项指标的比重

$$P_{ij}=r_{ij}/\sum_{i=1}^{n}r_{ij},\ (i=1,\ 2,\ \cdots,\ n;\ j=1,\ 2,\ \cdots,\ m)$$

（3）计算第 j 项指标的熵值

$$e_j=-\frac{1}{\ln n}\sum_{i=1}^{m}P_{ij}\ln P_{ij},\ (j=1,\ 2,\cdots,\ m),\ e_j\geq 0$$

（4）计算第 j 项指标的信息效用值

$$k_j = 1 - e_j,\ (j = 1,\ 2,\ \cdots,\ m)$$

（5）计算第 j 项指标的权重

$$w_j = k_j / \sum_{j=1}^{m} k_j,\ (j = 1,\ 2,\cdots,\ m)$$

（二）醋文化游客感知维度体系

按照前述熵权法求指标权重的相关步骤，依次对山西醋文化游客感知评价各指标以及指标层的权重进行计算，从而构建山西醋文化游客感知维度体系（表 4–4），该体系可用于醋文化游客感知维度评价与分析。其中，指标层权重的计算方法为：首先，运用熵权法计算 18 项指标的权重；然后，将各指标得分乘以权重得出每个样本在指标层（6 类感知维度因子）的得分，在此基础上进一步按照熵权法计算每类因子的权重。从指标层权重来看，6 个维度的权重排序由高到低依次为 X_5 传统文化感知 > X_6 功效维度感知 > X_1 总体形象感知 > X_2 产品维度感知 > X_3 酿制技艺感知 > X_4 饮食维度感知。其中，X_5 传统文化感知的权重为 0.279，显著高于其他指标层；X_6 功效维度感知的权重为 0.180，略高于其余 4 个指标层；剩余指标层的权重在数值上很接近，在 0.132~0.140 之间。从指标权重来看，考虑到每个指标层所含指标数量不等，包括了 2~4 项指标，因此将各指标权重绝对值换算为该指标层下的相对值。由此，可以直观看到每个指标层下，不同指标的权重相对大小。

表 4–4　山西醋文化游客感知维度体系

指标层	指标层权重	指标	指标含义	指标权重
X_1 总体形象	0.140	X_{11}	一提到山西，就会想到醋	0.487
		X_{12}	鲜明的醋文化特色	0.513
X_2 产品维度	0.136	X_{21}	一提到醋，就会想到山西老陈醋	0.168
		X_{22}	醋类产品种类丰富	0.297
		X_{23}	老陈醋由粮食 / 杂粮发酵酿制很有吸引力	0.294
		X_{24}	我会向亲友推荐山西老陈醋	0.241
X_3 酿制技艺	0.133	X_{31}	老陈醋酿制技艺考究	0.374
		X_{32}	老陈醋酿造历史悠久	0.330
		X_{33}	传统手工酿制的老陈醋很有吸引力	0.295

续表

指标层	指标层权重	指标	指标含义	指标权重
X_4 饮食维度	0.132	X_{41}	独特的醋味饮食文化	0.324
		X_{42}	地方特色的醋味菜肴	0.394
		X_{43}	山西人的食醋习惯令人印象深刻	0.282
X_5 传统文化	0.279	X_{51}	具有醋文化特色的民俗节庆活动	0.296
		X_{52}	与醋有关的名人典故、诗词作品	0.369
		X_{53}	与醋有关的民间传说	0.335
X_6 功效维度	0.180	X_{61}	独特的醋养身文化	0.288
		X_{62}	老陈醋的养身功效令人印象深刻	0.319
		X_{63}	老陈醋的美容功效令人印象深刻	0.393

三、醋文化旅游景点感知形象研究方法

（一）数据收集

位于山西省太原市的东湖醋园以及位于江苏省镇江市的中国醋文化博物馆是国内知名度最高、游客数量最多的两个醋文化旅游景点。本研究以这两个景点的游客线上点评为数据来源，比较研究醋文化旅游景点的游客评价情况。首先，在携程旅行网、去哪儿网、马蜂窝、驴妈妈、同程旅游等国内主要旅游网站检索“东湖醋园”和“中国醋文化博物馆”，比较不同网站这两处景点的游客点评内容相关性和点评数量，最终选择了携程旅行网作为网络游客点评文本数据的来源。然后，从携程网检索两处醋文化旅游景点的游客点评，下载后对游客点评内容进行进一步筛选。筛选原则如下：①点评内容的实效性筛选：选取时间设定为 2015 年 1 月至 2020 年 7 月。②点评内容的相关性筛选：保留以目标景点评价对象，并且评价内容具体的文本。③点评内容的有效性筛选：将重复性高或对从其他发布内容复制粘贴的点评内容予以剔除。最终，从携程旅游网的游客点评内容中，选取了 320 条东湖醋园游客点评、699 条中国醋文化博物馆游客点评，作为内容分析的数据资料。

（二）内容分析法

内容分析法是一种将不系统的、定性的符号内容，例如文字、图像等，转化为系统的、定量的数据资料的研究方法（付业勤，2012）。美国传播学家伯纳德·贝雷尔森（Bernard Berelson）首先将其定义为一种客观地、系统地、定量地描述交

流内容的研究方法，其原理是对文本内容所含信息量及其变化进行分析，从而对文本内容进行可再现的、有效的推断（邱均平，2004）。随着计算机技术的引入，计算机辅助内容分析法将各种定性和定量的内容分析方法有效地结合起来，内容分析法已经被广泛运用到新闻传播、图书情报、政治军事、社会学、心理学等社会科学的不同研究领域。随着信息时代的到来，内容分析法在网络信息、大数据的处理和分析方面成为了一个新热点，针对网络文本内容的分析是内容分析法的一个范式。在旅游研究领域，网络游记、评论等信息在内容上具有生动、真实、丰富等独特优势，对网络文本内容进行分析和挖掘在旅游研究中逐渐成为重要的数据来源和分析方法。国内外研究者开发了多款可以进行内容分析的相关软件，其中，ROST CM 6.0 软件是武汉大学沈阳教授团队研发编码的内容分析软件。该软件可以实现对文本资料进行词频分析、社会网络和语义网络分析、流量分析、情感分析等，也可以对各类网络信息和数据进行相关内容的统计分析，例如全网分析、微博分析、期刊分析等。

本研究使用 ROST CM6.0 软件，对旅游网站相关景点的游客点评内容进行分析处理，首先提取了高频词、情感语义词，然后进一步做了语义网络分析、词云分析，在此基础上探索游客对醋文化旅游景点进行评价的维度和实际感知差异。同时，为了保证文本内容定量统计的科学性，在使用 ROST CM 软件分析文本内容之前，首先对游客点评文本进行了以下预处理：

（1）分别将不同景点的所有游客点评的文字部分复制粘贴到 Word 文档中，保存为“东湖醋园”“恒顺醋博馆”2 个文件，然后分别阅读具体的游客点评内容，为词汇定义、词汇替换、词汇筛选等步骤做先期准备。

（2）将文档中词义相近的词汇替换为统一的词汇，比如“酿造”“酿制”统一为“酿制”，“车间”“厂房”“晾晒房”“熏蒸房”统一为“车间”，“孩子”“小孩”“小朋友”“小孩子”统一为“小孩”，“知识”“见识”统一为“知识”，“醋味”“酸味”“气味”统一为“酸味”，“送醋”“赠品”“送一小瓶”统一为“赠品”，“5 年陈酿”“8 年陈酿”“10 年陈酿”“不同年份”统一为“不同年份”，“游人”“游客”“人”统一为“游客”，“导游”“讲解员”统一为“讲解员”等。

（3）将两个 Word 文档另存为 .txt 纯文本文件，然后尝试使用 ROST CM 软件进行分词。针对一些专有名词被割裂的情况，修改了自定义词表。将“东湖醋园”“醋文化博物馆”“老陈醋”“香醋”“美和居”“不同年份”“老醋冰激凌”“旅游团”“工厂化”等景点名称、产品名称特征的词语添加到自定义词表中，以保证内容分析的有效性和完整性。

（4）使用过滤表功能，过滤那些与主题无关的、无明显指代意义的或者指代意义广泛的词汇，例如“我”“是”“已经”等。

在文本内容预处理完成后，运用 ROST CM6.0 软件分别对东湖醋园和中国醋文化博物馆的游客点评文本提取高频词、构建语义网络、进行情感分析，并且对词频文件构建词云图进行文本的可视化分析。

第三节　山西省醋文化旅游的游客感知维度分异

在山西醋文化内涵框架的基础上，首先构建了游客感知体系，然后基于游客问卷调查测度游客感知维度及分异特征，并对不同感知维度的影响进行了探索性分析。从而了解山西醋文化的游客感知现状，有助于对比分析游客感知体系与山西醋文化内涵的差异。

一、游客感知指标得分

为了初步了解游客对于各项指标的感知度评价情况，采用 SPSS20 软件对问卷调查所得量表数据进行统计分析，制成醋文化游客感知指标均值图（图 4–2）。统计结果表明，这 18 项指标的游客感知度得分最大值为 4.54，最小值为 3.67，均值为

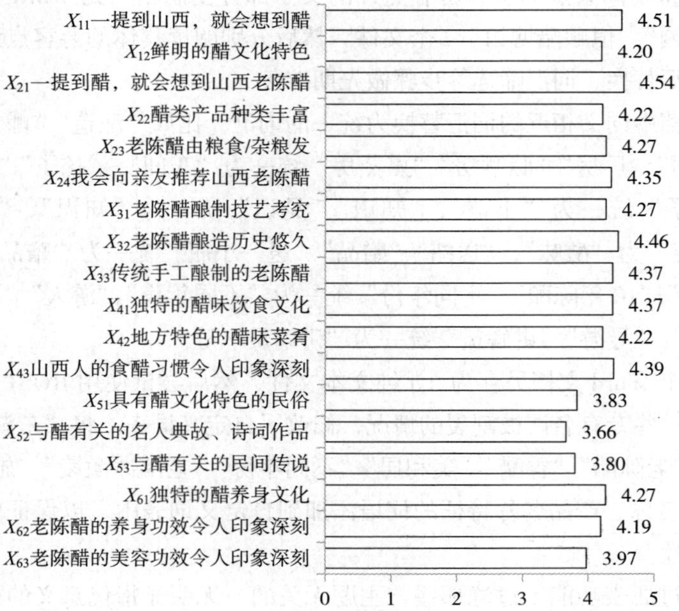

图 4–2　山西醋文化游客感知各项指标得分均值（5 分制）

4.22。根据每项指标的均值与总体均值的差值大小，进一步将醋文化指标游客感知度分为四个等级：感知程度高、感知程度较高、感知程度一般和感知程度低的指标。具体来看：

（1）感知程度高的指标有三项，包括：X_{21}“一提到醋，就会想到山西老陈醋”，其均值为 4.54；X_{11}“一提到山西，就会想到醋”，其均值为 4.51；X_{32}“老陈醋酿造历史悠久”，其均值为 4.46。在所有醋文化游客感知具体指标项中，这三项指标是游客认同程度最高的指标，这说明山西与醋、老陈醋的关联在游客的印象中是相当深刻的，而且老陈醋酿造历史悠久的特征也具有相当高的认知度。这代表了山西醋文化游客感知的最突出的形象特征。

（2）感知程度较高的指标有四项，包括：X_{43}“山西人的食醋习惯令人印象深刻”，其均值为 4.39；X_{41}“独特的醋味饮食文化”，其均值为 4.37；X_{33}“传统手工酿制的老陈醋很有吸引力”，其均值为 4.37；X_{24}“我会向亲友推荐山西老陈醋”，其均值为 4.35。可见，感知度排在第二位序的指标是有关山西人吃醋以及老陈醋产品品质的相关指标。

（3）感知程度一般的指标有六项，与总体形象、产品、酿制技艺、饮食、功效这五个维度有关的指标均有涉及。其中，X_{23}“老陈醋由粮食 / 杂粮发酵酿制很有吸引力”，X_{31}“老陈醋酿制技艺考究”，X_{61}“独特的醋养身文化”，三项指标的均值都是 4.27，略高于所有指标得分的平均值；X_{22}“醋类产品种类丰富”，X_{42}“地方特色的醋味菜肴”和 X_{12}“鲜明的醋文化特色”这三项指标的均值等于或接近总体平均得分；X_{62}“老陈醋的养身功效令人印象深刻”，其均值为 4.19，略低于总体平均得分。

（4）感知程度低的指标集中于传统文化维度的指标以及美容功效指标，具体得分情况为：X_{51}“具有醋文化特色的民俗节庆活动”，其均值为 3.83；X_{52}“与醋有关的名人典故、诗词作品”，其均值为 3.66；X_{53}“与醋有关的民间传说”，其均值为 3.80；X_{63}“老陈醋的美容功效令人印象深刻”，其均值为 3.97。

综合所有指标的感知度得分情况，结果显示总体上山西与醋在游客感知体系中具有很高的关联性，山西老陈醋悠久的酿制历史以及考究的酿制技艺、老陈醋产品的高品质特征，以及山西人爱吃醋的感知强度也比较高。但是，有关酿醋、食醋等的民俗节庆等传统文化活动和氛围的感知以及老陈醋养身、美容等功效的感知度则不够高。

二、游客感知维度及人群差异

基于 SPSS20 软件，使用游客调查所得感知指标的原始数据，采用加权平均的方法计算 6 个感知维度的得分情况；在此基础上，对山西醋文化特色与预期比较不同的人群、不同性别和年龄的人群、不同感知刺激和感知距离的人群与 6 个感知维度得分进一步做了交叉分析，从而分析山西醋文化感知维度得分情况及人群差异，具体结果见图 4-3。

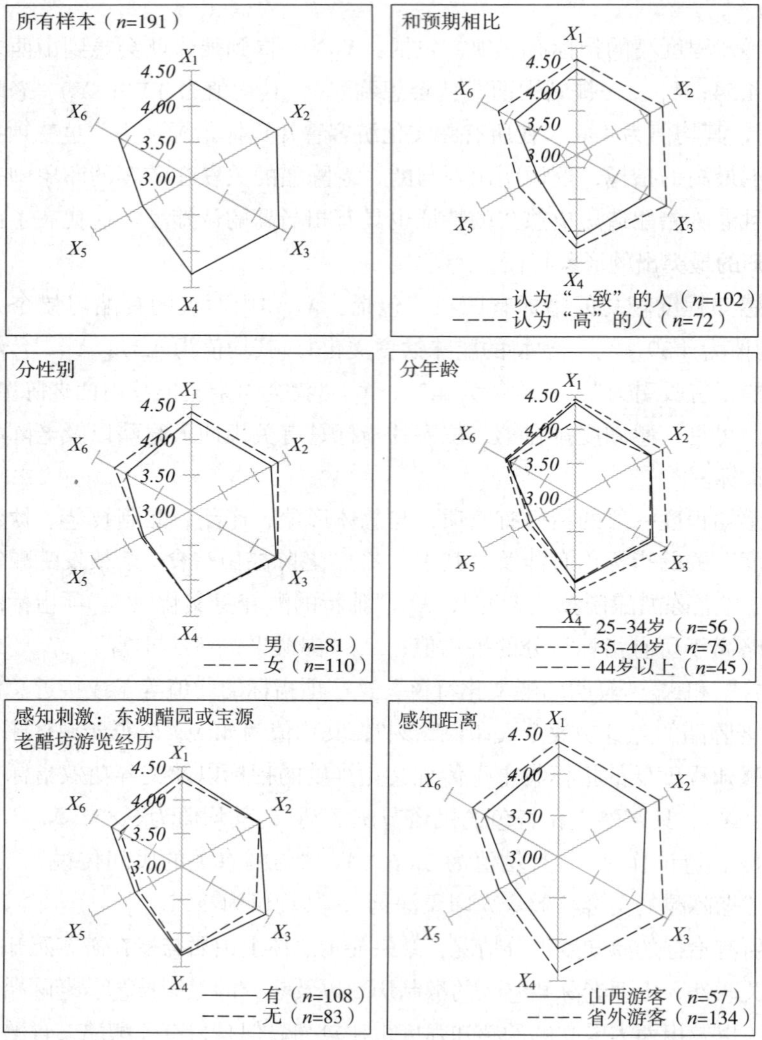

图 4-3　山西醋文化游客感知维度及人群差异

X_1—总体形象感知；X_2—产品维度感知；

X_3—酿制技艺感知；X_4—饮食维度感知；

X_5—传统文化感知；X_6—功效维度感知

（一）感知维度得分

计算结果表明，6 类感知维度得分可以分为四个级别，分值由高到低排序依次是：最高为 X_3 和 X_1，其次是 X_2 和 X_4，之后是 X_6，排在最后的是 X_5。这与具体感知指标反映的特征是一致的。酿制技艺感知 X_3 均值为 4.36，X_1 总体形象感知均值为 4.35，这是山西醋文化游客感知体系中令人印象最为深刻的两个特征。产品维度感知 X_2 和饮食维度感知 X_4 均值都等于 4.32，山西老陈醋产品品质以及山西人吃醋的特征在游客印象中也产生了较为深刻的感知。但是，功效维度感知 X_6 均值为 4.13，得分明显低于前面这几个感知维度，这说明养身等功效特征在旅游产品开发、旅游宣传中有待加强。最后，传统文化感知 X_5 均值仅为 3.76，在 6 类游客感知维度中排在最后，是感知程度得分最低的一项。

对比分析不同旅游体验的人群差异，结果表明：认为此次旅游中感受到的醋文化特色高于预期的游客在各项感知维度的评价都高于那些认为此次旅游体验与预期一致的游客群体。其中，两类人群在传统文化感知 X_5、酿制技艺感知 X_3 和功效维度感知 X_6 这三项感知维度上的差异更为明显，有关酿醋、制醋的传统文化感知，以及老陈醋酿制技艺、功效的感知，与游客的醋文化体验差异的关系更为紧密。

（二）人群差异

1. 社会学统计特征的影响

从游客群体的性别差异来看，男性游客和女性游客对于这 6 类感知维度的评价较为接近，仅仅在功效维度感知 X_6 上存在较为明显的差异，男性游客的平均得分为 4.03，女性游客感知度高于男性游客，其平均得分为 4.20。除此以外，女性游客在总体形象感知 X_1 和产品维度感知 X_2 这两个维度的评价略高于男性游客。

从游客群体的年龄差异来看，总的来说，35~44 岁游客群体在这 6 个不同感知维度上的评分均高于其他年龄的游客群体。其中，总体形象感知 X_1、产品维度感知 X_2 和酿制技艺感知 X_3 这三个维度评分的年龄差异高于其他维度。此外，44 岁以上游客群体对于 X_1 的感知度低于其他年龄的游客群体，而 35~44 岁游客群体对于 X_2 和 X_3 两个维度的感知高于其他年龄的游客群体。由此可见，45 岁以下游客群体对于山西醋文化的总体感知强度更高，其中 35~44 岁群体对于山西醋文化感知的认知更为深刻，他们对于老陈醋产品以及酿制技艺的感知度是高于其他年龄群体游客的。

2. 感知刺激的影响

东湖醋园和宝源老醋坊这两个 4A 级旅游景区是山西省规模最大、接待游客数量最多的醋文化主题景区，因此以这两处景区的旅游经历作为游客感知的刺激因素，对比分析有无感知刺激的两类人群在感知维度评价上的差异，以此分析感知刺激的影响情况。结果表明，感知刺激的影响仅表现在少数几项感知维度上。具体来看，有感知刺激的游客群体的感知维度得分略高于无感知刺激的游客群体，其差异主要体现在功效维度感知 X_6、酿制技艺感知 X_3 和总体形象感知 X_1 这三项感知维度上。

一方面，说明这两处景区在宣传山西老陈醋酿制技艺以及产品特色方面发挥了重要的窗口作用，游览醋文化主题景区对于深入认知山西醋文化内涵、加强醋文化游客感知强度具有积极作用。另一方面，这也表明山西省的醋文化特色较为浓郁，游客普遍将山西与醋联系在一起。

3. 感知距离的影响

将受访者按照来源分为省内游客和省外游客两类，依次代表不同的感知距离，并且据此分析感知距离对于醋文化游客感知度的影响。结果表明，感知距离与感知强度具有正向相关的关系，省外游客在 6 类感知维度上的评分均高于省内游客。此外，不同感知距离游客的感知程度差异尤其体现在酿制技艺感知 X_3 和饮食维度感知 X_4 这两个维度上，这是目前区分度最大的两类特征，可以用于进一步探索山西旅游的醋文化深入挖掘与宣传途径。

三、游客感知总体与分维度相关性

进一步采用 SPSS 20 软件，对醋文化游客感知维度、总体形象感知、游客醋文化关注度变化、游客醋文化特色体验与游客的预期比较进行相关性分析，从而定量确定不同感知维度与总体感知的相关程度差异，以及不同感知维度与游客行为或态度的相关度。表 4–5 结果表明：

表 4–5　感知总体与分维度相关性分析结果

Pearson 相关系数	X_1 总体形象感知	关注度变化	与预期比较
X_1 总体形象感知	1	0.560①	0.270①
X_2 产品维度感知	0.743①	0.752①	0.299①
X_3 酿制技艺感知	0.750①	0.720①	0.294①
X_4 饮食维度感知	0.744①	0.726①	0.238①
X_5 传统文化感知	0.480①	0.648①	0.254①
X_6 功效维度感知	0.668①	0.765①	0.330①

① 表示在 0.01 水平（双侧）上显著相关。

（1）总体形象感知与另外 5 个感知维度均具有显著的正相关性，Pearson 相关系数由高到低排序分别为 X_3 酿制技艺感知（0.743）、X_4 饮食维度感知（0.750）、X_2 产品维度感知（0.744）、X_6 功效维度感知（0.480）、X_5 传统文化感知（0.668）。可见，目前山西醋文化游客感知与产品、酿制技艺、饮食均有更高的相关性，与传统文化的相关性程度则较低。

（2）游客感知与其游客态度具有较高的相关性。游客自称开始关注或更加关注醋文化的情况与6项感知维度的得分情况具有显著的正向相关关系，Pearson相关系数由高到低的排序为：X_6功效维度感知最高，其次是X_2产品维度感知，然后是X_3酿制技艺感知和X_4饮食维度感知，最后是X_5传统文化感知、X_1总体形象感知。其中，与产品相关的功效和本身品质的感知两项的相关系数位居首位，Pearson相关系数分别为0.765和0.752；传统文化感知与关注度变化的相关系数值也达到了0.648。可见，游客感知得分较低的感知维度只是说明目前宣传到达游客后的认知度，这并不代表这方面的醋文化内涵在醋文化旅游中的作用就不重要，在被游客感知认知后，这些低得分的感知维度可能是会影响到游客的态度甚至行为的。

（3）醋文化特色体验与预期比较的得分与分维度感知得分也呈显著的正相关性，但是Pearson相关系数值不高，分值分布在0.238~0.330之间。这可能和数据类型有关，“与预期比较”这个题目的选项为类别变量，而非李克特量表式的5分制。从Pearson相关系数的排序来看，仍是X_6功效维度感知排在第一位，其后是X_2产品维度感知和X_3酿制技艺感知；X_4饮食维度感知的相关系数值最低。可见，目前山西醋文化特色与游客对于产品相关因素的感知关系更为密切，包括功效、品质、酿制技艺等。未来山西醋文化特色在旅游发展中，一方面可以继续加强产品相关因素的宣传，另一方面也应该进行醋文化内涵的深度挖掘与旅游开发。

四、游客感知维度IPA分析

（一）IPA分析方法

IPA分析的全称是重要性－绩效表现分析（Importance–Performance Analysis），这是由Martilla和James于1977年提出的分析方法。该分析的基本思想是，顾客对产品或服务的满意感源自其对该产品或服务各个具体属性的重视程度以及各属性绩效表现程度的评价。IPA分析法将研究对象各属性的重要性与表现性得分置于二维坐标系中，以所有属性特征重要性与表现性的平均值作为交叉点构建出四个象限，用以分析顾客期望与实际感知的匹配情况，对应的属性特征类型分别为供给过渡区、继续保持区、优先顺序较低区、重点改善区。

对象属性的重要性和表现性得分匹配情况涵义如下：①如果评价指标的重要性与表现性均高于均值，说明该项属性处于发展良好阶段，需在原有发展基础上继续保持其优势地位；这一类属性处在供给过渡区，对应于图4–4的第一象限。②如果评价指标的表现性高于均值、同时重要性低于均值，说明顾客对该项属性表现的满意度高、但是他们认为该项属性并不是那么重要，因此属于不需要过多在意、但应继续保持的属性；这一类属性处于继续保持区，对应于图 4–4 的第二象限。③ 如果评价指标的重要性和表现性均低于平均值，说明该项属性的改善难度较大，可以暂时不做重点改进考虑；这一类属性属于优先顺序较低区，对应于图 4–4 的第三象限。④ 如果评价指标的重要性高于平均值、同时表现性低于平均值，说明该项重要的属性未满足顾客的要求，因此属于亟需改进的方面；这一类属性处于重点改善区，对应于图 4–4 的第四象限。

IPA 分析方法简单实用，其分析结果的表现形式直观明了，有助于理解顾客满意度并明确服务质量应优先改进的领域。自 20 世纪 90 年代开始，该分析方法被广泛地运用到不同行业，在旅游研究领域 IPA 分析被应用到旅游目的地形象、游客及酒店顾客的满意度、服务质量、会展行业等研究中（高颖，2018）。

（二）IPA 分析结果

为了明确各项游客感知维度在未来醋文化旅游发展中的改进模式，进一步使用重要性 – 绩效表现分析方法对 6 项游客感知维度进行分类。重要性（*I*）和表现性（*P*）这两项指标数据选取方法如下：表现性（*P*）指标选取以加权平均法计算所得感知维度的游客评价得分为准。IPA 分析法重要性（*I*）指标数值多采用评价指标权重系数、评价指标与总体满意度的相关系数等方法进行计算，或者直接由问卷调查获得受访者的主观意见。本研究以熵权法计算所得指标权重作为重要性（*I*）指标数值（表 4–4）。根据 6 项游客感知维度的重要性（*I*）和表现性（*P*）制作 IPA 分析结果的散点图（图 4–4），其中，6 项游客感知维度的重要性（*I*）均值为 0.167，表现性（*P*）均值为 4.27，以此划分出供给过渡区、继续保持区、优先顺序较低区、重

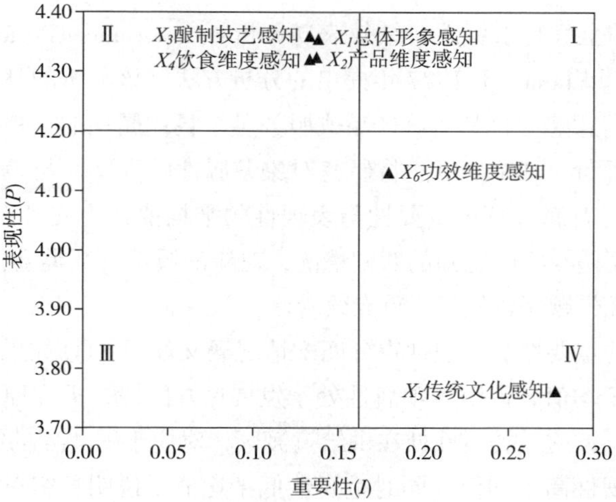

图 4–4　山西醋文化游客感知维度 IPA 分析

点改善区四个不同的象限。

图 4–4 结果为山西醋文化游客感知体系中的 6 个维度在 IPA 矩阵中的分布情况。分析结果表明，共有 4 个游客感知维度位于第二象限，3 个游客感知维度位于第四象限。其中，位于第二象限的维度包括 X_1 总体形象感知、X_2 产品维度感知、X_3 酿制技艺感知和 X_4 饮食维度感知；这四个感知维度的表现性分值高，但是其重要性低，属于继续保持的感知维度。X_5 传统文化感知和 X_6 功效维度感知这两项位于第四象限，其重要性较高、但是表现性分值较低，特别是 X_5 这个维度；这两类游客感知落在了重点改善区，被识别为在山西醋文化旅游发展中需要重点改善的方面。

综上所述，山西醋文化游客感知维度全部落在了第二象限或者第四象限这两个区域。第二象限代表游客对于该项维度的实际感知高、但是期望较低；第四象限则刚好相反，意味着游客对于某项维度的期望较高、但是实际感知较低。由此可见，在山西醋文化特色的旅游体验上，游客的期望与实际感知情况存在偏差，特别是游客期望高的那些维度并未得到满足，实际感知与预期存在较大的落差。因此，需要提升对于醋产品的功效、醋相关的传统文化的关注度，以提高游客的实际感知度，从而最终提高山西醋文化旅游的游客体验和满意度。

五、山西省醋文化旅游的游客感知维度分异

基于“影响因素—感知体系—感知影响”这一醋文化游客感知的研究框架，采用问卷调查法收集游客感知数据，综合使用熵权法、相关分析、交叉分析、重要性 – 绩效表现分析等数据分析方法，对山西醋文化的游客感知维度及分异特征进行了初步的探索性研究，结果发现以下游客感知维度分异特征。

（1）首先，构建一个由 6 个感知维度和 18 项感知指标组成的山西醋文化游客感知体系；然后，基于问卷调查数据并采用熵权法计算各项指标及维度的权重，以此表示不同感知维度在游客感知体系中的重要性。结果显示，6 个感知维度的权重值由高到低依次为：X_5 传统文化感知 > X_6 功效维度感知 > X_1 总体形象感知 > X_2 产品维度感知 > X_3 酿制技艺感知 > X_4 饮食维度感知。其中，X_5 传统文化感知维度的权重值（0.279）明显高于其他 5 个感知维度；X_6 功效维度感知的权重值（0.180）略高于剩余 4 个感知维度；而后 4 个维度的权重值则很接近。由此可知，与醋有关的传统文化感知和醋产品功效这两个维度在游客感知评价体系中发挥的重要性高于其他感知维度的重要性。

（2）基于 18 项感知指标的游客调查数据，采用熵权系数加权平均计算出 6 个感知维度的游客评价得分均值，以此表示不同感知维度的绩效表现。结果显示，不同感知维度的均值由高到低依次为：X_3 酿制技艺感知 >X_1 总体形象感知 >X_2 产品维度感知 =X_4 饮食维度感知 >X_6 功效维度感知 > X_5 传统文化感知。其中，X_3 酿制技艺感知（4.36）和 X_1

总体形象感知（4.35）是山西醋文化游客感知体系中令人印象最为深刻的两个特征；X_2 产品维度感知（4.32）和 X_4 饮食维度感知（4.32）这两个维度则反映了山西老陈醋产品品质以及山西人吃醋的特征，在游客印象中也留下了较为深刻的感知；但是，X_6 功效维度感知（4.13）、X_5 传统文化感知（3.76）得分明显低于其他维度。由此可知，在游客感知体系中"山西"与"醋"二者之间的关联性很高，山西老陈醋以悠久的酿造历史、考究的酿制技艺、高品质的老陈醋产品给游客留下了强烈的感知，同时，山西人爱吃醋也具有较强的游客感知度。但是，有关酿醋、食醋的民俗节庆等传统文化活动和氛围，以及老陈醋养身、美容等功效的游客感知程度则是不高的。

（3）以上研究结果表明，6 个感知维度的重要性和绩效表现特征具有明显的差异。因此，进一步采用 IPA 分析方法将这 6 个感知维度的重要性和绩效表现组合进行分类，从而明确不同感知维度在未来旅游发展中的定位策略。结果表明，在山西醋文化特色的旅游体验上，游客的期望与实际感知情况存在偏差，特别是游客期望高的那些维度并未得到满足，实际感知与预期存在着较大的落差。其中，X_1 总体形象感知、X_2 产品维度感知、X_3 酿制技艺感知和 X_4 饮食维度感知这四个维度的表现性分值高，重要性分值低，处于继续保持区；而 X_5 传统文化感知和 X_6 功效维度感知这两个维度的重要性分值较高、而表现性分值较低，处于重点改善区。

（4）然后，以个人因素、感知距离、感知刺激这三类因素进一步分析了游客感知的分异特征，结果表明这三类因素对山西醋文化的游客感知分异均有关联，不同因素的影响体现在不同的感知维度上。具体来看：① 不同性别的游客群体感知差异主要体现在 X_6 功效维度感知上，女性游客感知度（4.20）高于男性游客（4.03）。不同年龄段的游客群体感知差异则集中体现在 X_1 总体形象感知、X_2 产品维度感知和 X_3 酿制技艺感知上，45 岁以下游客群体对于山西醋文化的总体感知强度更强，其中 35~44 岁游客群体对于山西醋文化认知更为深刻，他们对老陈醋产品和酿制技艺的感知度高于其他年龄段。② 将东湖醋园或宝源老醋坊的游览经历作为感知刺激，其影响主要体现在 X_6 功效维度感知、X_3 酿制技艺感知和 X_1 总体形象感知这三项感知维度上。这也表明游览醋文化旅游景区对于宣传山西醋文化特色、加深游客醋文化的感知度具有积极作用。③ 对比分析省内、省外游客的感知差异，结果表明感知距离与游客感知强度正向相关。省外游客在全部 6 个感知维度上的评分均高于省内游客，其中 X_3 酿制技艺感知和 X_4 饮食维度感知这两个维度上差异最大。这两类感知可用于进一步探索山西旅游的醋文化深入挖掘与宣传途径。

（5）最后，将醋文化游客感知各维度分别与总体形象感知维度、游客对醋文化的关注度、游客的醋文化体验与预期比较情况进行了相关性分析，以此反映游客感知对其态度及行为的影响。结果表明：① 总体形象感知与产品、酿制技艺、饮食维度的感知具有更高的相关性，与传统文化感知的相关性较低。② 游客感知与态度具有较高的相关性，游客对醋文化的关注度与 X_6 功效维度感知的相关系数最高，其次是 X_2 产品维度感知，Pearson 相关系数分别为 0.765 和 0.752；传统文化感知与关注度变化的相关系数值也达到了 0.648。但是，相关系数较低的维度也值得重视，随着游客感知的提高也会影响到游客的态度甚至行为的。③“醋文化体验与预期比较”代表了游客的旅游体验满意度，结果表明旅游体验满意度与分维度感知呈显著的正相关性，其中 X_6 功效维度感知的相关系数位列第一，排在其后的分别是 X_2 产品维度感知和 X_3 酿制技艺感知。可见，目前山西醋文化特色与游客对于产品相关因素的感知关系更为密切，包括功效、品质、酿制技艺等。

针对以上游客感知研究所得结论，对山西醋文化旅游发展提出以下两方面的建议：

一方面，可以继续深化“继续保持区”的感知维度，从而不断提升游客醋文化旅游体验的满意度水平。山西省以老陈醋闻名，山西省的醋文化特色已根植于游客内心。“山西”与“醋”的高联系度，既可以成为山西醋文化特色旅游、甚至山西省旅游可以直接使用的鲜明地方文化形象，助力山西省旅游经济的发展，也可能成为游客对山西的刻板印象，这取决于游客在山西旅游过程中的醋文化特色体验。因此，构建整体－企业多层面、立体醋文化形象宣传体系，借助“互联网＋”发展潮流拓宽宣传渠道和方式，并着重从产品品质、旅游服务水平等方面细化游客的旅游体验，提升游客醋文化体验的满意度水平，才能真正把醋文化特色提升为旅游发展优势。在总体形象感知、产品维度感知、酿制技艺感知和饮食维度感知这四个维度的游客感知水平较高的基础上，未来应注重其旅游宣传、旅游体验、旅游服务等方面的细化与提升。

另一方面，可以深入开发“重点改善区”的感知维度，从而拓展游客醋文化认知层次。虽然功效维度与传统文化维度的游客感知水平较低，但是对于整个游客感知体系的重要性较高，特别是外省游客、特定年龄群游客具有相当高的吸引力。因此，重视并提升这两个维度的游客感知是近期醋文化游客感知提升的重点。其一，应该重视醋产品研发与创新，以及醋文化与旅游开发研究；其二，应该注重将研究成果及时转化为旅游宣传、醋及文创产品，加深游客对于山西醋文化内涵的认知层次，并及时转化为经济效益，进而促进醋文化传承与保护以及旅游经济发展。

第四节　山西省醋文化旅游景点感知形象

醋文化主题博物馆是目前醋文化旅游的主要形式之一，在醋文化宣传与旅游产业发展中起了重要的作用。东湖醋园和中国醋文化博物馆是国内知名度最大、影响力最大的两个醋文化主题博物馆，分别为山西老陈醋集团有限公司和江苏省镇江市恒顺醋业成立的工业旅游景点。醋文化主题博物馆形象感知是醋文化旅游发展评价的重要内容，有助于全面了解并评估山西省醋文化旅游发展情况。本节内容以线上游客点评文本为研究数据，采用文本分析方法，研究了东湖醋园和中国醋文化博物馆两个景点的形象感知异同，在此基础上进一步概括了醋文化主题博物馆旅游的感知维度。

一、总体形象特征

词频在一定程度上反映了游客对此事物的印象深刻度，也就是说频数越高的词语给游客留下的印象越深刻；反之，频数低的词语说明游客对其认知较少。词语的频数是 ROST CM 软件进行内容统计的关键，根据高频词统计结果，可以反映该景点游客感知较为深刻的印象；通过比较不同景点游客点评的高频词统计结果，也可以反映景点游客感知的差异点。采用 ROST CM 6.0 软件分别进行了两个景点的词频分析，选择了排名前 80 的高频词汇进行比较分析，结果见表 4–6 和表 4–7。

表 4–6　东湖醋园游客评价高频词统计

词条	词频	分数	词条	词频	分数	词条	词频	分数	词条	词频	分数
老陈醋	140	100%	体验	31	22%	游客	14	10%	方便	8	6%
山西	96	69%	赠品	30	21%	小瓶	14	10%	好吃	8	6%
参观	95	68%	太原	29	21%	感受	14	10%	现场	8	6%
免费	74	53%	手工	26	19%	特产	13	9%	热情	8	6%
讲解	68	49%	东湖	25	18%	传统	12	9%	时间	8	6%
门票	62	44%	醋厂	25	18%	企业	12	9%	陈醋	8	6%
品尝	61	44%	过程	23	16%	服务	11	8%	旅游团	8	6%
东湖醋园	58	41%	孩子	23	16%	位于	11	8%	感冒	7	5%
值得	57	41%	制作	23	16%	景色	11	8%	工厂化	7	5%
酿制	53	38%	酸味	22	16%	进去	11	8%	位置	7	5%
流程	53	38%	味道	22	16%	美和居	10	7%	年老	7	5%
文化	46	33%	特色	19	14%	人员	10	7%	购物	7	5%
醋文化	45	32%	不同年份	19	14%	各种	10	7%	学习	7	5%
讲解员	45	32%	购买	18	13%	有意思	9	6%	生产	7	5%
历史	42	30%	展示	17	12%	现代	9	6%	适合	7	5%

续表

词条	词频	分数	词条	词频	分数	词条	词频	分数	词条	词频	分数
车间	41	29%	景区	16	11%	交通	9	6%	集团	6	4%
知识	38	27%	老醋冰激凌	15	11%	进门	9	6%	环节	6	4%
景点	37	26%	东湖醋	15	11%	朋友	8	6%	器具	6	4%
地方	36	26%	博物馆	15	11%	发酵	8	6%	详细	6	4%
工艺	32	23%	旅游	15	11%	不大	8	6%	作坊	6	4%

表 4-7　中国醋文化博物馆游客评价高频词统计

词条	词频	分数	词条	词频	分数	词条	词频	分数	词条	词频	分数
镇江	199	100%	醋文化博物馆	58	29%	感受	24	12%	购买	15	8%
博物馆	144	72%	中国	53	27%	流程	22	11%	各种	15	8%
值得	139	70%	工艺	48	24%	有意思	22	11%	第一次	14	7%
孩子	137	69%	品尝	46	23%	总体	22	11%	位置	14	7%
讲解	134	67%	景点	45	23%	好玩	22	11%	厂区	14	7%
知识	132	66%	方便	40	20%	详细	21	11%	工厂	13	7%
醋文化	126	63%	学习	37	19%	超市	20	10%	打车	13	7%
恒顺	120	60%	适合	35	18%	旅游	20	10%	饮料	13	7%
酿制	114	57%	游客	33	17%	便宜	19	10%	品种	13	7%
参观	105	53%	小时	32	16%	企业	19	10%	不大	13	7%
历史	95	48%	市区	31	16%	交通	19	10%	山西	13	7%
讲解员	90	45%	作坊	30	15%	时间	19	10%	现场	13	7%
体验	83	42%	醋厂	30	15%	人员	18	9%	展馆	12	6%
地方	77	39%	展示	28	14%	特色	18	9%	一元	12	6%
香醋	70	35%	现代	27	14%	过去	18	9%	公交	12	6%
门票	69	35%	整个	27	14%	门口	18	9%	陈醋	12	6%
过程	68	34%	发展	27	14%	不多	16	8%	解说	12	6%
文化	62	31%	酿造	25	13%	全程	15	8%	集团	12	6%
手工	62	31%	有趣	25	13%	有名	15	8%	优惠	12	6%
免费	60	30%	味道	24	12%	好喝	15	8%	苹果醋	11	6%

从高频词的词性来看，名词、动词、形容词均有出现；东湖醋园与中国醋文化博物馆两个景点游客点评高频词的词性比例接近，三类词性数量占比为 6∶2∶2 左右。其中，名词的数量最多，内容以地名、景区名、景点展示内容、产品、服务、交通为主；动词的内容以游客体验行为为主，也有景区展示的内容；形容词的内容则反映了游客的态度和评价。

在游记或点评中被多次提到的词语，通常是游客印象深刻、对目的地形象感知中较突出的部分（徐洪，2017）。按照表 4–6 和表 4–7 的词频排序，根据提及度将词条分为四段，其中排序在 1~10 之间的词语为高词频词语、排序在 11~20 之间的词语为较高词频词语、排序在 41~60 之间的词语为中词频词语、排序在 61~80 之间的词语为低词频词语。进而根据四段提及度内的词语差异，进一步分析东湖醋园与中国醋文化博物馆景区的游客感知特征。

（1）将东湖醋园游客评价高频词按照词频排序分为四段后，可以发现：地名和景区名、旅游体验、成本感知的印象是最为深刻的，排在其后的是有关景区展示内容和旅游购物的感知，这两类的游客感知也较为深刻且丰富，有关城市和企业、景区类型、适合人群也达成了共性的感知。其中，关于旅游体验的游客感知内容较为丰富，同时具有高提及率的共性体验，也有更为具体和个性化的感知。具体来看：①提及率最高的 10 个词语是以地名、景区名、旅游体验、成本感知为主的。其中，有关地名的高频词是“山西”；有关旅游体验和行为的高频词包括“参观”“讲解”“品尝”“酿制”；有关成本感知的高频词包括了货币成本感知（“免费”“门票”）和非货币成本感知（“值得”）。②词频排序在 11~20 位的词语以旅游体验为主，包括了“流程”“文化 / 醋文化”“历史”“知识”“车间”“工艺”“讲解员”“地方”“景点”。③词频排序在 21~40 位的词语涉及了景区展示、旅游购物、城市和企业名称（“太原”“东湖”）、景区类型（“醋厂”“博物馆”等）、适合人群（“孩子”）。其中，与景区展示内容和旅游购物有关的词语数量最多，例如“制作”“过程”“展示”“体验”“酸味”“味道”“特色”“旅游”，以及“赠品”“购买”“手工”“不同年份”“东湖醋”“老醋冰激凌”。④词频排序在 41~80 位的词语中，有关景区展示内容的细节有所增加，并且关于旅游购物的词语也比较多见。其中，景观展示内容相关的词语包括了“美和居”“发酵”“现场”“环节”“器具”“作坊”“详细”，以及“企业”“现代”“工厂化”“生产”“集团”；总体旅游感受的词语包括“景色”“（景区）不大”“感受”“有意思”“学习”；有关旅游购物的词语包括“小瓶”“购物”“特产”“传统”“各种”“好吃”“陈醋”“感冒”；旅游服务和交通有关的词语包括“服务”“人员”“热情”，以及“位于”“进去”“交通”“进门”“方便”“时间”“位置”。此外，还有不少关于人群特征的词语出现，例如“游客”“朋友”“旅游团”“年老”“适合”。

（2）将中国醋文化博物馆的游客评价高频词分为四段进行分析，结果表明，词频最高的感知内容的覆盖面更为广泛，既有地名 / 景区 / 企业名称，也有旅游体验和评价感知；然后，是有关景区特点、展示内容、交通的感知；而有关旅游购物感知的词频较低。具体结果如下：①排在前 10 位的高频词是关于地名、景区名、企业名称、旅游行为、情感价值、成本感知这五个方面的内容。其中，有关地名和企业名称的高频词分别为“镇江”“恒顺”；有关旅游行为的词语包括了“讲解”“参观”“酿制”；有关情感价值的词语包括了“知识”“醋文化”；有关成本感知的词语为“值得”“（适合）孩子”。②词频排序在 11~20 位的词语以旅游体验为主，具体包括“讲解员”“体验”“历史”“过程”“文化”“地方”;“香醋”“手工”;“门票”“免费”。③词频排序为 21~40 位之间的词语以景区特点、景区展示内容为主，具体包括“中国”“醋文化博物馆”“景点”“作坊”“醋厂”，以及“工艺”“品尝”“展示”“整个”“酿造”“味道”“发展”“现代”。此外，还有关于情感价值以及交通等有关的词语，具体包括“有趣”“学习”“适合”，以及“方便”“游客”“小时”“市区”。④词频排序在 41~80 位之间的词语涉及面最为广泛，包括了景区展示内容、景区特色、情感评价、旅游购物、交通和服务等多个方面的内容。具体来看，有关景区展示内容的词语包括“旅游”“感受”“流程”“总体”“全程”“第一次”“现场”“展馆”“解说”，有关景区特色的词语包括“企业”“厂区”“工厂”“集团”，有关情感评价的词语包括“有意思”“好玩”“详细”“便宜”“有名”“特色”，有关旅游购物的词语包括“超市”“好喝”“购买”“各种”“饮料”“品种”“陈醋”“苹果醋”，有关交通的词语包括“交通”“时间”“进去”“门口”“位置”“打车”“公交”。此外，还有少量有关货币成本感知（“一元”“优惠”）、总体评价（“游客不多”“景区不大”）等方面的词语。另有少数游客提到了“山西”。

二、感知形象差异

（一）共词与差异分析

对游客点评高频词统计表的分析表明，2 个醋文化旅游景点的游客点评高频词类型具有较高的相似性，为了进一步分析不同景点游客点评的差异，进一步对游客点评高频词进行了共词分析和差异分析。首先，根据游客点评高频词汇，将醋文化旅游景区的旅游感知归纳为 3 个维度 12 项指标，分别为景区 / 地名维度、旅游资源与体验维度和旅游体系维度。其中，景区 / 地名维度包括了 3 项指标，分别为地名、景区名、企业名；旅游资源与体验维度包括了 6 项指标，分别为景区特色、景区展示、旅游体验、情感评价、成本感知、人群特征；旅游体系维度包括了 3 项指标，分别为旅游购物、服务、交通。在此基础上，将东湖醋园和中国醋文化博物馆的游客点评高频词分为共有词条和差异词条两类（表 4–8），进一步整理并分析两个景点在游客点评维度上的异同之处。

表 4-8　醋文化旅游景区共有词条与差异词条分析

		东湖醋园		中国醋文化博物馆	
		共有词条（词频）	差异词条（词频）	共有词条（词频）	差异词条（词频）
景区地名	地名	山西（96）	太原（29）	山西（13）	镇江（199）
	景区名		东湖醋园（58）		醋文化博物馆（58）、中国（53）
	企业名		东湖（25）		恒顺（120）
旅游资源与体验	景区特色	醋厂（25）、博物馆（15）、企业（12）、集团（6）	工厂化（7）	醋厂（30）、博物馆（144）、企业（19）、集团（12）	厂区（14）、工厂（13）
	景区展示	酿制 / 流程（53）、工艺（32）、制作 / 过程（23）、酸味 / 味道（22）、展示（17）、景区（16）、现场（8）、详细 / 作坊（6）	车间（41）、美和居（10）、现场（8）、生产（7）、环节（6）、器具（6）	酿制（114）、酿造（25）、流程（22）、过程（68）、工艺（48）、作坊（30）、详细（21）、现场（13）、景点（45）、展示（28）、味道（24）	整个 / 发展（27）、总体（22）、全程（15）、展馆（12）
	旅游体验	参观（95）、讲解（68）、品尝（61）、文化（46）、醋文化（45）、历史（42）、知识（38）、地方（36）、体验（31）、旅游（15）、感受（14）、现代（9）、不大（8）、学习（7）	景点（37）、传统（12）、景色（11）、（预防）感冒（7）	参观（105）、讲解（134）、品尝（46）、文化（62）、醋文化（126）、历史（95）、知识（132）、体验（83）、地方（77）、旅游（20）、不大（13）、学习（37）、感受（24）、现代（27）	特色（18）、不多（16）、第一次（14）
	情感评价	值得（57）、有意思（9）		值得（139）、有意思（22）	有趣（25）、好玩（22）、有名（15）
	成本感知	免费（74）、门票（62）		免费（60）、门票（69）	便宜（19）、一元（12）、优惠（12）
	人群特征	孩子（23）、游客（14）、适合（7）	旅游团 / 朋友（8）、年老（7）	孩子（137）、游客（33）、适合（35）	
旅游体系	旅游购物	手工（26）、购买（18）、各种（10）、陈醋 / 好吃（8）	老陈醋（140）、赠品（30）、特色 / 不同年份（19）、老醋冰激凌 / 东湖醋（15）、小瓶（14）、特产（13）、购物（7）	手工（62）、购买（15）、各种（15）、陈醋（12）、好喝（15）	香醋（70）、超市（20）、饮料（13）、品种（13）、苹果醋（11）
	服务	讲解员（45）、人员（10）	服务（11）、热情（8）	讲解员（90）、人员（18）	解说（12）
	交通	交通 / 进门（9）、方便 / 时间（8）、位置（7）	位于 / 进去（11）	交通（19）、门口（18）、方便（40）、时间（19）、位置（14）	小时（32）、市区（31）、过去（18）、打车（13）、公交（12）

共词与差异分析的结果表明，东湖醋园与中国醋文化博物馆的总体游客感知是极为相似的，均是依托醋厂的醋文化博物馆，其展示制醋流程、宣传醋文化的特征深入人心；同时，两个景点在地名企业名、旅游购物方面的游客感知也存在显而易见的差异。具体来看：

（1）共词分析：根据表 4–8 分类结果可知，在 80 个高频词条中，两个景区的共有词条为 49 条，占到高频词总量的 61%；尤其是在旅游资源与体验、旅游体系两个维度的指标上，共有的特征词占比更高，这说明两个景点在这两个维度上具有共同的特征元素。具体而言，在景区特色方面，两个景区在游客感知上的共同特征为“醋厂”“博物馆”“企业”“集团”，这反映了这两个醋文化主题景区的类型特征，即以工业旅游模式宣传醋文化的特色旅游景区。在景区展示方面，两个景区也具有很多共同的元素，包括“酿制”“流程”“工艺”“制作”“过程”“详细”“作坊”“现场”“展示”“酸味”“味道”等。这说明在景区展示内容方面，两个景区均特色鲜明地展示了食醋的酿制流程，使得游客从视觉、嗅觉等多种感官上充分领略了醋文化。在旅游体验方面，两个景区在体验形式和体验内容方面给游客留下了相似的感知和印象，共有词条包括“参观”“讲解”“品尝”“文化”“醋文化”“历史”“知识”“体验”“感受”“现代”“学习”等。在情感评价方面，东湖醋园和中国醋文化博物馆均给游客留下了“值得”参观且“有意思”的感知印象。在成本感知方面，两个景区的游客点评共同提及的内容为“免费”和“门票”，这表明依托于企业的工业旅游景区目前的经营模式，即免费参观加购物。在人群特征方面，两个景区的游客感知中，“孩子”的提及率都比较高，这说明游客对东湖醋园与中国醋文化博物馆的教育功能具有普遍的认同感。在旅游购物方面，两个景区的共有词条占比低于 50%，共有词条为“手工”“购买”“各种”“陈醋”“好吃”，其概括性强、涵义比较笼统。在服务方面和交通方面，两个景区的词条也比较接近，共有词占比高。

（2）差异分析：根据表 4–8 分类结果可知，在 80 个高频词条中，两个景区的差异词条为 31 条，占到高频词总量的 39%；差异词条主要集中在地名、企业名以及旅游购物三项指标上。如果结合词频差异，这两个景区的差异还体现在景区展示、旅游体验的个别词条上，这说明东湖醋园与中国醋文化博物馆虽然在游客感知方面极为相似，但是也具有各自的不同特点。具体而言，在地名方面，两个景区的游客感知存在明显的差异，东湖醋园景区突出了“山西”省级地名，而中国醋文化博物馆则突出了“镇江”市级地名。同时，在企业名方面，“恒顺”的提及率高于“东湖”，分别为 120/699 和 25/320。由此可知，东湖醋园的醋文化游客感知集中在省级尺度上，而中国醋文化博物馆的醋文化游客感知则集中在城市、甚至企业尺度上。在旅游购物方面，两个景区格局特色，东湖醋园以“不同年份”陈酿、老醋冰激凌、醋味“特产”独具特色，中国醋文化博物馆以“香醋”“品果醋”为特色。在景区展示和旅游体验方面，东湖醋园以生产“车间”、浓浓的“酸味”为特色，并让游客记住了醋预防“感冒”的功效。

（二）词云图

为了更直观地对比分析东湖醋园和中国醋文化博物馆这两个景点在游客感知上的具体差异，进一步利用 ROST CM6.0 软件的可视化功能，分别将表 4–6 和表 4–7 中所列出的景区游客点评高频词汇生成词云图（图 4–5、图 4–6）。词云图直观地反映了不同旅游目的地或景区给旅游者留下的印象及其深刻程度，这种呈现方式综合体现了词汇差异和词频差异，因此词云图中突出显示的元素就组成了不同旅游目的地或景区的关键游客感知形象。

图 4–6 和图 4–7 词云图结果显示，东湖醋园最明显的高频词是“老陈醋”“山西”“参观”“免费”，而中国醋文化博物馆最明显的高频词则是“镇江”“博物馆”“值得”“孩子”。第二明显的高频词分布情况有所不同，东湖醋园以“东湖醋园”“值得”“品尝”“文化”“醋文化”“流程”“讲解”“酿制”“门票”为主，中国醋文化博物馆被游客关注较多的方面体现在“体验”“手工”“过程”“讲解员”“门票”“醋文化”“地方”。第三明显的高频词分布情况差异较大，东湖醋园为“东湖”“体验”“历史”“太原”“手工”“知识”“车间”“酸味”“赠品”，中国醋文化博物馆则为“中国”“工艺”“文化”“免费”。

可见，东湖醋园以山西老陈醋历史、文化、酿制为主题，门票免费、值得参观的形象突出；同时，具体的景区展示以及游客的旅游体验更为丰富，虽然相应特征的高频词分布较中国醋文化博物馆更为分散，但是东湖醋园景区的游客感知印象更为独特、且印象深刻。对比来看，中国醋文化博物馆也是以镇江市恒顺醋文化历史、酿制的相关知识为主题，适合孩子、值得参观为其突出的旅游形象；其高词频集中在少数几个词汇上，在景区展示与旅游体验等方面的游客感知则没有东湖醋园的游客感知具体和独特。

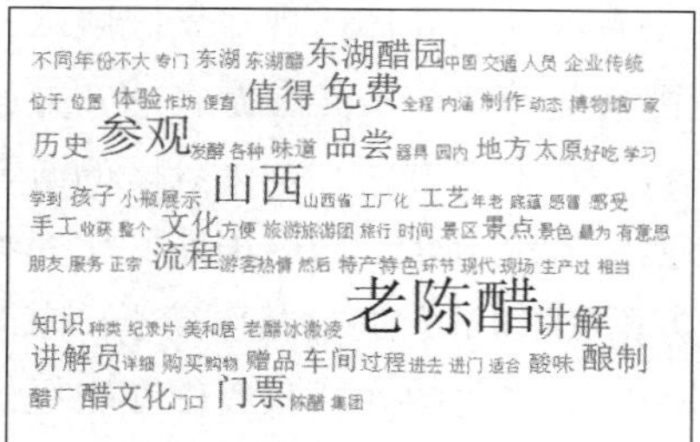

图 4–5　东湖醋园游客评价词云图

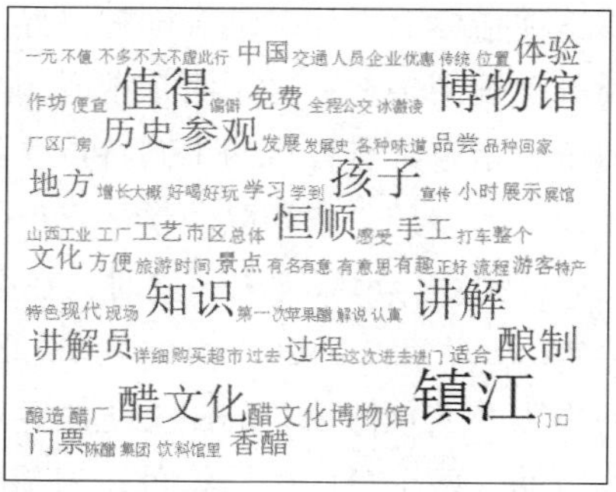

图 4–6　中国醋文化博物馆游客评价词云图

三、联想与情感分析

（一）语义网络分析

高频词反映了目的地或景区在主要维度呈现的特点，但是其无法反映词组语义上的联系以及文本深层次的结构关系（李春萍，2017）。采用社会网络分析法，利用ROST CM6.0软件的语义网络分析功能，进一步构建东湖醋园和中国醋文化博物馆这两个景区的语义网络图（图4-7和图4-8），对两个醋文化主题景区游客点评高频词的关联性进行分析，图中的线条表示高频词之间的语义联系情况。

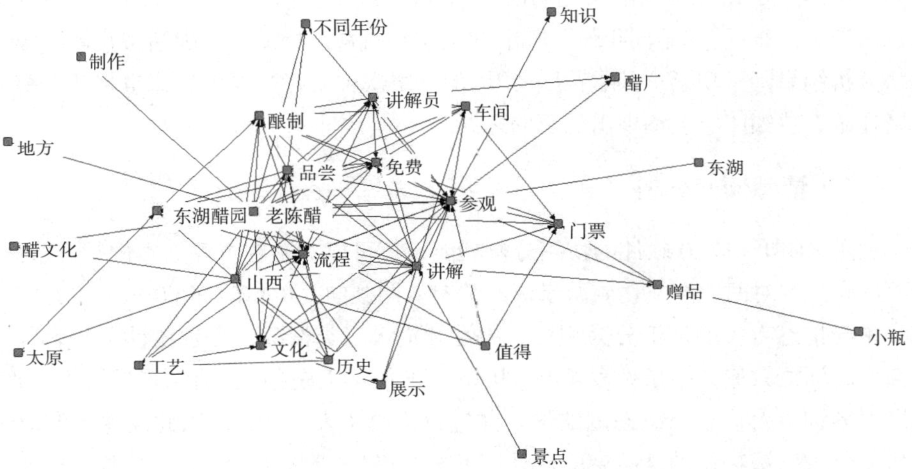

图4-7 东湖醋园游客评价语义网络分析

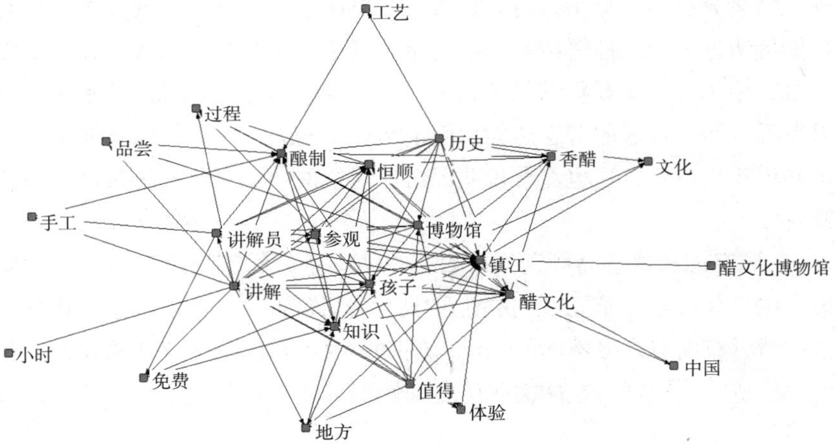

图4-8 中国醋文化博物馆游客评价语义网络分析

从语义网络图 4–7 可以看出，东湖醋园语义关联度最高的词语是“老陈醋”，语义关联度较高的词语为“参观”“酿制”“流程”“讲解员 / 讲解”“文化”，这些词语构成了东湖醋园游客感知的主要特征，这说明游客对东湖醋园的旅游形式、内容具有较强的感知。从语义网络图 4–8 可以看出，中国醋文化博物馆语义关联度最高的词语是“镇江”，语义关联度较高的词语为“博物馆”“恒顺”“酿制”“参观”“知识”“醋文化”“讲解员 / 讲解”。可见，游客对中国醋文化博物馆的所属城市、企业，以及旅游形式和内容均有较强的感知。相比较而言，这两个景区都突出了其景区特色，但是东湖醋园建立了宣传山西老陈醋文化的游客感知印象，而中国醋文化博物馆则建立了镇江恒顺醋文化的游客感知印象。此外，东湖醋园语义网络分析结果也呈现了“车间”“不同年份”陈酿的次中心高频词特征，中国醋文化博物馆语义网络分析结果则呈现了“孩子”“知识”的网络次中心特征词汇。这也是两个醋文化景区在游客感知印象上体现出的不同之处。

（二）情感倾向分析

利用 ROST CM6.0 软件的情感分析功能，还可以对游客点评文本进行情感分析，从而反映游客对两个醋文化旅游景区的情况认同倾向。ROST CM6.0 软件将游客点评文本中与情感有关的词汇分为积极、中性和消极三类情况，分别统计了代表各种情绪类型的词汇数量，结果见表 4–9。此外，进一步对高频词分析结果进行再次筛选，选出形容词以及代表情感态度的词语并进行汇总（表 4–10），以此反映游客对于不同醋文化主题博物馆的情感感知和认同差异。其中，形容词可以作为游客点评的情感意象，反映了旅游者对旅游地的情感感知；情感态度词语则直接表达了旅游者对旅游地的情感认同（李萍，2017）。

表 4–9 情绪分析结果显示，游客在参观游览两个醋文化主题博物馆后，对景区感知的积极情绪远大于中性情绪和消极情绪。其中，东湖醋园游客感知的积极情绪占比为 79%，中国醋文化博物馆的游客感知积极情绪占比为 87%。从积极情绪分段统计结果来看，两个景区的游客感知积极情绪程度相当，即一般积极情绪 > 中度积极情绪 > 高度积极情绪，这也充分说明了游客对这两个醋文化旅游景区的满意度和认同度较高。

表 4–10 形容词和情感高频词结果表明，两个景区的感知度高的情感意象比较接近，集中在“有意思”“便宜”“方便”“现代”“详细”“浓浓的”这些特征上；而感知度低的情感意向有众多不同的词汇。同时，两个景区的情感认同较为一致，即游客认为“值得”“满意”、在醋文化历史和知识有“收获”、醋及相关产品“好吃 / 好喝”。

表 4-9 文本内容情绪分析

情绪类型	东湖醋园		中国醋文化博物馆	
	数量	比例 /%	数量	比例 /%
积极情绪	254	79.38	605	86.55
中性情绪	42	13.13	67	9.59
消极情绪	24	7.50	27	3.86
积极情绪分段统计：				
一般（0~10）	134	41.88	278	39.77
中度（10~20）	80	25.00	200	28.61
高度（>20）	40	12.50	127	18.17
消极情绪分段统计：				
一般（-10~0）	19	5.94	25	3.58
中度（-20~-10）	5	1.56	2	0.29
高度（<-20）	0	0.00	0	0.00

表 4-10 形容词 / 情感高频词表

东湖醋园				中国醋文化博物馆			
词条	词频	词条	词频	词条	词频	词条	词频
值得	57	趣味	4	值得	139	现代化	9
特色	19	刺激	4	方便	40	深刻	9
有意思	9	有趣	4	现代	27	收获	8
现代	9	好找	4	有趣	25	耐心	7
不大	8	耐心	4	有意思	22	开放	7
方便	8	充分	3	好玩	22	生动	7
好吃	8	悠久	3	详细	21	不便	7
详细	6	神奇	3	便宜	19	正宗	7
收获	6	浓郁	3	不多	16	细致	6
动态	6	难忘	3	有名	15	精致	6
正宗	6	惊奇	3	好喝	15	划算	5

续表

东湖醋园				中国醋文化博物馆			
词条	词频	词条	词频	词条	词频	词条	词频
专门	5	呛鼻	3	不大	13	热情	5
便宜	5	自由	3	偏僻	11	偏远	5
仔细	5	卫生	2	不虚此行	10	受益匪浅	5
不多	5	少有	2	认真	10	安排	5
盛名	5	年复一年	2	不值	10	出名	5
健康	4	诸多	2	传统	10	浓郁	5
开心	4	自豪	2	丰富	9	开心	5
浓浓的	4	著名	2	浓浓的	9	酸酸的	4
满意	4	为数不多	2	满意	9	源远流长	4

四、醋文化旅游景点感知形象异同

以携程旅游网的游客点评文本为基础数据，基于 ROST CM6.0 软件，采用词频分析、词云可视化、语义网络分析、情绪分析等方法，量化对比分析了东湖醋园和中国醋文化博物馆这两个醋文化旅游景区的游客感知与评价异同。两个醋文化旅游景点感知形象在总体上非常相似，但是在细节上存在一些差异，具体来看：

（1）两个景区的游客感知形象非常接近，均是依托企业的工业旅游模式，以宣传醋文化、旅游购物为特色的景区形象深入人心。其中，有关地名 / 景区名、旅游体验、成本感知的词频最高，这是网络游客点评中提及最多的词汇。从情感意向来看，两个景区均以“有意思”“便宜”“方便”“现代”“详细”“浓浓的”为特征。从情感认同来看，两个景区均被游客认为是“值得”“满意”、在醋文化历史和知识有“收获”、醋及相关产品“好吃 / 好喝”的旅游景点。

（2）两个景区的游客感知特征存在一定的差异性，主要体现在地名企业名、旅游购物、景区展示和旅游体验方面。各个景区的游客点评文本均呈现出各自的特色，具体来看：东湖醋园强调山西省级尺度的醋文化特色，以老陈醋的酿制历史和文化为主题，门票免费、值得参观的形象突出；同时，景区展示形式和内容以及游客的旅游体验更为丰富，通过游览不同酿造“车间”，品尝“不同年份”陈酿产品，综合视觉、嗅觉、味觉体验。中国醋文化博物馆则突出了镇江市以及恒顺集团，并且以适合孩子、知识性、值得参观为突出的旅游形象。

在此基础上，进一步总结了醋文化主题博物馆的游客感知要素，可以归纳为3个维度12项指标，分别为景区/地名维度（地名、景区名、企业名）、旅游资源与体验维度（景区特色、景区展示、旅游体验、情感评价、成本感知、人群特征）、旅游体系维度（旅游购物、服务、交通）。游客点评文本中词频较高的维度集中在地名/景区名、旅游体验、成本感知方面。总体而言，游客对于这两个景点的货币成本感知较为敏感，尤其是门票线上线下两种销售渠道价格不同、是否有赠品等存在差异，给游客带来了些许困惑或消极评价。在情感评价方面，游客感知较为活跃的指标涵盖了景区的教育功能（知识性、趣味性、适合孩子）、购物功能（产品种类丰富、不同年份陈酿、手工酿制产品），以及新奇体验（老醋冰激凌、果醋饮料等相关产品带来的新奇感）。在旅游体验方面，视觉、嗅觉、味觉的多重刺激，可以增强景区醋文化的游客感知。

在理论价值方面，基于线上游客点评的文本分析，构建了醋文化主题博物馆的游客感知要素，丰富了醋文化旅游相关研究。基于东湖醋园和中国醋文化博物馆游客点评建立的游客感知要素体系，对于其他醋文化旅游景区的游客感知研究具有一定的普适性和可推广性，并且为深入理解醋文化旅游的发展提供了游客感知维度的一个初步的理论框架，可以作为制定醋文化旅游景区游客评价量表的理论基础。

在实践价值方面，主要结论对醋文化旅游景点的开发与营销具有指导意义。醋文化旅游景点在文旅融合发展的大背景下，提升并宣传自身的竞争优势，丰富游客体验并提高其满意度水平，需要从具体的感知要素角度着手。应遵循满足游客的多重情感感知以及多重感官感知的规律，通过旅游体验活动的形式创新、醋产品品尝形式创新，不断提高景区的旅游服务质量，改善游客的货币成本感知；从而发挥醋文化与旅游体验、购物融合的先天优势，提高醋企文化旅游发展水平，促进醋产业的升级发展。此外，长远来看，未来醋文化旅游景点的开发还应注重景区类型的创新，不拘泥于工业旅游、旅游购物这种单一模式，真正提升醋文化旅游的发展空间。但是，由于采用内容分析法对醋文化旅游景点的游客感知进行量化探索性研究时，资料来源于旅游网站的游客点评，并且文本分析过程中的分词方式也具有一定的灵活性和主观性。因此，本节研究结果的量化差异需要在后续的实证研究中予以验证。

第五章 山西省醋文化旅游产品的包装设计研究

在商品经济不断发展的今天，包装工业也随之迅猛发展。商品包装的功能已从单一的盛放功能，发展为具有销售功能、审美功能、实用功能为一体的多功能性包装。无论是包装材料的选择，还是包装的造型设计、装潢设计都越来越多元化。山西醋文化旅游产品的销量如何，很大程度上取决于其包装设计的好坏，包装设计在商品的销售过程中担当了很重要的导购职责。因此，研究分析山西醋文化旅游产品的包装设计对山西醋文化旅游产品的宣传、销售具有重大而深远的意义。本章主要对山西醋文化旅游产品包装设计的定义、起源与发展、分类、材料与特性、容器设计、装潢设计、设计原则、设计步骤等方面进行研究分析，希望能为相关从业人员提供一些关于山西醋文化旅游产品包装设计的相关知识、设计灵感与设计方法。

第一节　山西省醋文化旅游产品包装设计概述

醋是山西人家家户户用来调味佐餐的必备之物。山西是醋的故乡，酿醋的历史深厚久远，技艺更是精湛绝伦。随着山西醋文化旅游产品的不断更新、醋文化产业发展的日渐完善、醋文化品牌的逐渐升级，醋文化旅游产品的包装行业已日趋成熟。优良的包装设计已成为山西醋文化旅游产品在宣传、销售过程中的重要竞争手段。只有了解并掌握什么是山西醋文化旅游产品包装，山西醋文化旅游产品包装的起源、发展、分类、材料与特性，才能设计出满足销售需求、审美需求、功能需求的山西醋文化旅游产品包装。

一、醋文化旅游产品包装设计的定义

广义的“包装”概念极为广泛，如蛋壳是鸡蛋的包装、衣服是人体的包装、礼品盒是礼物的包装。“包装”一词有两个词性，一为名词，意为盛装、保护物品

的容器；二为动词，意为盛装、打包物品的动作。不同国家对于“包装”一词有不同的定义。在中国,《包装通用术语》中，将包装定义为“为在流通过程中保护产品、方便储运、促进销售，按一定技术方法而采用的容器、材料及辅助物等的总体名称，也指为了达到上述目的而采用容器、材料和辅助物的过程中施加一定技术方法等的操作活动”；在美国,《包装用语集》将“包装”定义为“包装是为了产品运输和销售而做的准备行为”；在英国,《包装用语》将“包装”定义为“包装是为货物的运输和销售所做的艺术、科学和技术上的准备工作”；在日本,《日本包装用语词典》将“包装”定义为：“包装是使用适当的材料、容器，再施以技术，使产品安全到达目的地，即产品在运输和保管过程中能保护其内容物及维护产品的价值。”综合上述定义，醋文化旅游产品的包装是指：以盛放、保护、运输、提升醋文化旅游产品销量为目的，用于盛放醋文化旅游产品的材料、容器和辅助物的总称。醋文化旅游产品的包装设计是指为了使醋文化旅游产品在运输中得到保护、便于储运、增加销量而对盛放醋文化旅游产品的材料、容器结构与造型、开启方式、装潢设计、加工工艺等方面进行的全方位设计。完整的醋文化旅游产品包装设计包括：造型设计、图形设计、文字设计、色彩设计、编排设计等。

山西醋文化旅游产品包装设计的特点是：既具有地域性又具有多样性。地域性是指：山西醋文化旅游产品包装设计通常都具有山西地域特征，设计师会将具有山西地域特色的元素进行提取与再设计，应用于山西醋文化旅游产品包装上，使游客仅需通过山西醋文化产品包装的外观形象便可了解到山西特有的地域文化。多样性是指：旅游产品面对的客户群体广泛，购买人群的收入与购买意图也不尽相同，所以山西醋文化旅游产品的种类多样，包装有高中低档之分。如针对高收入或购买意图为赠礼的消费群体，有较为名贵的瓷质包装、木质包装。这样的包装使用的制造工艺多为手工艺，有很高的艺术价值，是馈赠亲朋好友的佳品。如图 5–1 为东湖品牌的国色天香老陈醋，它的珍贵之处在于它由非遗美和居老陈醋酿制技艺的传承人郭俊陆先生亲自监制，选用十龄老浆酿制而成，是 2010 年上海世博会的参展产品，

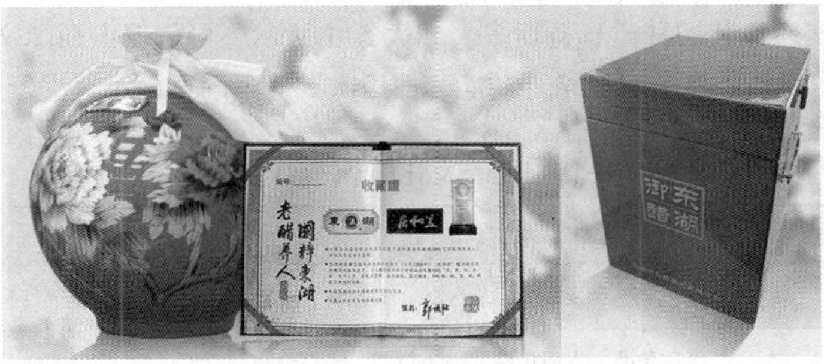

图 5–1 “东湖”国色天香老陈醋

每坛国色天香老陈醋都有一份收藏证书，具有很高的收藏价值。它的包装容器使用的是景德镇陶瓷工艺制成的醋坛，上面绘有自唐代起就被推崇为“国色天香”的牡丹花，外包装使用的是施以红色釉的木质包装，为产品增添了不少雍容华贵的气质。而针对低收入或购买意图为自家食用的消费群体，有塑料袋、塑料壶包装，这种包装材质的山西醋文化旅游产品价格经济实惠，深受广大消费者的喜爱。

二、山西省醋文化旅游产品包装的起源与发展

迄今为止，包装的发展历程共经历了自然包装时期、原始包装时期、古代包装时期、近代包装时期和现代包装时期五个历史阶段。早在人类出现以前，自然包装便已存在，比如大气层是地球的包装、果皮是果肉的包装等。在原始社会时期，人类就开始使用贝壳盛水、树叶包裹食物，这样的行为虽然还称不上是真正的包装，但也可以说是最原始的包装形态。古代包装时期的时间范围约从原始社会后期到封建社会时期。在这一段时间内，人类开始有意识地进行包装设计，制作了许多编织器、陶器、瓷器、漆器等物品作为包装来为生活提供便捷。《周礼》中有记载“醯人掌共醯物”，这里的古汉字“醯”就是指我们现代所食用的“醋”。有不少研究者提出山西是古代食醋酿造的发源地，因此可以肯定至少在西周时期，山西人已经开始了醋的酿造。因此山西醋文化旅游产品包装产生于古代包装时期。近代包装时期的时间范围是从16世纪末到19世纪末。这一时期，随着工业化大生产的推进与发展，山西醋文化旅游产品出现了纸、玻璃、塑料等多种材质的包装。20世纪以后，包装的发展开始进入现代包装时期，这一时期的山西醋文化旅游产品包装的原辅材料、加工工艺、设计水准、技术力量等都达到了相当高的水平。

三、山西醋文化旅游产品包装的分类

随着新材料、新工艺、新观念的产生，山西醋文化旅游产品包装开始向着多元化的方向发展，包装的种类日益增多。如表5–1所示，可依据山西醋文化旅游产品包装的形态、材料、工艺、风格、功能、使用次数等不同方面对其进行分类。

表5–1　山西醋文化旅游产品包装分类

山西醋文化旅游产品包装的分类	
形态	硬包装、半硬包装、软包装、大包装、中包装、小包装等
材料	纸质包装、木质包装、陶瓷包装、塑料包装、玻璃包装、复合包装等

续表

山西醋文化旅游产品包装的分类	
工艺	一般包装、防水包装、缓冲包装、充气包装等
风格	传统包装、现代包装、复古包装、卡通包装等
功能	运输包装、贮藏包装、销售包装等
使用次数	一次用包装、多次用包装、周转包装等

四、山西醋文化旅游产品包装的材料与特性

山西醋文化旅游产品包装选用的材料决定了包装的成本、使用的工艺与产品的档次。将山西醋文化旅游产品包装按照选用的不同材料类别进行分类，可分为陶瓷包装、编织包装、纸质包装、玻璃包装、塑料包装、木质包装等。

1. 陶瓷包装

陶瓷的原料是黏土，易于获得。黏土经高温烧制后一般制作为缸、坛、砂锅等。优点是可快速成型、可塑性极强、质地坚硬、化学稳定性高、耐温度剧变、熔点高、有较大的吸水率和透气性、抗氧化、耐腐蚀、不透光、可回收。缺点是韧性不足，易破损。陶瓷包装是食醋使用时间最长的包装，目前出土或遗留下来的用于盛放食醋的器皿主要是陶瓷材质的醋缸。图 5–2 为西晋黑釉醋缸。西晋时期黑釉瓷的烧制技术已较为成熟，胎色多为砖红色或浅褐色，釉色又黑又厚。此缸最大的特点是使用了铆钉纹与几何纹作为装饰。图 5–3 为辽代白釉醋缸。辽代的白釉器皿胎体厚重，质地坚硬、密度大。此缸的胎色纯度不高，偏灰白色，釉色泛黄。图 5–4 为元代黑釉醋缸，元代黑釉瓷器的纹饰题材较少，纹饰样式较为简单，略显单调。此缸使用了编织纹在腹部环绕一圈作为装饰。图 5–5 为明代龙纹醋缸，此缸为四开片镶嵌富贵牡丹龙纹的红瓷大缸，是明万历年间宝源坊进贡朝廷专用的器皿，见证了宝源坊悠久的历史和曾经的辉

图 5–2　西晋黑釉醋缸

图 5–3　辽代白釉醋缸

图 5–4　元代黑釉醋缸

图 5–5　明代龙纹醋缸

煌。图 5-6 为清代黑釉醋缸，产自清朝黑釉磁州窑，缸体布满约 300 个锔钉，用以加固缸体。图 5-7 为现代山西醋文化旅游产品的陶瓷包装。商家多使用体量较小的瓷瓶，将瓷瓶置于礼盒包装中，并利用泡沫、纸板、黄色丝绸衬托出高端的感觉。

图 5-6　清代黑釉醋缸

2. 编织包装

明清时期是晋商崛起之时，商人们无论走到哪里都要带上一壶山西老陈醋，用于开胃消食、消除疲劳。此时如图 5-8 所示的通过编织而成的廉价、轻便的醋篓便应运而生。在很多地方妇女儿童是醋篓重要的生产力量，都有娴熟的编织手艺。山西的醋篓主要以荆条为编织材料，因为荆条较竹条、柳条、藤条等而言硬度更大，也更耐摩擦，且荆条遍布山西各地，取材极为便利。荆条编织的醋篓密封性是极差的，需要将编织好的醋篓内部一层层地贴上面糊与草纸，才能保证盛放醋时不会渗漏。

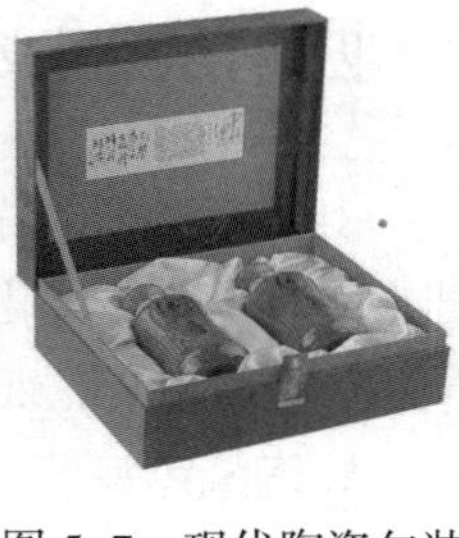

图 5-7　现代陶瓷包装

3. 纸质包装

如图 5-9 所示的使用纸或纸板为材料制成的包装称为纸质包装。纸质包装的优点是价格低、重量轻、可塑性强、易折叠、环保、印刷效果好。缺点是易受潮、易破损。我国早在宋朝时期印刷技术便已趋于精湛。随着印刷技术的不断发展与造纸机的诞生，山西醋文化旅游产品的包装上开始出现纸质标签，标签上印有商品名称、商号、广告语、图形等，使山西醋文化旅游产品变得更加美观、易于识别。再后来随着科技的发展，各项工艺开始与纸完美结合，提高了纸的质感、美观程度、硬度、韧度等，使得“纸”这种材质更广泛地在应用于包装设计中。

图 5-8　醋篓

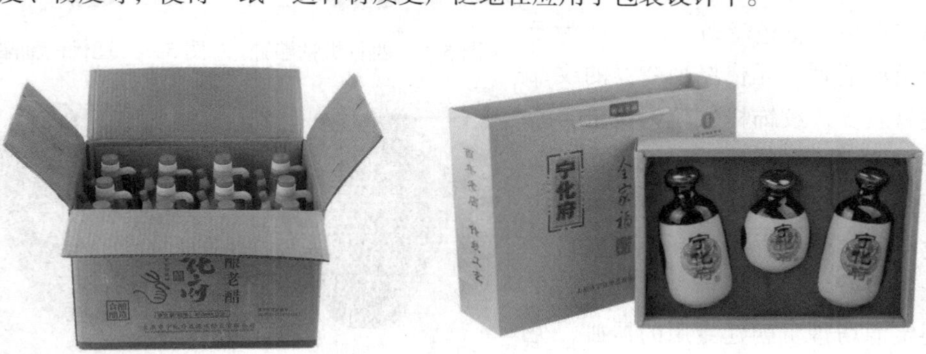

图 5-9　纸质包装

包装用纸通常有：牛皮纸、石蜡纸、防锈纸等。在山西醋文化旅游产品的包装设计中，纸通常应用于制作包装容器的标签或产品的手提袋，起到宣传、装饰山西醋文化旅游产品的作用。包装用纸板通常有：普通纸板、瓦楞纸板、蜂窝纸板等。在山西醋文化旅游产品的包装设计中，纸板通常应用于最外层的礼盒包装或纸箱包装中，起到提高产品档次、方便搬运、保护产品的作用。

4. 玻璃包装

玻璃的主要原料是石英砂，玻璃无铅无害，有良好的化学稳定性，无毒无异味、可回收，不会对环境造成污染。不足之处是重量大且易破损。在古时玻璃称为琉璃或颇瓈，由于它晶莹透亮，能够折射出绚丽的光彩，被认为是一种神奇的材料，使用玻璃制成的器皿是极为珍贵的。我国玻璃工艺的成熟期是在西周至战国时期，高峰期是在清代康熙、雍正、乾隆三朝。新中国成立前我国只在上海等地有小型的玻璃作坊，直至新中国成立后，全国各地才建起了玻璃厂。由于玻璃器皿价格相对低廉、不易渗漏、干净卫生，百姓们在逢年过节时开始使用如图 5-10 所示的玻璃瓶去打醋，醋厂也将醋装入玻璃瓶中售卖。至此，玻璃瓶包装的山西醋文化旅游产品便开始流行起来。

图 5-10　打醋瓶（三斤装）

5. 塑料包装

塑料包装与纸、木材、玻璃等包装材料相比，透明度好、重量轻、便于携带、柔韧性强、表面有光泽感、不易破碎、防潮效果好，且价格与其他材质相比更为低廉。塑料包装的不足之处在于：长期使用容易老化，受热时易变形，释放出有毒物质，对身体健康造成威胁。而且塑料不易被降解，会造成环境污染。塑料的诞生距今只有 100 多年的历史，我国从 1958 年开始大规模兴建塑料厂。山西醋文化旅游产品包装所使用的塑料是热塑性塑料，可回收后再次加热塑型，反复利用。

6. 木质包装

使用木材这种天然材料制作包装时，可以对木材进行锯、钻、凿、钉等多种架构方式，可塑性较强。木材强度大，抗挤压、抗冲撞，可以保护产品不受损。缺点是易受虫害、腐烂、价格高。如图 5-11 所示，用木材来制作山西醋文化旅游产品的外包装，可使产品看上去更上档次。但是，如今的包装设计与制造提倡环保理念，

图 5-11　木质包装

反对过度包装，为了减少对树木的砍伐，避免资源浪费，将木材运用于醋文化旅游产品包装设计的案例其实并不多见。

第二节　山西省醋文化旅游产品的容器造型设计

对山西醋文化旅游产品包装容器的造型设计应满足以下四点要求：结构形态无锋利面，不会伤害到人体；符合人体工程学、动力学原理，便于运输与使用；造型与视觉设计符合大众审美要求；设计与制造成本与山西醋文化旅游产品本身的价值相符。

目前市面上销售的山西醋文化旅游产品的容器造型设计大致有以下五种类型：

（一）坛型

如图 5–12 所示，为了体现山西醋文化旅游产品酿造历史的悠久，很多山西醋文化旅游产品的商家都会推出陶瓷材质的坛型容器包装。坛型容器的形体线为曲线，短颈、斜肩、无耳、肚大于底，无足。为了营造复古的感觉，封口后覆以布或纸，再用绳子捆扎，达到密封的效果。

图 5–12　坛型醋包装

（二）瓶型

1. 造型设计

瓶型的构造与人体的构造类似，分为盖、口、颈、耳、肩、腹、足七个部分。通过各部分大小及形体线弯曲程度的不同可塑造出各种不同样式的瓶型。目前市面上销售的山西醋文化旅游产品主要有以下五种样式的瓶型：

（1）调味瓶型。调味瓶型是最基本的瓶型。如图 5–13 所示，由于其容量较小，食用时不需要再分多次倒入调味瓶，可直接摆在餐桌上使用，因此也被称作“桌上瓶”。

图 5–13　桌上瓶

（2）仿酒瓶型。在众多山西醋文化旅游产品包装的造型设计中，仿酒瓶型样式最多。如图 5–14 所示，大多仿酒瓶型的瓶体由直线与曲线相结合而成，塑造出流畅的形体线条。颈部细且长，易于抓握。造型简单，无耳无足。

图 5-14　仿酒瓶型醋包装样式

（3）罐头瓶型。罐头瓶型瓶口广，便于取出内容物，多用于盛装膏状和块状物品，如醋膏、醋泡姜（图 5-15、图 5-16）等山西醋文化旅游产品。

（4）口服液瓶型。口服液瓶型通常瓶体较薄，多使用棕色玻璃，起到避光的效果。瓶身上下粗细基本一致，如同管状，用于盛装保健类的山西醋文化旅游产品。如图 5-17 所示瓶装的黑苦荞醋，具有降血糖、降血脂等保健功能。

图 5-15　醋膏

图 5-16　醋泡姜

图 5-17　保健醋

2. 瓶盖设计

在山西醋文化旅游产品的包装设计中，瓶盖设计也很重要。它的重要性体现在：瓶盖密封效果的好坏直接关系到盛装的醋文化旅游产品是否会变质、挥发、外漏。瓶盖的造型结构是否合理直接关系到消费者的开启体验，若开启的过程过于复杂或具有危险性，消费者必定不会二次购买。如今市面上销售的山西醋文化旅游产品的瓶盖设计可谓多种多样，有螺旋盖、上翻蝴蝶盖、拉拔盖、铝塑组合盖等，其特征及开启方式如表 5-2 所示。

表 5-2　山西醋文化旅游产品瓶盖设计

类型	图例	特征	开启方式
螺旋盖		瓶盖内部有螺纹，瓶盖下方有防伪圈，当瓶子开启时防伪圈与瓶盖分离，说明瓶盖已开启	旋转瓶盖

续表

类型	图例	特征	开启方式
上翻蝴蝶盖		盖顶的前方有凸起，盖顶与盖身间有连接桥，打开盖顶时，盖顶不会掉落	使用指尖向上推瓶盖前方的凸起处
拉拔盖		外层瓶盖开启后，内层还有拉环。常与螺旋盖、上翻蝴蝶盖组合使用	将食指套入拉环内，向上拉、拔
铝塑组合盖		外层为塑料盖，内层为铝盖。铝盖中间留孔，高度高于外层塑料盖。通常用于口服液瓶型	扣掉外层塑料盖，将吸管插入铝盖留孔处

（三）壶型

目前市面上销售的醋壶多为塑料材质，如图 5-18 所示，主要有六种壶型，用于盛放体积为 1.45~2.4 升不等的醋。形体线以直线为主，虽然造型略有差别，但都有把手。把手的设计要符合动力学原理、人体工程学原理，适合人类手掌的大小，体面要圆润，没有锋利面，否则在重力的作用下容易割伤手。消费者在购买这种大份量的壶装醋后，为了使用方便，会将其倒入较小的调味瓶中分多次使用。因此这种包装对密封性的要求较高，要保证首次开盖食用后，仍能继续密封保存，使醋保持新鲜不变质。

图 5-18　塑料醋壶壶型

（四）袋型

袋型包装通常为塑料材质，成本较其他类型包装而言较低。塑料袋包装的醋虽然售价较低，但运输过程中易破损、开封后无法继续密封保存。目前市面上销售的袋型山西醋文化旅游产品主要有以下两种规格。图 5-19 为 300 毫升的袋装东湖陈醋，消费者购买此种包装的醋大多是为了作为补充液灌入醋瓶中食用。另外，在外卖业发达的今天，商家为了方便消费者就餐，会为消费者提供如图 5–20 所示的 10 毫升左右的小包食醋，供一人一餐使用。

（五）异型

有些山西醋文化旅游产品品牌为了吸引消费者的目光，也会使用一些造型与众不同的产品包装。图 5–21 所示为益源庆生产的“十二珍醋”的包装。它的肩部有双耳，底部中心凹陷，整体造型为桥状，与传统的包装造型样式截然不同，给消费者带来了全新的视觉体验。

图 5–19　补充液塑料袋包装

图 5–20　外卖塑料袋包装

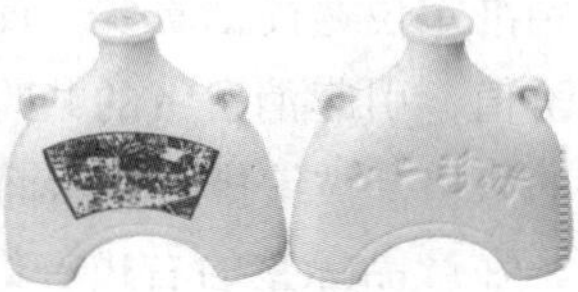

图 5–21　益源庆“十二珍醋”包装

第三节　山西省醋文化旅游产品包装的装潢设计

山西醋文化旅游产品包装的装潢设计是指对山西醋文化旅游产品包装的文字、图形、色彩进行设计，并将这些元素进行合理编排。如今山西醋文化旅游产品的种类日益丰富，产品包装的作用已不仅仅是为了保护产品、便于运输，它更像是一位无声的推销员，肩负起了告诉消费者“我是谁”及阐述“你为什么要买我”的重任。优秀的产品包装的装潢设计可以充分体现出山西醋文化旅游产品的特点，刺激消费者的购买欲，使消费者在短时间内对产品产生浓厚的兴趣，增加产品销量，使企业获取最大化收益。因此山西各大醋文化旅游产品品牌厂家都会对醋文化旅游产品的包装进行精益求精的装潢设计。

一、文字设计

根据文字在包装设计中的作用，可将山西醋文化旅游产品包装中的文字分为：品牌形象文字、广告宣传文字、产品说明文字三种。

1. 品牌形象文字

品牌形象文字包括品牌名称和商品名称。如图 5–22 所示，“水塔”为品牌名称，“水塔陈醋”为商品名称。为了使其具有丰富的内涵，凸显企业和产品的良好形象，给消费者留下深刻的印象，这两种文字通常是版面中易读性最高、字号最大、最具个性、视觉冲击力最强的文字，被编排在展示面中最醒目的位置。

图 5–22　水塔牌陈醋包装设计

2. 广告宣传文字

广告宣传文字是指宣传产品特色、卖点的广告语。广告语要精准定位、简洁真实、简单易懂，能够充分体现品牌的核心价值，引起消费者的共鸣。广告语的字体设计通常具有独特的风格，被编排在展示面中较为醒目的位置。如图 5–23 所示，在产品标签的右边有红色手写体的广告语——“晋醋磊康，四海飘香”。“晋”是山西的简称，“醋”是产品的品类，“磊康”是产品的品牌名称，前四字言简意赅地交代出了醋的产地及品牌名称，后四字“四海飘香”是对产品品质及声誉的赞扬。这样的广告语读起来押韵上口，易于记忆。

图 5–23　磊康牌山西陈醋包装设计

3. 说明文字

说明文字是指介绍产品的配料表、标准代号、生产日期、贮存条件、食用方法、公司地址、电话等信息的文字说明。通常使用可读性较强的字体，如黑体、宋体。这部分文字通常被编排在包装的次要位置。如图 5–24 所示，东湖品牌的纸盒包装右侧面使用宋体编写了产品的说明文字，依次介绍了产品的名称、原料与辅料、总酸、规格、产品标准代号等信息。

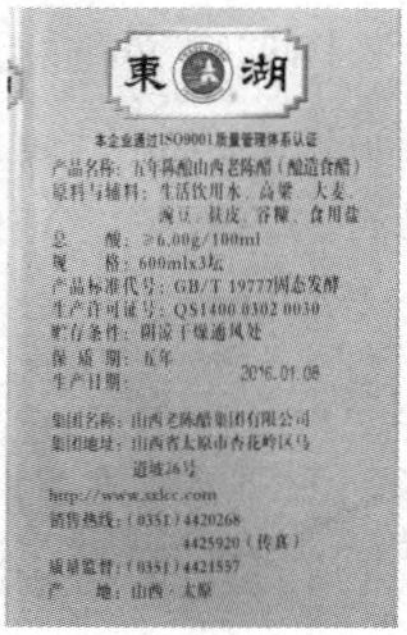

图 5–24　东湖牌山西老陈醋包装设计

二、图形设计

图形较文字而言，能够更加准确、生动地传达出产品所要表达的含义与意境。图形元素在版面中所占据的版面率较高，是山西醋文化旅游产品包装的装潢设计中必不可少的设计元素。山西醋文化旅游产品包装中的图形设计的内容包括：标志设计、条形码设计、插图设计。

1. 标志设计

标志设计包括商标设计、企业标志设计、其他标志设计。

（1）商标设计。商标是指用于区别商品或服务来源的，具有显著特征的标志。《商标法》第八条明确规定：“任何能够将自然人、法人或者其他组织的商品与他人的商品区别开的标志，包括文字、图形、字母、数字、三维标志、颜色组合和声音等，以及上述要素的组合，均可以作为商标申请注册。”商标注册者享有该商标的专用权，且受法律保护。如图 5–25 所示，通常商标右上角会加注一个 ®，圆圈里的 R 是英文“register”（注册）的大写首字母，表示此商标已在国家商标局申请注册，并已通过审查，属于已注册商标。

（2）企业标志。企业标志代表着企业的精神与文化内涵，除了用于区别其他产品外，通常也起到防伪、装饰的作用。有些企业的企业标志与商标为同一个标志，这样便于消费者记忆产品的来源。如图 5–26 所示，“东湖水阁楼”图既是山西老陈醋集团有限公司的企业标志，又是商标。

（3）其他标志。山西醋文化旅游产品包装的图形设计中还会有其他类型的标志。如图 5–27 所示轻放勿压的标志设计，以醒目的红色为底，上面绘有高脚杯破裂的简易图形与“易碎物品，小心轻放，请勿重压”的警示语，起到在运输、陈列、存储等过程中提示相关人员保护产品的作用。另外，还有图 5–28~ 图 5–30 所示的生产许可标志、绿色食品标志、中国环境标志等。有些山西醋文化旅游产品的包装上会同时出现几种不同的标志。

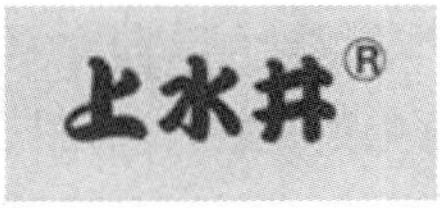

图 5–25　水上井商标设计

图 5–26　东湖企业标志设计

图 5–27　轻放勿压标志

图 5–28　生产许可标志

图 5–29　绿色食品标志

图 5–30　中国环境标志

2. 条形码设计

条形码是一种比较特殊的图形，如图 5–31 所示，条形码由多条宽度不同的黑色线条组成，底色通常为白色。这些黑色的线条按照特定的规则排列，可表示出该产品的生产国家、生产商、生产日期等信息，是目前产品在产、供、销过程最为便捷、可靠性最高、成本最低的信息提取方式。

图 5–31　条形码设计

应用到山西醋文化旅游产品包装上的条形码有两类：一种是原印条形码，也称店外条形码，是商品在生产阶段就已经印在商品包装上的条形码，记录了商品的产地、厂商、校验码等信息。第二种是店内条码，是经销商自己编写的条码，用于录入系统进行库存管理。条形码通常被编排于包装展示面的侧面、角落等不重要的位置。

3. 插图设计

山西醋文化旅游产品包装中的插图设计既能够清晰、形象地向消费者说明产品的内容、特征、产地等重要信息，也可以使山西醋文化旅游产品的包装更具趣味性、艺术性。山西醋文化旅游产品的插图设计按照风格分类大致可分为：复古怀旧风、现代简约风、手绘风、写实风等。

（1）复古怀旧风。复古怀旧风推崇的是使用中国传统纹样元素与中国传统色彩来突出产品的文化底蕴，为表达某种情怀而进行插图设计。如图 5–32 中的插图，使用中国画的绘画方式描绘出中国古代的城市面貌和当时各阶层人民的生活状态。包装盒使用正红色作为底色，使用黄色的中国传统蝙蝠纹样作为装饰，使这款保健醋的包装更具有中国传统韵味，符合中国人追求喜庆、吉祥的心理诉求。

图 5–32　东湖牌保健醋包装盒设计

（2）现代简约风。现代简约风是指版面中没有太多的装饰纹样，以简单的点、线、面来表达整体效果的风格。如图 5–33 所示的插图，版面由商标“CUCU”、产品名称“原醋”、圆形、“精酿”“山西特产”五个元素组成，背景是纯白色。这样的插图风格干净利落，没有任何多余的装饰，既突出了这款醋的产品名称“原醋”，又与产品卖点“无添加”相吻合。

（3）卡通风。卡通风是以真实生活中的人物、场景为原型，归纳、概括出其特征和个性，通过设计师丰富的想象力，使用夸张变形、符号化、抽象化的艺术手法所设计出来的插图风格。如图 5–34 所示，插图设计了一位身着古代服饰的农夫竖起大拇指的卡通人物形象。人物身着古代服饰，表明此款醋产品酿造工艺历史悠久，竖起大拇指的动作是对其品质的赞扬。这样的卡通风格的人物造型风趣幽默，有很强的时尚感和艺术性。

（4）写实风。写实风的插图一般直接使用实景拍摄的照片，或是对真实的物品、景色等进行描摹，有直观、通俗、简明的特点。如图 5–35 所示产品名称是苹果醋，所配的插图是让人垂涎欲滴的带有枝叶的新鲜苹果。这样的插图设计可以使消费者非常直观地了解酿制此款醋产品所使用的食材，进而对其口感也有了更直观的感受。

图 5–33　CUCU 牌原醋包装设计

图 5–34　富晋牌 9° 白醋包装设计

图 5–35　紫林牌苹果醋包装设计

三、色彩设计

色彩设计即对包装中使用的色彩进行设计。在对山西醋文化旅游产品的包装进行色彩设计时，要特别谨慎，因为颜色会奠定产品的整体风格和基调，起到营造清晰的对比效果、迅速抓住消费者视线、增强消费者记忆的作用。在中国，每逢喜庆的节日，人们总是会用红色的装饰物来增添节日的氛围，因此红色总是给人以喜庆、欢乐的感觉。而黄色是灿烂、辉煌的颜色，象征着财富与光明，在交通、工业生产、日常生活中起到提示或警告的作用。图 5–36 中的“中国红”山西老陈醋的包装设计就是使用红色为底色，配以黄色的书法字体及装饰图形，使其包装不仅具有吉祥的寓意，同时具有较强的视觉冲击力。当然，根据不同的产品特色，设计师在颜色的选择上也会有所不同。如图 5–37 中华老字号东湖醋厂生产的“美媚醋”，主打养颜滋补，是以女性为受众主体的，因此包装的色彩设计选用了女性专属的粉色，以期产品能够受到女性消费者的喜爱。

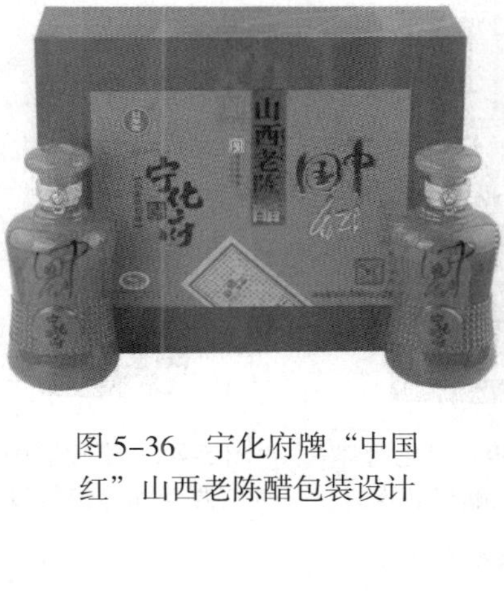

图 5–36　宁化府牌“中国红”山西老陈醋包装设计

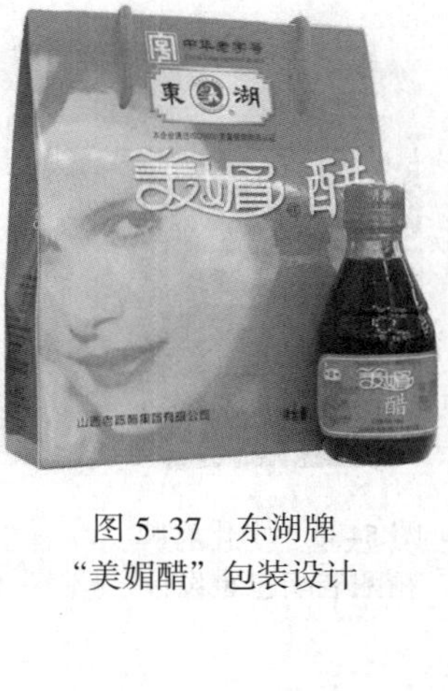

图 5–37　东湖牌“美媚醋”包装设计

四、编排设计

编排设计是装潢设计中的重要组成部分。只有将山西醋文化旅游产品包装中的各类元素以最合理的方式进行编排，才能够最有效地向消费者传达出产品信息，吸引消费者的眼球。山西醋文化旅游产品包装上的设计元素按照信息的重要程度排序如下：产品名称、产品宣传语、品牌名称、主体图形、企业名称、产品标志、产品重量等。通常将产品名称、产品宣传语、品牌名称、主体图形编排在最显眼的位置。编排的构图方式主要有以下几种：

1. 对称与均衡式

对称与均衡式是指将文字或图形元素以对称、均衡的方式编排在中轴线的两旁。如图 5–38 所示的编排设计中，图形与文字的编排遵循左、右对称的原则，这里的对称不是完全对称，而是相对对称，局部的不对称可以使版面不过于呆板。这种在视觉上达到平衡的编排方式，可以给人以稳重的感觉。

2. 线框分割式

线框分割式是指使用线条或几何图形将画面分为几个区域，使版面看起来规整、有序。如图 5–39 所示的编排设计中，版面被三个长方形分成三个部分。左、右两边是大小相等的黄色色块，上面编排了产品的说明文字、条形码等相对次要的信息。中间是红色色块，是版面中最醒目、最重要的位置，上面编排了产品名称、品牌名称、广告宣传语等重要信息。这种栅格化的编排方式是典型的理性化设计。

3. 穿插叠加式

穿插叠加式是指将图形、文字等元素按前后顺序相互叠加在一起的编排方式。如图 5–40 所示的编排设计中，白色的背景上绘有醋坊的街景，街景上又叠加着产品名称、品牌名称、广告宣传语等元素。这样的编排方式能够使版面看上去较为饱满，层次感也较为丰富。

图 5–38　宁化府牌
精酿老醋包装设计

图 5–39　宁化府牌
精酿老醋包装设计

图 5–40　宁化府牌 7°
山西老陈醋包装设计

4. 中心式

中心式是指将视觉要素集中在版面的中心位置，同时周边保留大片空白的编排方式。如图 5-41 所示的编排设计中，版面底色为红色，版面的正中心是一个占据很大版面率的圆形，这个黄色的圆形就是版面的视觉中心，上面写有产品名称“水塔陈醋”及广告宣传语“二年陈酿”。这样的编排方式使得版面看起来简洁明了，所要表达的主体更是一目了然。

图 5-41　水塔牌陈醋包装设计

图 5-42　上水井牌十年老陈醋包装设计

5. 散点式

散点式是将视觉要素无规律地、自由地编排在展示面上的编排方式。虽然是“无规律”地、“自由”地编排，但也应有相对的视觉中心。如图 5-42 所示的编排设计中，商标、品牌名称、产品名称、广告宣传语、产品说明文字、条形码等视觉元素被无规律地、自由地编排在版面中。品牌名称“上水井”的“上”字的字号明显大于周边其他文字，与其他文字形成鲜明的对比，且被编排在版面的中心，因此“上”字成为版面中的相对视觉中心，格外抢眼。这种编排方式是典型的感性设计方式。

第四节　山西省醋文化旅游产品包装的设计原则

为了设计出受消费者喜爱、安全、环保、具有市场竞争力的山西醋文化旅游产品包装，山西醋文化旅游产品包装的设计应遵循以下四个原则：

一、便利性原则

对于大批量生产、售价较低的山西醋文化旅游产品，进行包装设计时应充分考虑到生产成本问题，包装的设计应适应自动化、机械化生产的需求，提高生产效率、降低生产成本。

山西醋文化旅游产品包装的容器结构、造型设计应符合人体工程学原理，便于装卸、存储、拿取、开启等人与包装之间的交互行为。如图 5-43 所示，重达 9 斤的龙眼井山西陈醋的包装为塑料桶包装。由于产品重量较大，携带不便，设计师在桶的颈部设计了便于提拿的塑料提手。值得注意的是这个提手与人手接触部分的形体线为平缓的波浪线，波浪线有 4 处凹槽，正好用于放置人们提起醋桶时的四只手指，可保护人手不会被提手所勒伤。

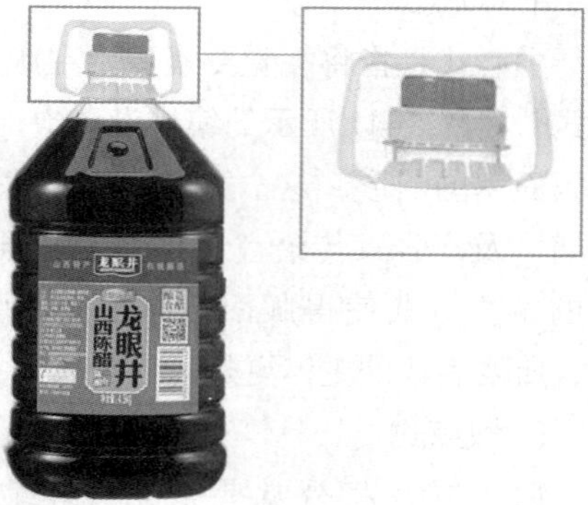

图 5–43　龙眼井牌山西陈醋提手设计

二、准确性原则

山西醋文化旅游产品包装的装潢设计应能够准确、迅速地向消费者传达商品的相关信息。尤其是在线下的大部分销售环境下，山西醋文化旅游产品只能在有限的空间里向消费者展示包装正面的信息。为了在有限的空间里尽可能地获得最大的展示效果，使消费者能准确、快速地寻找到自己心仪的产品，在如图 5–44 所示的包装设计中，设计师将所有需要展示的商品信息全都置于醋壶的正面，背面没有任何商品信息。产品名称“山西老陈醋”的字号最大，以反白的形式展现在消费者眼前，有助于消费者在各种销售环境下迅速、准确地找出该产品。

图 5–44　紫林牌山西老陈醋包装设计

三、安全性原则

山西醋文化旅游产品包装的安全性主要体现在包装材料的安全、山西醋文化旅游产品自身的安全和包装废弃物的安全。即：选用的包装材料要安全、稳定，不与盛装的山西醋文化旅游产品之间相互发生化学反应，不会对人体健康产生威胁；包装要能够保护山西醋文化旅游产品在运输、存储、销售等各个环节中都完好无损；包装废弃后不会对环境造成污染。如图 5–45 所示为山西宁化府生产厂网络销售的醋产品。厂家在玻璃瓶外套上加厚的防摔泡沫，用胶带纸封口，再装入纸箱发货，以确保装醋的玻璃瓶不会因磕碰而破损，给商家造成经济损失、对人体健康造成伤害。

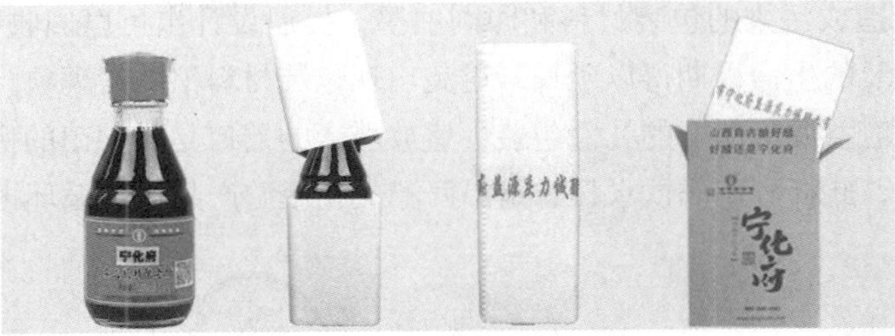

图 5-45　醋产品运输包装

四、创新性原则

山西醋文化旅游产品包装的风格样式应新颖独特，兼具艺术性与文化性，使消费者在阅读商品信息的同时不仅能够了解到山西醋文化旅游产品的食用价值，同时能够感受到山西地域文化的艺术魅力，对产品及品牌产生强烈的信赖感。但应注意包装成本要与山西醋文化旅游产品自身的价格相适应，不能过度包装。如图 5-46 所示为山西晋城沁河古堡特产——谷柿醋的包装插图设计。包装的插图设计使用了数字插画的艺术绘画形式，将古堡、河、谷、柿子等极具当地特色的元素归纳提炼，绘制成线条明朗、色彩艳丽、更容易被现代人所接受的数字插画印制于盒式包装上。

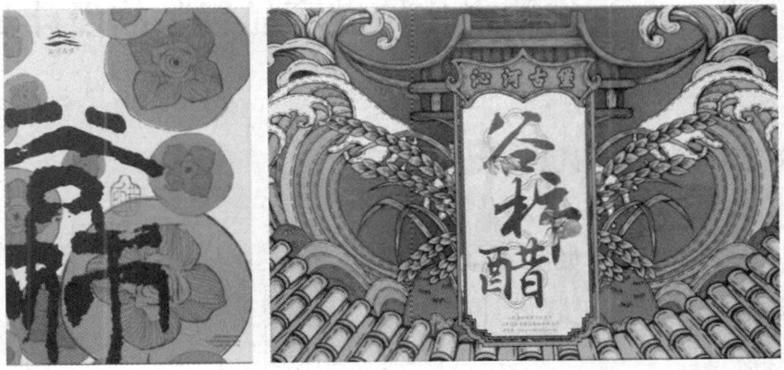

图 5-46　谷柿醋包装插图设计

五、环保性原则

在商品经济飞速发展的今天，产品包装给环境造成的污染已不可小觑。2008 年 8 月 29 日第十一届全国人民代表大会常务委员会第四次会议通过的《中华人民共和国循环经济促进法》明确规："设计产品包装物应当执行产品包装标准，防止过度包装造成资源浪费和环境污染。"设计并使用无公害、无污染、可回收再利用的包装是实现社会可持续发展的必经之路。山西醋文化旅游产品的包装材料应尽量选用不会对生态环境造成污染的包装材料和印刷油墨，提倡设计出可以回收再利用的包装形式，使得包装的生命周期得以延长，避免出现包装材料浪费的现象。如图 5-47 所示为山西宁化府益源庆醋膏的礼盒包装，盛放醋膏的器皿是景德镇的优质青花瓷杯。醋膏食用完后，此杯可用作饮水杯，是山西醋文化旅游产品包装循环再利用的典范。

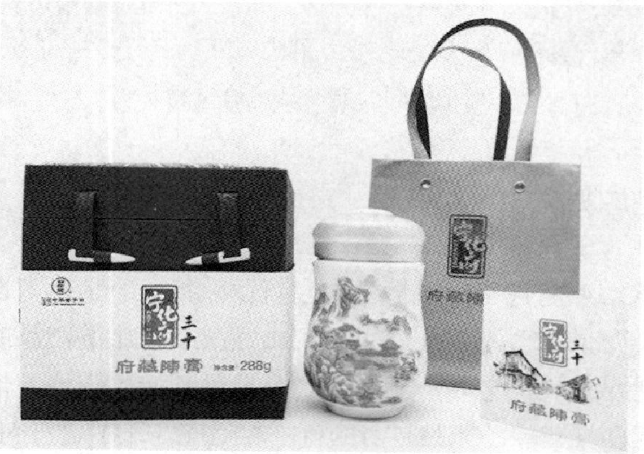

图 5-47 宁化府牌醋膏礼盒包装设计

第五节 山西省醋文化旅游产品包装的设计步骤

山西醋文化旅游产品的包装设计从构思到最终的印制生产是一个复杂且需要不断修改、完善的过程。如图 5-48 所示，山西醋文化旅游产品包装设计主要有以下三个步骤：

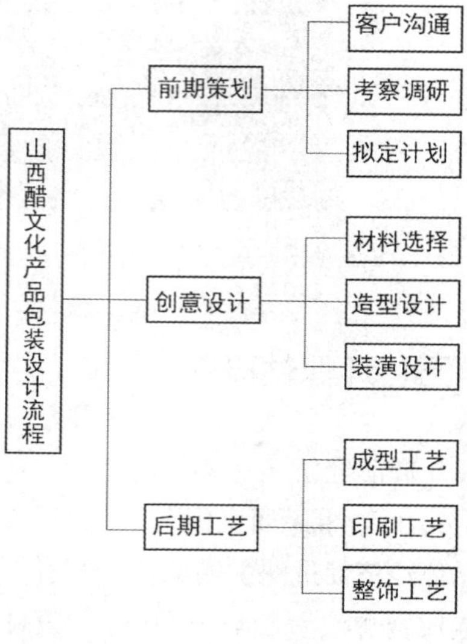

图 5-48 山西醋文化旅游产品包装设计流程

一、前期策划

1. 与客户沟通

山西醋文化旅游产品的包装设计从与客户沟通开始。与客户沟通的内容主要包括：了解此款产品本身的特性，如酿造工艺、功能、口感等，每一款产品都有各自不同的特性，应针对产品的不同特性来制定不同的设计方法；了解客户对包装设计的需求，在满足客户需求的同时，帮助客户将成本降到最低，为客户谋取最大化利益；了解此款产品的市场定位，不同的消费者的经济状况、年龄层次、文化层次，消费能力都不同，应有针对性地为不同的受众进行包装设计；了解产品的售价、包装预算，帮助客户选用最为合适的包装材质、制造工艺及印刷工艺等。

2. 考察调研

考察调研是进行山西醋文化旅游产品包装设计前一个非常重要的环节。设计师可通过文献查找、问卷调查、专家访谈、实地调研等方式了解山西醋文化旅游产品的市场需求，发掘目标消费群体，有针对性地制定出山西醋文化旅游产品的包装设计策略。同时也要对其他省份的醋文化旅游产品的包装设计进行考察调研，通过对比分析，总结出其他省份的醋文化旅游产品包装在创意设计、货架效果、销售业绩等方面的优势与存在的问题，为山西醋文化旅游产品的包装设计寻找有效的设计方法和依据。

3. 拟定计划

确定山西醋文化旅游产品包装设计的经费预算、人员分工、时间安排、预期目标等，以便按期完成设计。

二、创意设计

山西醋文化旅游产品包装的创意设计主要包括造型设计和装潢设计两个方面。造型设计是对包装容器的整体造型、结构、开启方式、辅助构件进行设计。包装容器的造型设计流程通常为概念发想、草图推敲、绘制效果图、制图、建模渲染、模型制作。制作模型使用的建模软件通常有 3DSMAX、Maya 等。在包装造型设计完成后，便可以对容器的表面进行装潢设计，设计的内容包括对文字、图形、色彩进行设计并将这些元素进行合理的编排。进行装潢设计时使用的软件通常有 CorelDRAW、Photoshop、Illustrator 等。在创意设计的整个过程中应反复与客户进行沟通，对客户不满意的地方及时进行修改。

三、后期工艺

创意设计完成后还需要利用包装机械，通过成型工艺、印刷工艺、整饰工艺等加工工艺流程，将设计稿变为真实的山西醋文化旅游产品包装。成型工艺是指将设计好包装材料加工为某种特定形状的包装。纸类材质包装的成型可利用糊盒机制作纸盒，用钉、黏合剂、胶带粘接纸箱。塑料材质包装的成型方法有很多，如吹塑、模压、热成型等。玻璃材质包装的成型方法可分人工吹制、机械吹制、挤压成型三种，山西醋文化旅游产品的玻璃材质包装大都属于机械吹制。陶瓷材质包装的成型是经过拉胚后烧制而成的。纸类材质包装，多使用柔性版印刷或喷墨印刷，印制的准确性高、速度快、图案清晰，色彩明艳。塑料材质包装的印刷以凹版和柔性版印刷为主，使用的油墨通常有醇溶塑料油墨、UV 油墨、水性油墨等安全性高、对环境污染小的油墨。印刷后可根据经费预算、承印材料特性等选择对其表面进行整饰工艺，如压痕、覆膜、上光、烫金、起凸、压凹等工艺。

第六章
山西省醋文化旅游发展策略研究

在过去20年的发展历程中，山西省醋文化旅游已经形成了较为成熟的旅游产品模式，将工业文化、非物质文化遗产、旅游融为一体，集醋的历史文化知识和酿制技艺展示、车间和厂区参观体验、购物与休闲等功能于一体，同时通过举办醋业博览会、醋文化旅游节等醋文化推广和交流活动。同时，山西省在醋文化保护与旅游开发中取得了引人瞩目的成绩，不仅提升了山西省以及太原市清徐县的“中国醋都”品牌形象，而且有助于推动山西醋产业的发展。随着醋文化研究工作的深入，以及清徐醋都小镇的开工建设，山西醋文化旅游发展已进入了新的发展时期，提升醋文化旅游形象、提高醋文化旅游品质，成为促进醋产业发展是未来发展的着力点。本章结合山西省醋文化旅游发展SWOT分析、醋文化旅游资源特征分析、游客感知分析等部分的研究发现，重点从整合醋文化旅游品牌形象、提升旅游品质和游客体验等方面，为山西省醋文化旅游发展提出策略建议，并在此基础上，提出山西省醋文化旅游发展的保障机制。

第一节　山西省醋文化旅游发展对策分析

一、目标和原则

（一）目标

1. 提升山西醋文化旅游品质

山西醋文化旅游未来发展的首要目标是继续提升醋文化旅游品质。山西省以鲜明的地方醋文化特色、高品质的老陈醋产品著称，游客对于山西省整体的醋文化特色印象深刻。与此同时，虽然山西醋企数量可观，名优产品品牌及种类数量众多，醋文化主题景点也居全国首位，但是“山西老陈醋”在游客心目中尚未形成系统的、清晰的、多层级的醋文化感知形象。尤其是老陈醋地理标志产品保护区域的整体形象、知名企业的品牌形象的认知程度不高。而且，目前山西省醋文化特色旅游的形式仍是以参观、品尝和购物为主，而深度的游客体验内容和品质仍显不足。此外，山西省的醋文化旅游资源种类和数量与其他省份相比最为丰富，但是与此对应的资源开发程度明显不足。因此，山西省醋文化旅游品质的提升具有较大的发展空间。提升醋文化旅游品质，不仅仅是提升山西省醋文化形象、使山西醋文化旅游发展保持领先的问题，而且可以满足不同游客的多样化旅游需求，为游客深入了解山西醋文化提供更多的体验机会，这也是解决省内醋企旅游同质化、省外醋文化旅游竞争性问题的有效途径。

2. 促进山西醋产业体系发展

以醋文化旅游促进醋产业的发展，以醋文化发展引领醋产业体系的发展，也是山西醋文化旅游未来发展的重要目标。在经济发展转型之时，以及文旅融合的旅游发展背景下，山西省提出了要把醋产业“做大做强”的产业发展目标。醋文化旅游的发展有助于提高山西醋产品的知名度和认可度，而且有利于提升地方醋文化特色、企业品牌形象和产品形象，为产品的差异化营销提供基础，进而提升产品利润空间，助力山西省醋产业升级发展。同时，醋文化旅游的发展需要对醋文化进行深度挖掘与开发利用、传统酿制技艺的保护与传承、创新产品的开发与推广、醋文化主题旅游产品创新，以及醋产品的研发与创新、旅游配套服务基础提升，这些软硬实力方面的进步和提升离不开醋企的投入和产业布局，因此会间接促进企业乃至山西省整个醋产业体系的发展。

（二）原则

1. 突出特色树立地方文化自信的原则

山西省整体上具有非常突出的醋文化特色，老陈醋的中国名醋形象深入人心，其悠久的酿造历史和精湛的酿制技艺具有极高的游客感知度，山西人以喜食醋的形象出名。此外，山西饮食也以酸味为显著特点。但是，整体醋文化特色的知名度和感知度并不一定能转化为游客和消费者对地方文化、产品的认可度，这些突出的地方特色反而容易形成其他区域人们对山西的刻板印象。因此，突出山西省的醋文化特色，宣传山西省的醋文化优势，并将其转化为与游客需求直接相关的服务或产品，是未来山西醋文化旅游发展需要遵循的基本原则。首先，要以提升地方文化自信为基本原则和前提，才可能提高游客或消费者的好感和认同感，从而提升地方醋文化旅游形象，以及醋文化旅游产品和醋产品的吸引力，最终实现醋文化旅游未来发展的目标。

2. 传统与创新兼顾的原则

山西省是食醋酿造的发源地，具有悠久的食醋酿造历史，最早可追溯至西周时期，直至清朝早期之间发展形成了成熟的老陈醋酿造技艺并传承至今。在上千年的酿造技艺发展过程中，山西省食醋酿造技艺和食用习惯早已形成了一系列的传统技艺和习俗。老陈醋精湛的酿制技艺不仅仅是山西省珍贵的文化遗产和资源，也是珍贵的文化旅游资本，是形成地区文化旅游品牌形象的基础。在未来山西醋文化旅游的发展中，必须坚持保护传统、传承经典的原则，并使其成为提升山西醋文化及地方旅游形象的招牌，成为提高山西醋企品牌价值和醋产品价值的文化基础。另外，在醋文化旅游产品开发和醋产品研发中，保持不断创新的势头，是满足不同游客和消费者需求的必然要求，这也是优秀的传统文化适应时代发展、活态传承的基础。因此，传统与创新兼顾的原则是山西醋文化旅游发展的基本原则之一，这有助于提升山西醋文化旅游形象，并且能够帮助扭转目前山西省醋产品利润率普遍较低的困境。

3. 标准化与多样性兼顾的原则

随着地理标志产品保护的实施，山西省的醋企逐渐走向国际市场，醋产业在产品生产过程中的流程标准化以及产品质量标准化的制定和实施势在必行。在未来山西省醋文化旅游的发展中，也应制定相对应的旅游服务标准体系，以规范并促进醋文化主题旅游服务品质的提升。标准化原则有利于醋产业和醋文化旅游业的升级发展。同时，山西省醋文化旅游资源的多样性和丰富性也是值得引起人们关注的特征。山西醋文化的丰富内涵，特别是醋酿制技艺的丰富性和多样性特征，构成了珍贵的山西醋文化资源体系。保护地方醋文化的多样性，就是保护地方的醋文化资源，可以为未来食醋酿制技艺创新、产品创新提供创新思路和物质基础。因此，标准化与多样性兼顾的原则也是山西醋产业发展以及醋文化旅游发展的基本原则，在发展标准化的同时，同时也要做好醋文化资源多样性的保护，在保护的基础上进行适当的开发利用。

4. 适宜性原则

适宜性原则是山西醋文化旅游未来发展应遵循的基本原则之一。适宜性主要体现在两个方面：一是要注意其他国家和地区在醋文化旅游发展中形成的先进经验的适宜性。只有适合山西省地方文化特色和醋文化特征的旅游发展经验，才是好的经验，切忌照搬照抄。二是注意旅游产品和旅游服务对于不同游客或消费者群体的适宜性。不同游客和消费者群体有着不同的旅游需求和醋产品购买需求，这与他们的地域差异、文化背景、烹饪习惯、人口统计学特征等方面的差异直接相关，在未来醋文化旅游发展中应该重视这些先天性存在的市场需求差异。同时应该注意到，在当今这个高度互通互联的时代，在醋文化旅游宣传和产品宣传营销中，可以尝试引导、教育消费者的饮食和烹饪行为，而不是教条地将消费者进行细分化。

二、构建醋文化旅游发展“省级—产区—企业”三级体系

针对目前山西省醋文化旅游形象整体突出、但是游客感知不够系统、全面的现状，只有通过构建醋文化旅游发展的“省级—产区—企业”三级体系，才能清晰地塑造并展示山西的醋文化特征，从而在醋文化旅游甚至醋产业发展中充分发挥山西

醋文化特色的优势。首先，应该梳理并整合山西醋文化旅游形象以及旅游体系，在此基础上构建清晰的、多层次的醋文化旅游产品体系，从而明确不同层级、不同主体的醋文化形象特征。“省级—产区—企业”三级体系有利于醋文化旅游的深入发展，从旅游服务提供方来看，有助于不同利益相关主题层次分明地开展相对应的醋文化旅游资源开发及旅游服务提升行动；从游客的角度来看，有助于了解山西醋文化历史与丰富内涵、了解产品特性，从而提升好感度与相关度。

因为山西醋文化的整体知名度很高，但是企业、品牌的知名度不高，而且老陈醋产品的认可度也具有明显的地域差异；而且，在旅游资源开发与产品宣传中，往往有主体不明确、醋文化相关内容非常丰富难以讲述清楚，造成游客认知或理解不清晰等问题。通过构建“省级—产区—企业”的三级醋文化旅游体系，有助于解决以上问题。第一级是从省级层面打造醋文化形象和旅游产品，而省级层面的整体醋文化形象上具有突出的优势，在游客感知中具有强势的地位。第二级是在地理标志产品保护区层面，包括山西省太原市清徐县、杏花岭区、万柏林区、小店区、迎泽区、晋源区、尖草坪区、晋中市榆次区、太谷县、祁县这10个县区组成的地域范围。产区层面的醋文化形象认知度低，其在旅游发展中的重视度被低估。在未来醋文化旅游宣传与资源开发中加以强化，系统梳理产区层级的醋文化特色，并举行相应的形象宣传与旅游资源开发。第三级是企业层面，也是目前醋文化旅游发展的主体，未来可根据三级体系梳理出企业作为主体的部分，提高醋文化宣传和旅游发展效率。可见，构建醋文化旅游发展的省级—产区—企业三级体系，属于结构性的梳理和调整，通过构建层级、区分主体，达到提高醋文化旅游发展水平，促进醋产业整体发展的目的。

（一）醋文化旅游形象的省级—产区—企业三级体系

首先，针对醋文化旅游形象进行省级—产区—企业三个层面的梳理，确定醋文化内涵不同维度及内容对应的主体，对于同一个维度对应多个主体的情况，重点要确定不同层级主体对应的内容差异。分层分级重点突出地进行醋文化旅游形象挖掘与宣传，这样更易于制定针对这一丰富内涵的地方文化营销宣传策略，有助于在游客和消费者心目中形成定位清晰、内容系统、重点突出的地区、品牌、产品形象。综合醋文化旅游体系供需双方的供给和需求特征，并根据醋文化内涵和游客感知维度的研究结果，初步从酿造历史、酿造技艺、饮食文化、产品品质、产品功效、相关民俗、品牌文化这七个维度，进行了三级体系的分级梳理（表6–1）。

具体来看，在省级层面，以食醋酿造历史、地方饮食文化、相关民俗这三个维度为重点，打造山西省整体的醋文化及旅游形象特征。在产区层面，以老陈醋酿造历史、酿制技艺、产品品质、相关民俗这四个维度为重点，打造山西老陈醋地理标志产品保护区的醋文化及旅游形象特征。在企业层面，以酿制技艺、产品品质、产品功效、品牌文化这四个维度为重点，打造各家醋企的醋文化及旅游形象特征。其中，酿造历史维度同时属于省级和产区两个层级，但是该维度在这两个层级中的侧重点是有所不同的，在产区层面可以强化老陈醋的酿造历史，而在省级层面则可以将其拓展至更久远的食醋的酿制历史。酿制技艺维度同时属于产区和企业两个层级，在产区层面应该强调产区内老陈醋酿制技艺的多样性，而在企业层面则应该更加强调其酿制技艺的独特性。产品品质维度同时属于产区和企业这两个层级，在产区层面以产区特征、老陈醋产品标准为重点，同样，在企业层面则应该突出自家产品品质的独特性所在。相关民俗文化维度同时属于省级和产区两级，在省级层面应更注重与老陈醋或其他醋产品的使用相关的民俗文化活动，在产区层面则应注重整理与挖掘与老陈醋生产有关的民俗文化活动。

这样，省级—产区—企业的三级体系在醋文化旅游形象定位与宣传中类似于组合拳的作用，不仅可以做到重点突出、易于实践，而且为高品质产品的研发与销售提供了游客教育和认可的基础。

表 6-1　醋文化旅游形象的省级—产区—企业三级体系

醋文化维度	省级层面	产区层面	企业层面
酿造历史	***	***	
酿制技艺		***/ 多样性	***/ 独特性
饮食文化	***		
产品品质		***/ 产区特征、产品标准	***/ 独特性
产品功效			***
相关民俗	***/ 与使用相关	***/ 与生产相关	
品牌文化			***

（二）醋文化旅游系统的省级—产区—企业三级体系

针对醋文化旅游体系也应该进行省级—产区—企业三个层面的梳理，从而丰富醋文化旅游内容，通过增加深入了解与体验的旅游内容，改变目前“游购”为主的初级旅游模式。一方面，醋文化旅游系统的三级体系可以将醋文化旅游产品或服务内容的提供主体扩大到省级、产区、企业三个层面，形成全方位的立体醋文化旅游系统；另一方面，旅游系统的分级也有助于明确不同旅游体系内容对应的三题，强化企业及其景区内的多种感官体验，为游客和消费者提供参观山西醋酿制、品鉴山西醋、食用山西醋，并且在旅游结束后长期使用山西醋的醋文化旅游系统。因此，在 Gunn（2002）提出的旅游功能系统模型基础上，保留醋文化旅游直接相关的元素，同时考虑到醋作为调味品的核心价值，将餐饮按照实际情况分为餐饮服务和醋特色餐饮两类，最终以吸引物、服务、信息、促销这四类元素构建醋文化旅游系统的省级—产区—企业三级体系（表 6–2）。

目前，山西省醋文化旅游系统以省级和企业两个层面为主，企业是承担地方醋文化传播的主力，省级层面在特色餐饮、特色专题两个方面仍有待加强。其中，特色餐饮是指与老陈醋或山西出产的米醋、柿子醋等其他醋产品相关的餐饮，满足了游客在旅游过程中对原汁原味地方美食的向往，同时也提升了山西醋产品的认可度和美誉度。特色专题是指从省级层面梳理、整合不同主题的文化旅游线路和资讯等信息，不仅可以为游客提供专业的、深度的、个性化的旅游需求提供帮助，而且可以借此宣传文案巧妙地推广山西地方文化特色与特产，促进地方旅游经济的发展。然而，醋文化旅游系统在产区层面则没有什么存在感，这与老陈醋地理标志产品保护区域的重要性地位不相匹配，也无助于给游客或消费者建立统一的产品形象，从而打消由于企业数量众多、产品类型种类、品牌数量众多给游客造成的困惑。但是，构建产区层面的醋文化旅游系统，还需要更为深入地醋文化资源挖掘以及游客或消费者相关研究结果的支撑，并且通过梳理产区层面的地域性特征，并形成产区自然风光、工业园、酿醋特色村庄人文及工业文化等研学旅游等专题旅游产品，从而不断丰富醋文化旅游系统。此外，醋都小镇这种旅游开发模式在其他类型的特色文化旅游开发中有不少成功的案例，例如酒文化、瓷文化特色小镇等，在这个多层级体系中，暂且将其归为产区层级。

表 6–2　醋文化旅游系统的省级—产区—企业三级体系

元素	省级层面	产区层面	企业层面
吸引物	特色餐饮	工业园、醋都小镇、特色村、活动	景区、特色餐饮、活动
服务	餐饮	旅游服务（导游）、餐饮	旅游服务（导游、品鉴、餐饮、课程）、餐饮
信息	特色专题	产区	企业、产品
促销	特产组合	产区特产组合	企业醋及相关产品

三、醋文化旅游品质的五维度提升对策

在构建省级—产区—企业三级体系的基础上，企业仍然是提供醋文化旅游产品和服务的最重要的主体，其旅游产品的品质直接决定了游客的旅游体验满意度。因此，从游客需求视角出发，从醋文化、醋产品、旅游产品、宣传营销和开发模式五

个维度，进一步针对企业层面提出山西醋文化旅游品质提升的改进建议，是促进山西省醋文化旅游升级发展的必然要求。醋文化小镇模式的实质是以醋文化为主题的地方特色文化展示的平台，目的仍旧是向游客提供醋文化及相关的旅游产品和服务。因此，这个五维度的提升策略对于醋文化小镇的建设与发展也是适用的。

（一）醋文化维度："讲好"故事

从醋文化的深度挖掘与开发利用角度来看，可以利用的山西省醋文化内容极为丰富、但是又略显繁杂，其中既包括了山西省食醋和老陈醋酿制的漫长发展历程、酿制技艺发展过程中的重要变化及其与山西晋商文化的共同发展史，也包括了省级范围、老陈醋地理标志产品保护区范围、企业范围等不同地理和主题范围的醋文化历史内涵。因此，如何讲好山西醋文化故事是未来醋文化旅游发展必须解决的一个基本问题。尝试从不同角度、专题和地域范围，对山西醋文化内涵进行梳理，在此基础上向游客和消费者简单、明晰地展示山西醋文化体系，是提升山西醋文化旅游品质的前提。只有讲好山西醋、山西老陈醋的故事，企业才能在游客感知印象中塑造出鲜明的醋文化特征，包括但不限于"历史、传统、经典、精良、潮流、健康、创新"等特征，这是醋文化旅游产品以及醋产品进一步赢得消费者美誉、提升游客认同度的基础。"讲好"故事的基本层面包括：① 讲好山西老陈醋的古今故事，即古代的酿制历史及传统技艺，以及当代的产业发展与技术创新；② 讲好山西老陈醋的省级、产区、企业故事，并且讲清楚山西的整体醋文化特色、地理标志产品保护区的特征与独特之处，以及企业的业界地位和独特之处。

（二）醋产品维度："做好"产品

醋产品是支撑山西醋文化旅游和醋产业发展的基础，其产品种类、产品品质是影响醋文化旅游游客体验的重要因素。因此，做好醋产品也是醋文化旅游品质提升的基础。"做好"产品可以从规范产品标准体系、新产品研发创新、产品用法指导、产品包装设计等多个不同的方面着手进行。首先，做好产品应该完善老陈醋产品标准体系，现行老陈醋产品标准仅对产区合格产品做了原料、产地、生产工艺以及相关指标的规定，但是仍然缺乏针对产品类型、品质、年份陈酿等的分级标准和质量规范。进一步制定完善的老陈醋产品分级标准体系，既有利于规范产品质量并促进产品种类的差异化研发，创建高品质产品的良性竞争环境，也有利于提升消费者对于老陈醋产品的认知与认可度。第二，做好产品还应该不断创新产品系列，满足消费市场的多样化需求及其变化。创新产品既有经典产品在品质、口味等方面的创新，也可以考虑近期醋及相关产品市场需求的变化趋势，比如人们对健康饮食、健康生活方式的追求，年轻群体对于时尚、新鲜事物的喜爱，中老年群体对于养身功效的关注等。由此也引出了第三个好产品的特征，那就是面对新兴市场需求，除了研发新产品之外，还可以推出相应的醋产品用法说明，这也是一个不可多得的进行消费者教育的途径。毕竟，醋是日常生活中必不可少的调味品，醋与人们的餐饮及烹饪习惯和技巧息息相关。推出具有地方特色的醋味菜肴烹饪的介绍，以及创新性菜肴，特别是那些与健康饮食、养生、潮流美食等有关的菜肴制作方式，都是赢得消费者关注的不错的选择。这种具有消费者教育功能的营销沟通方式，也是做好产品并教会消费者用好产品的重要环节，对于产品在用户端的表现具有重要的引导作用。第四个方面则是做好产品包装，好的包装应该是与产品种类、品质相匹配的，包括包装材质、造型、容量、其他设计细节，这不仅会在销售终端影响消费者对于产品品质的直观感受，而且会最终影响到企业的品牌形象。

（三）旅游产品维度："提供好"旅游产品和服务

在讲好故事、做好产品的前提下，进行醋文化旅游产品的梳理和创新，提供好的旅游产品和服务就成为提升醋文化旅游品质过程中最为重要和关键的环节了。那么，何为更好的旅游产品和服务呢？目前，醋文化旅游活动的核心内容是参观、品尝和购买这三个环节。在整个醋文化旅游的活动过程中，从视觉、嗅觉、味觉这三种感官使游客对于"醋"有了直观的体验和感受。但是，针对游客差异化的游览目的和需求，并未推出相对应的旅游产品组合或服务。醋文化旅游景点游客点评感知部分的研究结果显示，有相当数量的游客对醋产品的酿制技艺和工艺流程等知识性的内容非常感兴趣，同时，也有相当数量的游客是对其他醋文化以及醋产品的品鉴有浓厚的兴趣。可以尝试从更细化、个性化的活动形式和内容着手，通过在醋文化旅游景区开发差异化的旅游活动内容及组合，从而满足不同类型消费者的需求，提升不同类型游客的体验感受。例如，可以对醋文化介绍、酿制流程展示、醋产品品尝、餐饮、医疗、文创等环节进行合理地组合，针对不同兴趣点的游客提供不同的游览内容组合方式，从而提高游客对于醋文化的认知和体验深度，提升醋文化旅游的品质。此外，还应该关注那些未被满足的游客需求，比如老陈醋品鉴、老陈醋菜肴的享用及烹饪学习等，在现有旅游活动内容的基础上进一步增加新的旅游活动类型，或者通过举办各种主题活动，创新更多具有增值空间的延伸活动或服务内容，从而提高用户黏度和景区知名度。

（四）宣传营销维度："用好"网络媒介和形式

影响醋文化旅游的知名度和美誉度的因素不仅仅限于醋文化旅游形象、游客体验，还包括通过哪些渠道、采用什么方式进行宣传和影响，也就是说营销和沟通的方式也是至关重要的。近年来随着网络的快速发展，网络渠道特别是网络社交媒体已经成为游客和消费者获取、交流信息的非常重要的渠道，甚至逐渐发展成为大众认知并筛选旅游产品、消费品的重要途径。通过各种网络平台和渠道，不仅可以拓宽大众对醋文化旅游产业发展的感知，而且可以使醋文化旅游产品多元化及其营销成为可能。此外，对于年轻群体而言，“传统、经典、高品质”的形象可能并不能轻易地打动他们，也无法拉近他们与老陈醋文化及产品的距离，单一、刻板的醋文化旅游形象与年轻群体游客或消费者的相关性较低。因此，网络营销渠道是吸引年轻游客和用户的必然选择。网络媒介包括文旅官网、醋企官网、景区官网的形象打造、内容维度、活动通知等，也包括更多种类的数字化营销渠道，比如B站、微博、抖音等平台注册醋企或景区官方账户，用于维护相应客户群体的关系。统筹打造省级—产区—企业的醋文化旅游宣传名片，加强在各类型网络平台的信息发布和舆论引导，特别是着重于以山西醋文化旅游或山西文旅产业自媒体平台的打造，加强与游客、用户以及潜在用户的积极互动，是提升醋文化旅游品质的重要保障。通过这样的互动，甚至可以引导游客参与醋文化旅游的创意迭代，产生新的想法与创意，提高旅游者对醋文化旅游的兴趣，提升山西醋产品的消费者感知形象。

（五）开发模式维度：尝试与地方特色文化跨界融合

以上四个维度的发展建议仍然局限于醋文化专题旅游的范畴之内，除此以外，还应该从醋产品的多样化属性特征入手，尝试与相关领域的地方特色文化产业展开合作，探索地方特色文化融合发展与集群发展的实施途径。其实，目前也有不少成功的经验可以借鉴和学习，例如：镇江恒顺集团就将市民腊月打醋买年货的习俗与醋文化旅游活动融合，成功地打造了一年一度的酱醋文化节，并且逐渐将面向市民的活动发展成为线上线下同时进行的面向其他城市、区域消费者的年度活动。意大利摩德纳香醋产区的各个醋庄则是将醋文化旅游活动融入了当地绿色农业旅游的流行趋势，借助当地的美食文化优势、与当地各类原产地保护产品集群发展，成功打造了闻名世界的意大利醋庄旅游模式。山西省醋文化旅游的开发模式可以采用更加开放的、跨界融合的方式，在省级、产区、企业不同层面，鼓励不同主体共同探索醋文化与地方特色文化的跨界融合发展途径，进而逐步形成地方特色文化旅游的集群式发展，最终带动地方文化旅游的发展以及醋产业甚至其他地方特色产业的联动发展局面。

第二节 清徐县醋文化旅游产品体系开发建议

在清徐县醋文化旅游资源特征总结和综合评价分析的基础上，以其醋文化旅游发展特色和优势为出发点，综合考虑醋文化发展现状的不足之处，从政府、企业和社会层面提出清徐县醋文化旅游开发战略，并构建了三类醋文化旅游资源开发模式，在此基础上进一步完善乐清徐县醋文化旅游资源开发的机制。

一、改进清徐县醋文化旅游资源开发战略

（一）政府主导的合作型战略

政府主导的合作性战略是在以市场为主资源配置的基础上，充分发挥政府的主导作用，并与当地醋企业合作，争取清徐县醋文化旅游更大的发展。该战略主体是政府，在此战略的实施过程中，涉及多重交叉组合，包括清徐县政府、清徐县旅游局以及市场和当地醋企业。地方政府主导的合作型战略主要内容包括观念主导、政策主导、管理主导和资金主导等几个方面（田里，2006）。政府为促进清徐县醋文化旅游发展，首先要转变经济增长方式的观念，从传统只注重规模的扩张中走出来，树立质量效益观念，坚持速度与效益的统一，需要考虑国内外旅游市场需求的变化趋势，通过提高醋文化旅游产品的质量来提高竞争力；政策主导则是需要政府成立相应的旅游管理机构，制定有关清徐县醋文化旅游发展的政策法规；管理主导则是需要提升当地旅游管理部门行政地位，提高对企业和市场运行的监督执法能力；资金主导则是需要政策和管理的协助，开征旅游税，增加关于醋文化旅游的宣传，在多个地区设立宣传办事处等。而政府合作则是与本土的醋企业合作，现在清徐县范围内收益可观、影响力较大的景区（点）都是由当地企业投资建设而成的，例如宝源老醋坊、山西醋文化博物馆、各醋产业园区。可以加入对企业投资建设景区（点）的资金注入，协助醋文化旅游景区（点）宣传等。

（二）经济新增长点战略

选择和确定经济新增长点战略，必须把握五项基本原则：一是符合转变经济增长方式的要求，有利于经济增长的集约化；二是市场需求量大，有利于增加有效供给；三是产业关联度高，有利于带动相关产业的发展和结构升级；四是国际竞争力强，有利于扩大出口创汇；五是投资回收快，有利于形成经济的良性循环。清徐是

我国食醋年产出量最大的县，出口众多国家和地区，清徐县醋产业集群的建立，有利于整个地区产业集约化，为旅游资源的开发奠定了物质基础，同时现有龙头企业水塔、紫林等企业推出醋文化旅游产品，带动了相关产业的结构升级。通过依托当地政府在旅游规划中强调发挥县域文化特色，依托醋产业的发展，促进醋产业与文化旅游相结合，积极发展文化旅游业的号召。清徐县醋文化旅游正处于成长阶段，旅游产业体系已基本建立，随着旅游产业体系规模的不断扩大，仍需较大的投资与建设，根据新战略的部署，政府出台投资优惠政策、合理配置各种资源要素，吸引外资的投入，从而获取可观的经济效益。在政府的推动下，清徐县运用醋文化旅游、葡萄文化旅游、生态人文旅游区的建设，经济新增长点战略将成为其发展旅游的新战略。

（三）"旅游 +"战略

"旅游 +"是以人力资本开发、创造力激发的广泛参与、广泛受益、广泛分享的过程，将旅游产业与其他业有机地结合，不仅为旅游业的发展提供内容和文化元素，同时也促进各行各业产业发展。"旅游 +"战略主要包括"旅游 + 互联网""旅游 + 休闲""旅游 + 康养""旅游 + 新型城镇化""旅游 + 购物"五大子战略。

"旅游 + 互联网"子战略，是指除了清徐县景区已在 2017 年开始实行网上平台销售以外，需在此基础上增加景区无线局域网覆盖、智能导游、电子讲解等功能，打造智能景区，为游客提供便利，完善基础网络建设和旅游数据共享工作，为景区管理决策、市场营销提供科学的依据。当地政府要建立信用评价发布机制、奖惩机制，企业信用档案等，同时利用互联网打造品牌声誉。

"旅游 + 休闲"子战略，是指发展休闲农业与乡村旅游相结合的旅游发展战略。我国现鼓励民众错峰休假和弹性作息，打造满足大众化、多样化、多层次需求的休闲旅游。以现代农业示范园区为主体形态，通过培育龙头企业，发展现代高效观光农业。醋产业集群所在的孟封镇就位于现代农业示范园区中心地区，汾河生态廊、潇河生态廊由此经过，拥有优美的自然风光，培育国民度假休闲圣地。

"旅游 + 购物"子战略，则是以促进景区旅游商品的销售为目标。清徐县醋文化旅游商品全部以醋以及醋制品为主，增强旅游商品研发、创意支持力度，推进旅游商品品牌提升工程，培育龙头旅游商品企业，加大对老字号商品、民族旅游商品的宣传，鼓励优质的醋旅游商品进入主要口岸、机场、码头的购物区和城市大型商场超市。恒顺镇江香醋的品牌效应就值得山西醋企借鉴。

"旅游 + 康养"子战略，是以健康养生为目的的旅游，仓廪实、衣食足的人们更加追求如何能健康长寿。醋本身具有消除疲劳、增强消化功能、预防心血管疾病和糖尿病、提高肠胃杀菌力、美容护肤、预防肥胖、抗癌提高免疫力、改善血脂等的功能，具有高价值的养生功效。以中医为辅助，提供多方位、层次的旅游环境，与“旅游＋休闲”相结合，开展康养旅游。

“旅游＋新型城镇化”子战略有利于创新游客体验，发展特色旅游城镇，发挥旅游对新型城镇化的引领作用，例如孟封组团，是以醋产业园区为发展依托，可以打造醋文化特色小镇，打造醋都，充分发挥地缘优势。

（四）可持续发展战略

可持续发展战略早已成为世界性和世纪性的话题，引起了世界各国政府和人民的广泛关注。可持续发展并不是单纯的环境保护，主要是考虑首先要满足当代人的需求，即无论富国、穷国、富人、穷人，都有生存和发展权；其次考虑后代的满足，即达到代际之间的公平；最后需要考虑环境和资源的承受限度。旅游业可持续发展战略的基础是资源的永续利用，核心是旅游业发展中的经济效益、社会效益和环境效益的统一。在实施旅游可持续发展的过程中，首先政府的宏观决策和管理措施是决定性因素。政府应发挥观念主导、政策主导的作用，制定与当下经济、社会、文化和环境发展相协调的旅游发展规划，在规划的指导下加强管理；其次制定切实可行的法规和制度，对旅游投资者、经营者、旅游从业人员、当地居民和游客的行为进行规范，调节各方利益，确保清徐县醋文化旅游的健康、协调、有序发展。醋作为可再生资源，应充分利用当地的旅游服务和旅游设施，合理配置资金、技术、人才等经济资源和人力资源；最后开发利用清徐县醋文化旅游资源，不仅要努力增加税收，提高经济效益，还要扩大其社会效益和环境效益，为本地区创造更多的就业机会，改善居民的生活质量，更好地满足人们日益增长的物质和文化需求，同时也要响应清徐县“双区”建设，精心保护和管理好当地的自然生态环境。

二、重构清徐县醋文化旅游资源开发模式

（一）民俗节庆活动型开发模式

民俗节庆活动是以当地独具特色的文化与民俗为基础，主要展示当地居民的文化生活，通过举办节庆活动进行展示的一种旅游开发模式，体验性较强，能够感受当地文化强大的生命力。传统的民间节日一般都有数百年甚至上千年的历史，有着丰厚的文化底蕴和特殊风格，游客可以通过这种形式了解当地的民俗生活，还可以参与其中，不仅使游客在庆典狂欢中受到感染和熏陶，得到休息、娱乐，而且还能开阔眼界、增长知识（张勇，2012）。

以醋文化为背景，将各种民俗表演糅合到民俗节庆活动当中，以当地企业为主

导，政府进行辅助与监测，每年四月初八，山西酿醋业将举办祭奠仪式，来祭奠行业祖师爷——“醋姑姑”或“醋仙”，但是目前这种祭奠仪式只是小规模举办而已，可以将其规模扩大，通过原汁原味的祭祀、开坛、淋醋、酿醋等环节，让游客在游玩的同时，也感受到清徐醋文化与老陈醋的醇厚。与此同时，还可以将清徐县传统的清徐“徐沟铁棍”等非物质文化遗产的民俗表演、清徐县特产——孟封饼、徐沟豆腐干、清徐罐渣与祭奠仪式相结合，增强醋文化民俗节庆活动的色彩。值得注意的是，清徐县醋文化资源比较丰富，但一定要避免资源表现出“散、小、低”的特点。所谓“散”就是指部分醋文化资源与节庆资源都散落在各个区域内；“小”指的是资源只出现在小的区域范围内，如某一村、一乡镇或一县域；“低”主要指资源的档次低且影响力与吸引力低。针对这种情况，应该在将各种散落的醋文化资源整合的基础上，再将醋文化资源与各种节庆资源进行整合，并以节庆活动为载体，开发出的旅游产品就会系统性强、主题鲜明。如可以推出“做一次清徐人”的旅游产品，让游客在做清徐人的期间，体验到清徐当地居民的醋饮食文化、醋酿造文化、醋民俗文化等。

（二）康体健身型开发模式

大众旅游不断向受众旅游过渡，游客们的需求不再只是单纯的观光旅游，而是更加注重身心和谐健康的旅游方式，因此大力发展以膳食营养、理疗健康等为手段，促进人体、心智、精神和谐健康为目标的康养旅游可谓正当其时。目前我国康养旅游尚处于初级阶段，可以先从发展养生旅游、生态旅游入手。借鉴国际上的经验，清徐县应当充分发挥山西醋的资源优势，从“身”“心”两方面着手，发展具有清徐县陈醋特色的康养旅游。

第一确定康养旅游基地所在地区。康养旅游基地位于山水交融，空气质量优的地方，根据清徐县城市规划明确的空间总体架构，规划旨在形成“双城、双区、三廊、三轴”的总体结构，其中双区中包括西山生态旅游区，是指清徐县西北浅山地带，结合现有文物古迹，通过葡峰山庄、龙林山等森林公园、生态旅游区的建设，发展成为西山生态旅游区。以此为环境基础，建设综合性康养旅游基地。第二加快相关配套设施建设。建设陈醋熏蒸房、陈醋热疗室、产权式公寓、度假别墅、会议室、健身房等一系列配套设施，为前来康养旅游基地的游客提供醋疗养、运动健身、文化疗养等设施。第三设立陈醋特色的疗养项目。主要开设醋熏蒸、醋热敷、醋泡脚等项目，醋熏蒸利用醋对多种细菌、病毒较强的抑制和杀灭功能来预防感冒，提高人体自身免疫力，醋热敷则可使肌肉松弛、血管扩张，促进血液循环，有活血、消肿、止痛的功效。用醋调和中药外敷还可治疗扭伤、骨折、软组织损伤、骨质增生等。醋泡脚可加速脚部血液循环，使更多血液流入下肢末梢血管，醋的刺激作用对大脑皮层产生抑制作用，可使大脑舒适轻松，加快加深睡眠。醋有较强的抗菌、杀菌作用，对治疗脚气也有明显的功效。除此之外，醋是酸性物质但却和水果、矿泉水一样是碱性食品，它可以通过生物氧化功能中和人体内的酸性，达到减轻疲劳、恢复体力的目的，同时还可促进肌肤的新陈代谢，令皮肤光泽细腻，美容养颜。第四丰富旅游日程安排。利用会议室等基础设施，加入适当的互动性讲座和培训，配合陈醋特色疗养项目，引导游客进行运动，但更多的是自由活动，在西山生态人文区中，怡情养性，欣赏丰富的人文和自然景观。第五提供购物旅游商品店。完善康养旅游链条，加入购物旅游商品店，为游客提供具有保健疗养功效的醋及醋制品，以及清徐县地方特色的小吃、土特产，使游客在修身养性的同时，还能买到适宜的醋产品，满足对异乡的好奇之心，同时也带动了当地的旅游经济发展，营造了一个绿色健康的城市形象。

（三）区域特色型开发模式

1. 创建醋文化旅游特色小镇

旅游特色小镇是建立在具有一定的人口经济规模、特色产业鲜明的几十平方公里土地之上，凭借着独特地域和风土人情的几平方公里区域，将生产生活生态空间相融合，采用吸引大众眼球特色旅游的方式，带动县镇乡村的发展。

创建醋文化旅游特色小镇，因地制宜是发展关键。清徐县是我国食醋的发源地，距今已有 3000 多年的历史，历史底蕴深厚，酿造手法独具一格，所制造的醋产品系列已远销几十个国家及地区。清徐县孟封镇现已形成了我国目前最大的醋产业集群，根据清徐县政府出台的城市建设规划，需高起点完善规划体系，优化城镇功能布局，强化要素支撑，以孟封镇为次中心，加大扶持产业园区发展力度，建设专业特色镇，最终全县形成“双城、双区、三廊、三轴”的总体结构。首先合理规划醋文化旅游特色小镇的区位。醋文化旅游特色小镇以孟封镇为基础，合理规划几平方公里区域，涵盖现有的宝源老醋坊、紫林醋产业园区以及正在建设中的醋博园等主要景区（点），由于醋文化旅游景区（点）是由当地醋企业投资建设而成，景区（点）与本地醋企业交织一片，可以更为完整地向游客展示传统醋文化与现代醋文化的碰撞与融合。其次展现独具特色的小镇风貌。如小镇的建筑，可以在建筑的外墙上绘画“酒发酵变醋”“杜康之子造醋”“刘伶之妻造醋”“尧帝与神农氏教化民众制醋”传说故事的情景，以及清徐县历朝历代食醋发展历程，营造出 3D 立体效果的制醋流程壁画，在游客娱乐游览的同时，也传播了醋文化的部分内容。孟封镇以北的潇河新城，规划打造太原市南部教育文化组团，可以向本地专家寻求智力支持，进行专业指导，合力打造小镇的特色风貌；然后加强小镇的基础设施与公共服务建设。加强小镇的给排水、供暖、供气、电力、通信等领域的专项规划和实施，增强小镇的旅游承载能力，借用现代农业示范区（柳杜乡、孟封镇、西谷乡以及东部的集义乡）建设的东风，提升整个小镇的公共服务能力。除此之外，也要加强汾河生态廊道的建设，为小镇的发展提供健康优美的生态环境。最后促进清徐县醋旅游产业集群的建设。当地政府进行政策引导、技术支持以及资金注入，规划建设清徐县醋文化旅游产业集群的建设，加强企业之间互动与合作，完善旅游产业链的发展，为醋文化旅游特色小镇的建设提供源源不断的动力支持。醋文化旅游特色小镇建设时，一需严防政府债务风险，稳妥把握配套设施建设节奏，注重引入大中型民企等作为特色小镇主要投资运营商；二需严控房地产化倾向，控制好住宅用地比例，避免炒房等不良现象的出现；三需严守生态保护红线，严禁以建设特色小镇为名，破坏当地的生态环境、文化遗产等。

2. 打造醋文化传统古村落

特色古村落这里是指原生态民居村落，游客只有走进现实的生活生产去，才能体验到旅游地民俗文化的真正内涵和独特魅力。少量投资建设原生态民居村落的基础设施，搞好环境卫生，对相关旅游服务人员进行专业培训等。保持原生态民居村落的原有风貌、生活饮食习惯，真实地向游客展现出当地的民俗风情。在旅游开发时，必须以保护为前提，在不破坏当地风俗习惯的基础上进行开发，而且也要综合考虑被开发村落的区位条件、交通状况、旅游承载力、客源市场等因素，必须进行充分的市场论证，因地制宜，适度开发。

以当地的古村落为依托，展示特有的饮食习惯、菜肴制作、礼仪习惯等为吸引物的一种生态民俗文化旅游产品开发。吸引游客前来感受将非物质文化遗产与古村落结合的醋文化旅游方式，采用以醋文化为主题的古村落旅游开发方式。例如清徐县的古村落贾兆村，在不破坏原有古村落建筑的前提下，建立与当地山水相结合适合休闲观光的农家乐休闲屋，展示古村落中居民手工酿醋、制作特色醋味饮食的场景，也可以让游客参与到手工酿醋的过程中，体验“吃农家饭，干农家活”的乐趣，同时联合发展空间距离较小的村落，采用对称互惠共生的一体化模式，如黟县旅游经营模式，以西递旅游公司、京黟旅游公司为龙头，建立资源共享、优势互补、利益共享的一体共生经营模式，避免旅游的低水平重复开发建设，同时大力发展休闲、参与性旅游项目，激活了旁侧经济效应，而对古村落旅游开发则实行严格把关的原则，对已开发的古村落分门别类，选准主题，这样也同时避免了企业因“产品的同质性”而造成的恶性竞争，从而在行为上形成一种对称互惠共生模式（赵海荣，2008）。旅游企业与古村落进行合作，以每村不同的酿造方法、不同种类的醋品为主题，打造醋文化村落，做到一村一特色、一村一主题，增加各村落的旅游吸引力，促进古村落的经济繁荣，从中也展现了当地淳朴好客的民风和特有的醋文化。

三、完善清徐县醋文化旅游资源开发机制

针对目前清徐县醋文化旅游发展以及资源开发中的不足之处，从政府、企业和社会不同层面提出一系列建议和措施，以完善清徐县醋文化旅游资源开发机制，具体如图 6–1 所示。

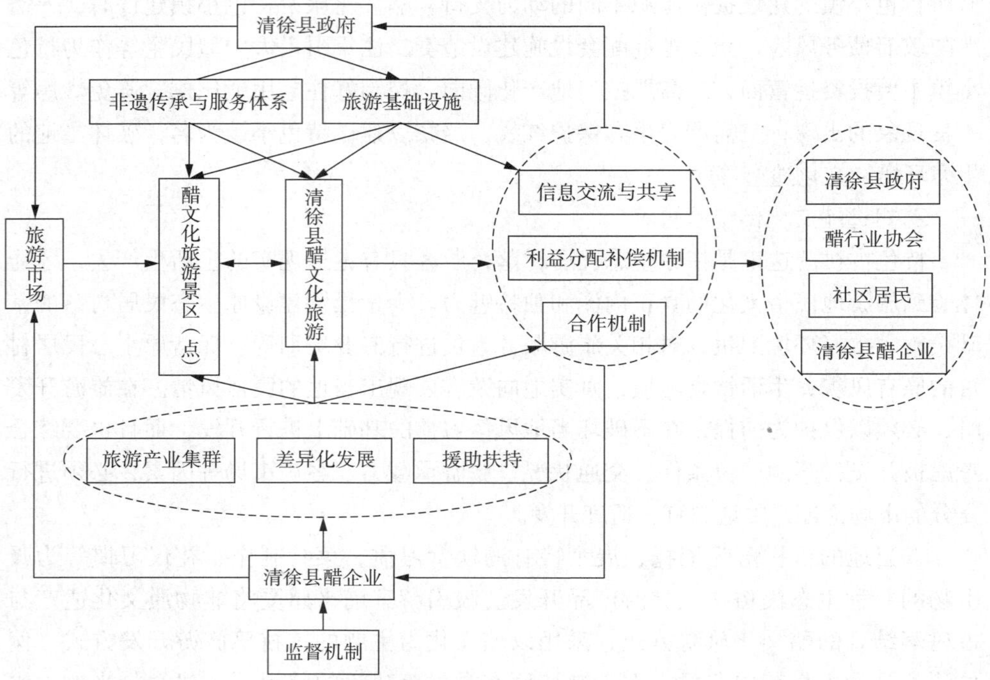

图 6–1　清徐县醋文化旅游资源开发机制

（一）政府层面

1. 增强醋文化旅游的可进入性

旅游的异地性决定了旅游地交通通畅和便利的重要程度，旅游地的可进入性作为二者之和，其程度会影响到旅游产品的吸引力、感知品质。清徐县就地理位置而言，无法与位于省会太原市的东湖醋园相媲美，所以必须保证交通道路的通畅性与舒适度。根据对游客的调查，部分游客对境内的交通道路的舒适度不满，主要是由于境内大量的煤炭货运货车的不断碾压，导致多条公交道路路面受损，维修道路的进度无法跟进货车破坏的速度。当地政府应该合理规划旅游交通和货物运营路线，以及货车出行的时间段，加紧对交通道路的维护与修缮，从而提升游客感知质量和交通舒适度。着眼于长远的发展，修建旅游交通路线更为一个高瞻远瞩的策略。

2. 构建醋文化旅游非遗传承与服务体系

老陈醋的酿醋技艺属于国家级非物质文化遗产，首先地方政府对非物质文化遗产传承人（团体）、古村落、传承及其“权责利”提供法律和行政制度保障。主要措施包括进一步完善非物质文化遗产传承制度，建立非物质文化遗产资源产权制度，培育非物质文化遗产技术技能专门科研力量，将非物质文化遗产专业技术技能人才培养加入高等教育体系等。其次培育产业主体（非物质文化遗产旅游企业），为非物质文化遗产传承人创业和企业投资提供科学指导，培育非物质文化遗产旅游产业集群；为非物质文化遗产文化旅游业发展提供基础设施、金融服务等区域投资硬软环境支持。

3. 均衡利益相关者之间的利益

政府位于醋文化旅游发展的主导地位，应当妥善处理与企业、社区居民之间的利益分配问题。出台相关参与咨询、利益分享机制的政策法规，优化管理体制，严格把控整体规划、市场监管等公共服务职能。对于企业，不同阶段的企业提供不同的资金、技术、人才等方面的环境支持，同时也可以采取免税等政策优惠的激励制度；对于社区居民，需创造居民咨询机制、利益分配机制以及居民旅游专业技能机制，同时也要加强对青少年的教育，发挥教育的巨大潜在功能。

（二）企业层面

1. 创新产业集群机制，加强企业之间的互动合作

旅游企业之间的合作包括垂直合作与水平合作，前者是指同一产业不同企业环节之间的合作，存在着产业链的联系；后者则是同类企业之间的合作（冯卫红，2008）。目前清徐县已经形成了以食品制造为主的醋产业集群，传统的产业集群需要不断创新，才能迎合时代潮流的发展。旅游产业的创新机制分为外源与内源两种方式，外源包括经营者外出参观学习、与群外企业的联系与合作、与群外专家或相关机构交流或合作等；内源包括满足游客需求、集群内企业之间互动学习，通过彼此之间正式与非正式合作传播知识，进行自主创新或模仿创新，促使企业要素、资金、信息、管理等方面的互动合作，实现知识的流动和信息的传递（冯卫红，2013）。

2. 落实差异化发展道路，完善醋文化旅游产品体系

针对不同的目标市场，采取差异化发展道路，满足不同层次游客的多样性需求，同时，解决目前醋文化旅游景区内旅游产品单一的问题，需尽快完善醋文化旅游产品体系，丰富各类旅游资源产品，增加游客体验的环节，避免单纯参观而无互动的机械化旅游感知，延长游客停留和消费的时间，设计具有当地醋文化特色的独一无二产品。在旅游过程设计中，根据醋旅游资源评价结果，醋的制作流程展示也是至关重要的，各企业、景区（点）应该在醋的制作流程方面展现得更为细致、美观，有关核心技术部分可以有所保留。延伸旅游产品产业链，同步提高醋文化旅游的经

济价值和文化价值，发展多层次、复合型的醋文化旅游产品体系，形成旅游产品的集约性供给。

3. 树立企业品牌形象，加大醋文化旅游宣传力度

品牌是塑造产品、提升产品竞争力和附加值的原动力（史云，2008）。建立完整的品牌管理体系，对内加强培训旅游从业者的个人素养和专业基本技能；对外统一管理，避免再次出现之前的“黑心醋”事件，影响醋企业乃至清徐县、山西省的形象。根据突出自我个性的原则，每个醋企业将自身特色采用明显的标识凸显出来，可以从醋的酿制方法之间的差异入手，使游客在第一印象就能感受到不同醋企业及所辖景区（点）的特色。另外增强醋文化旅游的宣传力度，借助各种媒体的传播，外省可定期举办醋文化旅游的宣传推荐会，扩大醋文化旅游的知名度和覆盖的年龄层次。

（三）社会层面

1. 社区参与醋文化旅游发展

清徐县政府着力将清徐县打造成“醋都”，除了依靠政府和企业的努力，当地社区居民也应共同参与进来。社区参与旅游发展是指把社区作为旅游发展的主体进入旅游规划、旅游开发等涉及旅游发展重大事宜的决策、执行体系中。当地居民需参与醋文化旅游的决策，提出居民对醋文化旅游未来发展的希望和建议；参与旅游利益的分配，赢得社区居民的就业机会和干净无污染的居住环境；参与旅游知识培训，以及提升旅游发展中的生存能力和技能而进行的相关培训（刘纬华，2000）。

2. 醋行业协会协助文化旅游发展

醋行业协会主要是由有关社团组织、企业事业单位自愿组成的非营利性、非政府性、互益性的社会组织。醋行业协会可提供行业公共产品，克服消极外部性，在醋文化旅游发展的过程中，通过协作的方式解决矛盾和不利因素；沟通政府与利益相关主体，发挥政策渠道作用，在整个市场运作内，政府需要面对多个分散的利益群体，醋行业协会可以有效充当宏观与微观之间的信息传导机制，将多个层面有效地连接起来，以便于政府能够最大化地平衡各主体的权益；扩大经济交流范围，参与全国竞争，目前清徐县醋文化旅游主要面向的是全国的游客，随着醋文化旅游的不断发展扩大，需要行业协会组织作为民间窗口在对外交往中承担更多的任务，推动醋文化旅游迈向更大的发展平台。

第三节 山西省醋文化旅游发展保障机制

一、完善相关法律法规及标准体系

醋文化旅游发展既是地方旅游事业的发展内容，也是食醋产业发展的一项重要内容。醋企既是食醋产品的生产企业，又承担着醋文化旅游发展的重要角色。醋文化旅游的良性发展离不开完善的法律法规以及相关行业标准体系的保障。山西醋文化旅游发展的法律保障体系主要包括旅游法律法规体系和食醋行业标准体系两大类。旅游法律法规规范了旅游企业提供的产品和服务质量，强化醋文化旅游的市场监管，保障醋文化旅游的良性运转；食醋行业标准体系则保障了醋企生产过程及最终产品质量，创造良好的市场环境，从而为醋文化旅游提供扎实的物质基础与良好的口碑形象。两类体系的作用相辅相成，共同构成山西醋文化旅游发展的法律保障环境。

一方面，我国文化旅游产业适用的法律法规是在《宪法》《文物保护法》等框架内以《旅游法》为核心的法律规范，同时还涉及众多的法律法规，以地方性法规和国家政策等类文件为主，目前还没有针对文化旅游产业的专项法规。文化旅游相关的法律、地方法规、国家政策文件是保障醋文化旅游的健康、良性发展的基础。另一方面，原国家质检总局、国家食品药品监督管理总局等多部门发布了有关食醋生产工艺、卫生规范、产品标准、地理标志产品保护等一系列有关食醋生产和产品品质有关的国家标准和规范文件，这构成了山西醋文化旅游发展的产品质量保障体系。产品质量保障体系的一系列标准规范包括《原产地域产品山西老陈醋》（GB 19777—2005）、《地理标志产品标准通用要求》（GB/T 17924—2008）、《地理标志产品山西老陈醋》（GB/T 19777—2013）、《食醋生产企业生产环境卫生规范条例》《山西老陈醋质量标准》《生产工艺规范》《质量品评标准》《食品安全国家标准食醋生产卫生规范》（GB 8954—2016）等。

生产规范从技术层面规范了食醋的生产过程，增加原料采购、验收、运输和贮存、产品追溯与召回、记录和文件的相关要求，增加“食醋生产加工过程的微生物监控程序指南”“自培菌种的卫生要求”附录等内容，对食醋生产中的食品卫生和安全问题做了细致的规范和要求，对于整治山西以及全国食醋市场秩序起到重要的保障作用。地理标志产品标准则规定了地理标志产品山西老陈醋的术语和定义、保护范围、要求、试验方法、检验规则及标志、包装、运输和贮存，解决了老陈醋产品的地理归属问题，为提升山西醋企竞争力提供了机遇。但是，有关食醋的分类分级标准和产品规范缺失，因而醋企生产不同种类和级别食醋产品的市场环境得不到保障。2019 年山西省食品工业协会通过了《山西食醋分类》团体标准立项，对山西食醋的分类情况进行梳理与挖掘，旨在最大程度地保留与还原山西食醋发展历史及传统工艺，规范企业生产。制定食醋产品分类分级标准和产品规范不是一蹴而就的事情，需要行业协会、地方醋企的广泛参与，不仅需要综合生产工艺、产品品质的差异，还应结合消费市场的角度和考量要素，真正形成有利于山西醋产业做大做强的深层次产品分级标准。

二、加大政策支持推动产业发展

醋产业的发展壮大是山西醋文化旅游进一步发展的前提，不仅为醋文化旅游提供资金投入、产品创新，也是醋文化旅游产出转化的出口，最终形成以醋产业带动文化旅游发展，以醋文化旅游促进产业升级的良性循环。制定山西醋文化旅游发展规划，统筹醋文化旅游发展，加大政策支持面和支持力度，以推动醋产业发展，是山西醋文化旅游发展的经济和发展环境保障。

山西省各级政府制定一系列相关促进产业发展的政策，从解决行业关键发展问题的“醋八条”，到提出发展为山西省八大优势产业集群之一的发展定位，再到提出促进醋产业做大做强的发展战略和措施，为山西醋文化旅游的发展提供坚实的产业发展环境保障。2009 年山西省财政厅、经信委、商务厅、质监局、文化和旅游厅等部门联合制定《关于促进山西醋产业加快发展若干意见》（晋财建〔2009〕524 号），简称为“醋八条”，从提高市场占有率、制定和完善行业标准、加大研发力度成立研发技术中心、鼓励产业集群化园区化、挖掘醋文化打造晋醋整体形象、形成龙头企业带动的运行模式、建立融资平台引导企业上市、建立行业信息共享平台这八个方面提出具体的发展策略和建议，旨在推动山西由产醋大省向醋业强省转变。2016 年太原市人民政府办公厅印发《关于促进醋产业发展的意见》（并政办发〔2016〕7 号），从产业规模、骨干企业发展、产业集中度、规范市场四个方面明确了“十三五”时期全市食醋产业的具体发展目标，并提出了对应的发展战略和措施，旨在促进醋产业成为太原市的支柱产业。2017 年山西省发改委、经信委印发《山西省“十三五”食品工业发展规划》，提出推进太原、晋中两大食醋产业集群建设，鼓励年产 5 万吨以上优势企业实施兼并重组，提高行业集中度，通过加大科研和技术改造力度，推进陈醋、老陈醋、熏醋等优势产品标准化生产，推广高附加值的创新产品。2018 年山西省经信委印发了《山西省打造优势产业集群 2018 年行动计划》，着力打造八大优势产业集群，其中包括汾阳杏花村经济技术开发区、清徐经济开发区山西老陈醋生产基地、晋北小杂粮基地等食品产业集群建设。

三、引导多方参与深化醋文化研究

山西省悠久的食醋酿造历史和丰富的酿制技艺，形成了极为丰富而厚重的山西醋文化内涵。醋文化的深入研究及其旅游应用，为山西醋文化旅游发展提供了重要的资源基础和文化包装。山西醋产业体系是基于山西醋文化的历史文化价值、产品经济价值、旅游价值形成的，集醋研发、醋生产、醋品牌和醋文化旅游为一体的产业体系。醋文化是山西食醋生产的根基，山西醋文化是引领山西醋产业体系做大做强的重要发展途径。山西醋文化研究涉及的内容比较广，包括醋文化酿制历史与发展演变、传统酿制技艺传承与保护、食醋酿造技术创新、食醋用醋的民俗文化、醋的医疗养生功效、地方饮食传统与创新、产品品鉴、品牌文化等诸多领域。因此，山西醋文化的深入挖掘与产业应用研究涉及不同机构和主体，包括历史学专家、食醋酿造专家、非遗技艺传习所或传承人、行业协会、企业技术创新中心、企业或高校醋文化研究中心、饮食文化研究专家，甚至艺术设计、品牌营销等领域的专业人士。目前，山西农业大学、山西大学、省食品工业研究所、省生物研究所、省农科院食用菌研究所、农产品加工所、资源与经济研究所等研究单位及多家醋企已经展开了多种形式的学术交流和合作。建立多方参与机制，理顺不同主体的角色使其发挥相应的作用，同时以增加开发基金申请等形式激励更多的外部力量积极参与醋文化相关的理论和应用研究中，为山西醋文化发展提供了强大的创新力量和智力保障，促进山西醋文化研究，激发醋文化研究成果在醋产业和文化旅游中加以转化应用。醋文化交流也是强化醋文化研究的重要内容。自 2007 年起，山西省依托太原市清徐县以及各龙头醋企举办每年一届的醋文化合作与发展交流活动，邀请来自国内外的食醋专家学者、知名醋企参加并作学术交流和产业洽谈。每年一度的醋文化交流活动在主题、内容和形式方面不断创新，注重醋文化宣传与醋产业发展的融合，为国内外醋企搭建了产业交流与合作的平台，对于醋文化的研究与发展起到了重要的促进作用。

四、加强醋文化旅游人才队伍建设

培养专业化的醋文化旅游人员队伍，是未来山西醋文化旅游品质提升、可持续发展的重要人才资源保障。首先，要注重旅游管理和服务的人才队伍建设，培养专门从事醋文化旅游的专业工作团队，应具备丰富的醋文化知识，熟悉企业食醋酿制工艺流程，具备先进的旅游服务理念和意识。以专业化、服务型、创新性为核心，加强醋文化旅游行业管理者队伍建设；以提高现代经营管理水平和企业竞争力为目标，加强醋文化旅游经营管理者队伍建设；以职业道德、职业纪律、职业技能为重点，加强醋文化旅游从业人员的队伍建设。同时，要注重产品研发、生产，以及市场及营销方面的人才队伍建设，保障老陈醋酿制技艺的传承与创新，同时组建与培养醋文化专门的品牌定位、市场推广人才队伍。最终形成能讲好故事、做好产品、提供好服务的醋文化旅游专业人才队伍。

完善人才培养机制，是加强山西醋文化旅游发展人才保障的必要措施。构建多元的醋文化旅游人才体系，需要不断完善醋文化旅游人才培养机制，重视培养醋文化旅游资源开发与管理的专门人才。随着山西醋产业及醋文化旅游的进一步发展，对相关人才的需求将大幅增长，可以依托醋产业优势与高校联合加快醋文化及其旅游人才的培养，同时积极吸纳相关领域的专业人才，并对现有人才队伍进行持续的培训和在职教育。同时，依托山西省人才引进政策，醋企或相关主体应积极引进周边省外高校和科研院所的食醋酿造和旅游专业人才，为山西醋文化旅游发展提供坚实的人才保障。

第七章
国内外醋文化旅游发展借鉴

江苏省镇江市、意大利艾米利亚罗马涅大区摩德纳省分别以镇江香醋和意大利香醋闻名于世，各自具有不同的醋文化旅游发展特色，是目前国内外醋文化旅游知名度最高的城市和区域。本章从醋文化旅游产品形式和特征模式两个方面，分别梳理了镇江醋文化旅游和意大利醋文化旅游的发展经验，为山西省醋文化旅游发展提供借鉴。

第一节　镇江醋文化旅游：全方位打造醋都形象

一、镇江醋文化旅游的发展背景

（一）镇江香醋文化概况

镇江香醋也是中国四大名醋之一，具有悠久的历史和厚重的醋文化内涵，这为镇江醋文化旅游发展奠定了基础。镇江香醋属于黑醋、乌醋，原料为优质糯米和酒糟，故有“米醋”“糟醋”之称。镇江香醋中的“香”字是指镇江醋有一种独特的香气，“酸而不涩，香而微甜，色浓味鲜，愈存愈醇”，而且不会变质，这源于得天独厚的地理环境与独特的精湛工艺，在众多醋品中别具一格（连夕仙，2010）。镇江香醋可提味增香、去腥解腻、开胃生津，对当地的饮食文化产生了深远的影响。镇江地区的食品以“肴、点、面”著称，“肴”是肴肉，“点”是汤包、蒸饺、烧卖、干丝等点心，“面”是用肴汤为底煮出的面，称为“锅盖面”。当地人烹煮这些菜肴时，多以镇江醋沾、滴、浇、淋，一日三餐醋不离席是对镇江饮食文化最好的诠释。

据镇江史料记载，清朝乾隆年间镇江香醋以精湛的制作工艺闻名，素有“天下美酒推茅台，世上香醋数镇江”之说（罗春燕，2009）。自南北朝以来，有关米醋的史料记载逐渐增加，元代鲁明善《农桑衣食撮要》、明代徐光启《农政全书》、明代李时珍《本草纲目》等都有米醋酿造方法及药用功能的介绍（沈志远，2016）。北魏时期著名医药学家陶弘景在《神农本草经注》中记载了镇江米醋的入药用法，由此推论镇江香醋已有1400多年历史（沈志远，2007）。清代以后镇江香醋进入了鼎盛时期，道光二十年（1840年）镇江丹徒县西彪村朱兆怀创立了“朱恒顺糟淋坊”，即江苏恒顺醋业股份有限公司的前身。自从1908年镇江恒顺香醋获巴拿马万国赛会金牌，1909年获南洋劝业金奖，镇江香醋开始在东南亚和北美地区享有较高的声誉。如今，镇江香醋被认定为“中华老字号”“国家非物质文化遗产”及“国家地理标志保护产品”等食醋行业最高荣誉，具有极大的品牌竞争优势。

2006年“镇江恒顺香醋酿制技艺”经国务院批准列入第一批国家级非物质文化遗产名录。这项工艺凝聚了镇江1000多年的食醋酿造技艺，代表了中国古代南方酿醋技术的传统特色和最高水平，具有极高的历史、文化和社会价值（罗春燕，2009）。镇江香醋的传统工艺分制酒、制醅、淋醋、杀菌、醇化五大过程大小40多道工序，从糯米原料到食醋成品前后历经70多天时间，固态分层发酵法酿醋技艺使镇江香醋独具“色、香、酸、醇、浓”五大特色。其中，“固态分层发酵”生产工艺是我国酿造行业目前仍保留的几种传统酿造工艺之一，代表了中国古代酿造技术的传统特色和高超水平（罗戎平，2011）。沈志远（2016）对现代镇江香醋酿制技艺的传承与创新做了分析，总结了四点关键措施：建立镇江香醋古法酿制生产作坊；建立镇江香醋技术与文化信息库；组建传承人领衔的“金字塔”型技术人才队伍；高新技术在传统镇江香醋酿制中的应用。高新技术成果的应用使镇江香醋从传统手工作坊走向规模化、机械化、管道化和自动化，实现了生产规模迅速扩大。技术创新与传统工艺相结合，在传承和保护的基础上，对镇江香醋酿制技艺发酵机理进行深入研究，以科技手段不断丰富镇江香醋非物质文化遗产的内涵。

恒顺集团是镇江香醋行业的龙头企业，始建于1840年，已经有160多年的历史，“恒顺香醋”早已是镇江的城市名片。“恒顺”诞生于清道光年间，秉承“恒顺众生”的经营理念，以酒起家、因醋驰名，由传统的酱醋作坊发展成为国内规模最大、现代化程度最高的食醋酿造基地之一，销量连续23年保持行业第一，产品已出口150多个国家和地区，品牌价值已达80多亿元。恒顺集团2019年报数据显示，全年实现营业收入18.32亿元，其中主营调味品实现收入17.20亿元，高端产品实现收入2.64亿元；香醋类产品（含白醋）销售收入占调味品销售总收入比重70%以上。恒顺集团推行机制改革，走国际化的发展道路，设立了创新平台博士后工作站，先后开发出醋胶囊、醋豆等衍生产品。目前，“百年恒顺”已形成：色醋、白醋、料酒、酱类、酱油、麻油、酱菜等七大品类系列产品，先后五获国际金奖、三次蝉联国家质量金奖，是欧盟地理标志产品、中国名牌产品。此外，恒顺集团在镇江香醋文化的传承与创新工作上也发挥了重要的作用。例如，在恒顺老厂原址重建老作坊，作为非物质文化遗产保护基地以及生产与展示为一体的醋文化展馆，使得恒顺制醋的工业形态保存完整，并以工业旅游的形式向游客开放。此外，恒顺集团还开展了一系列面向游客和本地居民的醋文化活动，为保护和传承镇江地方文化特色作出了贡献。

（二）镇江市旅游发展概况

镇江市地处江苏省西南部，北纬 31°37′ ~32°19′ 、东经 118°58′ ~119°58′ ，西衔南京、南靠常州、北邻扬州，是南京都市圈核心以及扬子江城市群的重要组成部分。截至 2018 年，全市下辖 3 个区、代管 3 个县级市，总面积 3847 平方公里，建成区面积 179 平方公里，常住人口 319.64 万人。镇江市为苏南现代化建设示范区，2019 年全年实现地区生产总值 4127.32 亿元；同时，镇江市是华东地区重要的交通枢纽，境内京沪铁路、京沪高铁、沪宁高铁、沪蓉高速公路、扬溧高速公路、312 国道、104 国道等通达全国各主要城市，是长江与京杭大运河的交汇枢纽，镇江港是长江流域第三大亿吨级港口。

镇江市是第二批国家级历史文化名城之一，在春秋时称作“朱方”，战国时改称“谷阳”，秦朝时称“丹徒”，三国时称“京口”，南朝宋在京口设“南徐州”，隋统一后改置“润州”，镇江之名自北宋沿用至今。镇江市是江苏省苏南旅游区的重要组成部分，拥有 2 家 5A 级、7 家 4A 级旅游景区、3 家省级旅游度假区。2018 年接待境内外游客 6554.27 万人次，其中国内游客 6546.70 万人次，入境过夜游客 7.57 万人次，实现旅游业总收入 934.46 亿元。虽然镇江市的旅游资源丰富程度和知名程度均不及南京市、苏州市和无锡市，但是其“天下第一江山”美景独具一格，同时拥有深厚的文化底蕴、源远流长的宗教文化，与独特的自然景观资源形成呼应与互补。

镇江是一座长江文明和运河文明交汇的城市，坐落于长江南岸宁镇山脉北坡的阶地，素有“城市山林”的美誉。著名的“京口三山”（金山、焦山、北固山）沿江一字排开，构成了苏南旅游区别具一格的“江山”风光；整个城市南部有南山环抱，城中众多山丘点缀其间，构成了“山中有城、城中有山、城市与山林交融”的景观（罗浩，2007）。“京口三山”每一座山均有一处寺庙园林，包括金山寺、北固山甘露寺、焦山定慧寺，南郊风景区有鹤林寺、竹林寺和招隐寺等。此外，传说故事给三座名山染上了浓重的人文色彩，包括“水漫金山”、北固山“甘露寺刘备招亲”、焦山《瘗鹤铭》的传说等。

镇江市的名人遗迹众多，汉荆王、鲁肃、米芾、郭璞、宗泽、赵伯先等名人墓地，沈括、米芾、梁昭明太子等的故居，以及孙权、刘备、苏轼、陆游、辛弃疾、陆羽、王羲之、郑板桥、梁武帝、乾隆等人遗迹（罗浩，2007）。镇江市非物质文化遗产蕴藏较为丰厚，截至目前已被官方机构公布的非物质文化遗产名录共计 71 项，包括人类非物质文化遗产名录和国家级、省级、市级名录。其中，具有代表性的 7

项国家级及其以上的非物质文化遗产名录分别为白蛇传传说、董永传说、古琴艺术（梅庵琴派）、扬剧、灯彩（秦淮灯彩）、镇江恒顺香醋酿制技艺、酿造酒传统酿造技艺（封缸酒传统酿造技艺）（罗戎平，2011）。

此外，因属淮扬菜系，镇江市发展美食旅游的潜力比较大。镇江菜与淮菜、扬州菜合称为淮扬菜，在中外久已享有很高声誉，镇江菜以“清淡鲜嫩、原汁原味、咸中微甜、南北皆宜”的口味特点享誉大江南北。1962 年出版的《中国名菜谱》收录了 30 多个镇江地方特色菜肴，例如拆烩鲢鱼头、清蒸刀鱼、清炖蟹粉狮子头等名菜，这也是镇江饮食文化在全国占有重要地位的有力佐证（潘俊，2016）。镇江地方美食有“三怪”和“三鱼两头”之说。镇江民谣传唱了数百年，“镇江有三怪，香醋摆不坏、肴肉不当菜、面锅里面煮锅盖”。这三怪分别是“镇江香醋”“水晶肉蹄”和“锅盖面”，三者具有鲜明的地域特色。“三鱼两头”中“两头”指“清炖蟹粉狮子头”和“拆烩鲢鱼头”，“三鱼”指刀鱼、鲥鱼和鮰鱼，均为镇江传统名菜，也是享誉全国的淮扬精品菜。镇江市现已形成大市口、万达、纬五路、江鲜美食街等餐饮集聚地，每年的“春风又绿江南岸”旅游节均举办镇江淮扬菜美食节，受到了游客的追捧（潘俊，2016）。

香醋作为著名的镇江地方特产，已然成为这座城市的“风味”标志。镇江城市旅游发展为醋文化旅游提供了契机。于萍（2017）将镇江市城市旅游发展及形象定位分成了三个阶段：①1978—2000 年为城市旅游业起步与旅游形象确立阶段，1995 年，镇江市政府将旅游业确定为镇江的支柱产业，城市性质定位为国家历史文化名城，长江下游重要的港口、工贸、风景旅游城市。②2000—2010 年为城市旅游业探索与旅游形象提升阶段，这一阶段旅游业快速发展，镇江市重视旅游形象塑造、旅游资源整合等问题，2008 年采用“何处望神州，满眼风光北固楼”的旅游形象宽敞口号。③2010 年至今为城市旅游业深化与旅游形象更新阶段，镇江旅游业的持续发展需要旅游形象推陈出新。2013 年确立了“镇江，一个美得让您吃醋的地方”的旅游新品牌。

二、镇江醋文化旅游的主要形式

（一）中国镇江醋文化博物馆

中国镇江醋文化博物馆是一处集非物质文化遗产保护、科普教育、工业旅游于一体的主题展馆。该醋博馆是国内首个展示醋文化主题的博物馆，通过传统做醋生产技艺现场展示、历史影像、老资料、制醋老器具等展示，并借助声、光、电等现代表现手段，全面介绍了镇江香醋文化。

中国镇江醋文化博物馆位于镇江市丹徒新城恒顺工业园内，由恒顺集团 2006

年开工建设，并于 2010 年建成试开馆，开启了恒顺集团发展特色旅游布局的开端。2010 年入选中国长三角世博主题体验之旅示范点、江苏省工业旅游服务标准化试点单位、镇江市青少年爱国主义教育基地。2011 年 6 月恒顺集团启动了醋文化博物馆改扩建二期工程的建设，着力打造恒顺工业旅游园区，展示现代化的食醋生产过程，并进一步完善醋博馆接待功能，以满足日益增长的游客接待需求。2011 年底中国镇江醋文化博物馆被认定为国家 4A 级景区。

该醋博馆占地 5 万平方米、建筑面积 3 万平方米，采用“青砖小瓦马头墙，回廊挂落花格窗”的江南民居式建筑风格。醋博馆由六个部分组成，包括醋史馆、老作坊、现代工艺馆、陈列馆、体验馆和游客中心。其中，醋史馆介绍了镇江醋、中国醋的历史起源与发展历程，以及镇江的美食美景与香醋密不可分的渊源；老作坊展示了非遗手工酿醋过程，并提供三年手工醋的品尝；现代工艺馆展示了现代化流水线制醋工艺；陈列馆用于介绍恒顺企业的发展历史与现状，并展出了包括江苏、山西、山东等地以及来自美国、日本、德国等几十个国家的数百个醋产品；体验馆为恒顺产品展示区，游客可购买琳琅满目的醋产品；游客中心：供游客休憩、观看最新的相关纪录片。除了醋类产品及调味品之外，醋博馆还销售具有特色的旅游商品，包括个性商标醋、三年手工醋、各类醋味特产、醋味休闲食品和饮品。其中，个性商标醋是游客自制商标，分别在馆内拍照、将照片制作成标签、张贴在醋瓶上，做专属于个人的定制香醋。

醋文化主题博物馆游览是镇江香醋文化旅游最重要的形式之一，在镇江香醋文化传承、醋产业发展等多个方面均具有积极的意义。

首先，为全面传承镇江香醋文化提供了基础。创办醋博馆需要整理相关的史料、文物，对镇江香醋文化进行系统梳理和深入研究，这是对镇江香醋文化的直接保护，为镇江香醋文化的传承与保护提供了基础。

第二，提高了镇江香醋酿制技艺的知名度。公众宣传与教育是非遗保护中的重要一环，可以通过旅游观光向游客展示镇江香醋文化的古老技艺，进而让更多人了解与知晓镇江醋文化内涵。因此，醋文化主题的博物馆形式有助于扩大镇江香醋精湛酿制技艺的知名度与影响力，为镇江香醋文化传承、甚至产业发展提供保障。

第三，提升了恒顺香醋的品牌形象。醋博馆内的陈列与展示处处体现了传统技艺、文化与现代醋产品的融合，通过挖掘镇江香醋及相关产品的文化内涵，提升了恒顺品牌形象及其软实力。从商业营销角度，宣传企业及产品厚重的文化内涵不仅有助于增加用户黏性、发掘新客户、培养忠诚客户，也有利于高端醋产品的推介。由此可见，醋文化主题的博物馆为镇江香醋文化的创新发展提供了宣传、体验环境。

第四，旅游商品销售收入可用于反哺非物质文化遗产项目的保护与传承工作。非物质文化遗产生产性保护方式主要是在传统技艺、传统美术和传统医药药物炮制类非物质文化遗产领域实施。从香醋文化传承、到传统酿制技艺传承与创新、再到非遗传承人保护与培养，醋企在镇江香醋文化的传承与保护工作中发挥了积极的主导作用。由醋博馆产品销售所得收入可用于香醋酿造技艺非物质文化遗产传承活动、传承人保护与发展的相关工作，有利于传统技艺的可持续传承。

第五，增加了城市的文化氛围。镇江香醋闻名遐迩，在游客心目中镇江市已与镇江香醋成为一个不可分割的整体。一方面，醋文化主题博物馆为旅游观光活动提供了浓缩的醋文化主题展览场所，方便游客探寻传统技艺；另一方面，作为4A级旅游景区，醋博馆在自然环境、人文内涵、建筑风格等方面的提升，不仅有助于改善城市环境，也有助于塑造城市的文化底蕴和整体风貌。

（二）中国镇江恒顺酱醋文化节

中国镇江恒顺酱醋文化节是在春节打酱醋的民俗活动基础上，融入了民俗展示、文艺表演、社会公益等诸多内容，提升了传统年俗活动的内涵，是一项极具地方文化特色的综合性年俗活动。“不打酱醋不过年，打了酱醋过好年。”春节前打醋、打酱油是镇江最重要的年俗文化，镇江民众延续了几十年的地方风俗，这一活动彰显了几代镇江人的文化与传统。中国（镇江）恒顺酱醋文化节“打醋、打酱油”为主体，逐渐形成了全民化、创新化的镇江年俗品牌效应，登上了2017年最具影响力特色节庆品牌榜。

酱醋文化节是恒顺集团举办的面向市民的综合性年俗活动。每年腊月底恒顺企业以优质的产品、优惠的价格回报市民，于是每到春节前夕恒顺老厂区门口便车水马龙，等待购买香醋和酱油的长队排起长龙，人们拎着大壶小壶来恒顺排队打醋、打酱油。这个惯例延续了几十年，排队“打酱油”也成了镇江街头一道独特的风景线。因此，恒顺集团在原有“春节供应打酱油、打醋”年俗的基础上，不断丰富文化内涵，打造了后来万人空巷打酱油年俗。2020年酱醋文化节于1月11日至13日期间在镇江市南山北广场举行，每天出售酱醋产品在20万斤以上。

镇江恒顺酱醋文化节的活动内容丰富，将购与赏、游、社会公益结合，实惠于民、回馈社会。根据历年酱醋文化节活动的有关报道，将活动内容分类列举如下：

（1）赏：综合了民间传统艺术表演与非遗文化展示活动，为市民及游客提供了镇江市民俗文化盛宴，同时为镇江市各类非物质文化遗产的宣传与传承提供了舞台。既有一系列年味十足的表演和仪式，如舞龙舞狮表演、灯花、剪纸、编织等民间传统艺术，又有镇江市非物质文化遗产相关项目的展示。此外，还有恒顺集团的相关产品首发，如恒顺生肖大师醋等。

（2）游：重视参与性与互动性，充分体现了年俗活动的游园性。在酱醋文化节上举行了丰富多彩的互动活动，比如网红酱料大比拼、爱酱小屋酱油铺、人生五味打卡点、眼疾手快、10 秒挑战、疯狂打酱油、汉服达人等，此外还有厨艺展示活动，醋味与菜香完美融合，使市民和游客在酱醋文化节现场可以大饱口福。

（3）公益：秉承“恒顺众生”的理念，进行爱心慈善活动。例如联合电信、邮政、银行、福彩等企业，为镇江社会儿女服务社、福利院和困难家庭捐款捐物；与镇江市慈善组织深度合作，共同打造“百善”系列产品以及公益项目品牌，在助老公益路上共同探索，造福更多老人。

（4）购：从打酱醋扩展到众多老字号品牌产品，丰富了市民的年味。“恒顺味道”在每年的酱醋文化节上“开坛”迎接万名市民与游客，在表演节目结束后，市民们便排起了长龙购买散装香醋和酱油，由老师傅们将酱醋倒进桶装瓶，亦将年味装进了市民的心里。同时，恒顺集团联合镇江市商务局邀请茅台酒业、北京同仁堂、东阿阿胶、永盛斋德州扒鸡、扬州富春、镇江宴春、苏州仁昌顺糕点等众多中华老字号来到酱醋文化节，为镇江市民及游客奉上美食盛宴，充分满足了市民购买年货的需求。

此外，还有很多针对镇江恒顺酱醋文化节拓展影响的建议，例如拉长酱醋文化节时间，在镇江市的不同城区均设立分场活动，利用多种传媒以及宣传手段，包括直播、航拍等；酱醋文化节应该走出镇江，与周边城市加强合作，在更多的城市举办镇江恒顺酱醋文化节，等等。不难发现，酱醋文化节活动在目标人群、活动定位方面经历了由单一到丰富逐渐变化的历程。从活动目标人群来看，最初是面向市民而举办的，逐渐演变为以市民和游客为目标人群，未来可能还会融入线上网民的需求。从活动定位来看，酱醋文化节由方便市民节前采购酱醋产品，逐步发展为注重营造年俗氛围、宣传地方传统文化特色、丰富市民采购需求。伴随着酱醋文化节活动定位的逐步丰富，地方文化内涵得到了显著提升，与此同时，也增加了镇江市在酱醋节期间的旅游吸引力。

（三）镇江香醋文化旅游节

镇江香醋文化旅游节是以镇江香醋为媒，以经贸、文化、旅游活动为主线，向全国全世界推介镇江“中华香醋之都”这一城市品牌的文化节日。根据镇江市人民政府网站、金山网（http://www.jsw.com.cn/）、新华网、凤凰网发布的镇江香醋文化旅游节活动相关新闻和信息资料，香醋文化旅游节为镇江市政府不定期举办的文化节日活动，每届活动内容也不甚相同。

2007 年镇江市有 40 多家香醋制造企业，其中恒顺醋业产量居亚洲第一，集中国驰名商标、中国名牌产品、中华老字号等荣誉于一身。2007 年镇江市政府举办了首届“中国镇江国际香醋文化节”，以醋为媒，组织开展“说醋”“写醋”“展醋”“看醋”“吃醋”“唱醋”“论醋”“用醋”等一系列与醋有关的文化活动，全面推介镇江悠久的历史文化、知名产品、区位优势及投资环境，促进经贸洽谈与投资合作。活动得到了国家商务部、江苏省经贸委、长三角各中心城市、国内外相关新闻媒体以及制醋企业的关注和大力支持，来自加拿大、新加坡，以及中国香港、北京、上海、天津、山西等地的境内外嘉宾和客商，市政府相关领导、国内食品行业专家近 600 人出席了开幕式。“镇江香醋文化旅游购物节”是该次香醋文化节的系列活动之一，镇江市主要商场、卖场、超市等重点商贸企业积极响应，重点突出香醋系列产品专柜，同时加大对旅游工艺品等商品的促销力度。

2010 年举办的香醋文化节是镇江市金山旅游文化节的 27 项子活动之一。金山文化节是江苏省政府批准的市级层面文化旅游节庆活动，截至 2019 年已成功举办了 13 届活动。2010 年金山旅游文化节的参与性、互动性很强，对游客和市民的吸引力强，子活动既有传统的句容宝华山泡山节、茅山旅游文化节、焦山桂花节、南山长寿节等活动，又有创新的金山湖爱情文化彩灯节、镇江香醋文化节、句容首届葡萄节、怀旧游戏运动会等活动，还有“HIFI 西津渡”国际音乐节、中国长江迷笛音乐节、《超炫·白蛇传》歌仔戏演出等活动。

2010 年 10 月“2010 中国镇江金山旅游文化节暨香醋文化节”在焦山新渡口开幕，30 多名特邀来自欧洲、非洲、大洋洲等的上海世博会国内外展馆负责人参加了开幕式。镇江市 51 家知名醋业企业组织的 20 辆醋彩车，从象山广场至春江潮广场进行巡游。彩车造型各异，每辆突出一个主题，既展现镇江香醋生产企业的形象，又具有较高的观赏价值。在北固山宝鼎广场、春江潮广场，知名制醋企业设置了 20 多个醋产品展销摊位，众多市民和外地游客纷纷品尝并购买。文广集团楼前广场举行了“品醋”“饮醋”竞赛活动，吸引大批市民围观、参与。

2016 年 4 月到 12 月底，镇江市京口区政府与恒顺集团联合主办了“镇江香醋文化旅游节”，以经贸、文化、旅游活动为主线，向全世界推介镇江“中华香醋之都”这一城市品牌。以“醋醋（处处）文化”“醋醋（处处）创意”“醋醋（处处）美丽”等主题活动为主题，先后策划开展了十余项丰富多彩的活动，吸引来自全国乃至全球的企业高管、运营大咖、专家学者等齐聚京口，互通信息，寻求合作，共谋发展。

2016 年镇江香醋文化旅游节活动极为丰富，包括了文艺演出、国际食醋科技论坛、招商引资活动、旅游推介活动以及首届中国旅游产业链重构与合作峰会。其中，“2016 年国际食醋科技论坛”是中国食醋行业规模最大、规格最高、影响深远的一次科技盛会，来自意大利、德国、日本等传统食醋酿造强国的专家学者，中国酿造行业的 3 位泰斗张偲院士、孙保国院士、阮长庚院士分别到会或派代表发表了主题演讲。2016 年 8 月在镇江举办的首届中国旅游产业链重构与合作峰会，来自国家和省旅游主管部门的相关领导、国内旅游业运营大咖、专家学者等共计 400 余人到会研讨深度旅游。依托“互联网 +”整合线上线下产品的旅游交易服务平台 APP 上线，首批 25 款深度旅游产品发布运营，并与探路者、中华户外网等旅游代理商签约，结成战略合作伙伴。

（四）政企联动推进香醋小镇建设

“恒顺香醋小镇”是江苏省首个由企业和政府联合建设的特色小镇，是江苏省首批八家特色小镇之一。香醋小镇将依托国家级非物质文化遗产“恒顺食醋固态发酵酿造技艺”和国家 4A 级景区“中国醋文化博物馆”，打造国家级非物质文化遗产保护基地和国家级工业旅游示范基地，建设为融生产观光、非遗文化保护、工业旅游开发、健康养生拓展于一体的特色小镇，以发挥对镇江香醋产业的带动作用及其对文化旅游产业的辐射作用。

香醋小镇的定位是历史经典、特色产业、健康养生、工业旅游四大功能为一体，核心建设区依托恒顺生态工业园，规划建设恒顺醋业、恒顺酒业、恒顺酱园、恒顺健康养生园四大功能区。醋文化博物馆改造是香醋小镇建设的一部分，恒顺集团先后赴浙江黄酒小镇、青瓷小镇等学习取经，并聘请全国著名的特色小镇规划设计单位进行香醋小镇产业研究和规划编制工作。

一是以恒顺醋业为龙头，建设全球规模最大的谷物酿造食醋生产基地。建成后，香醋小镇年产食醋和各类调味品将达到 50 万吨，镇江香醋占国内香醋生产份额超过 80%、占国内食醋市场份额超过 10%，保持中国醋业领跑者地位。同时，把香醋小镇打造成为食醋产业的集聚中心、食醋产品的研发中心、食醋文化的研究中心。

二是以中国醋文化博物馆为核心，建设融科普、观光、游学、互动等为一体的国家级非遗保护和工业旅游示范基地；把香醋小镇打造成为非遗保护的展示中心、制醋大师的培养中心、工业旅游的示范中心。

三是依托丹徒区上下湖湿地和历史名村陆村，建设世界醋养生博览园、中国醋养生博览园，使之成为生产生活生态相融合、宜业宜居宜游的特色社区；把香醋小镇打造成为健康养生的体验中心。

四是香醋小镇将引进更多的制醋企业以及服务型企业进驻，深化香醋产业发展。

三、镇江醋文化旅游的特征与启示

（一）依托知名醋企以非遗旅游和工业旅游为核心

中国的醋文化旅游资源丰富，近年来，知名醋企纷纷开发建设了醋文化博物馆、生态园、科技园，有些地方还开展了一系列和醋文化有关的旅游或节庆活动，形成了我国醋文化旅游的基本模式。其中，江苏省镇江市恒顺集团创立了国内首家醋文化博物馆，通过多方位布局醋文化特色旅游，逐渐形成了镇江醋文化旅游体系。

（1）镇江醋文化旅游体系以非遗旅游和工业旅游为核心。镇江醋文化旅游是围绕非物质文化遗产和香醋工业生产的资源优势，以传统香醋酿制技艺、现代化香醋生产以及醋企文化作为旅游吸引核心要素，通过向游客呈现香醋文化、企业文化，达到提升产品、企业、城市三个层面的形象，对应地最终实现三个层次的目标：① 带动产品销售、培养新用户与忠诚用户；② 提升企业形象、促进区域香醋产业发展；③ 提升城市知名度、建立醋文化与城市文化的联系，最终促进城市文化旅游发展。

（2）镇江醋文化旅游体系极为重视香醋文化的保护与传承。镇江香醋已有1400多年历史，以其“酸而不涩，香而微甜，色浓味鲜，愈存愈醇”享誉海内外，先后五获国际金奖、三次蝉联国家质量金奖，是欧盟地理标志产品、中国名牌产品。镇江醋文化旅游发展过程中，始终以香醋文化的保护与传承为基础，通过持续地对香醋文化进行深入研究，提出一系列镇江香醋文化保护与传承措施。这不仅为醋文化旅游提供了旅游资源，而且也给传统文化的宣传教育以及国内外醋企的行业交流提供了资料和活动场地。同时，文化旅游的投入也回报于企业，一方面将厚重的香醋文化内涵融入产品及企业，无形中提升了企业软实力，为高端产品的附加值提供了空间。此外，从企业内部的长远发展来讲，香醋文化的保护与传承为其产品创新提供了基础。

（3）恒顺集团在镇江香醋文化的保护与传承中扮演了极为重要的角色：① 企业持续展开了非遗酿制技艺的整理、传承，以及传承人的培养与保护工作，2006年“镇江恒顺香醋酿制技艺”经国务院批准列入第一批国家级非物质文化遗产名录。② 在恒顺老厂原址重建老作坊，在此基础上建成集非物质文化遗产保护基地、生产与展示为一体的醋文化博物馆，使恒顺制醋的工业形态完整保存，并以工业旅游的形式向游客开放。③ 开展了一系列面向游客和本地居民的醋文化活动，为保护和传承镇江地方文化特色作出了贡献。④2020年与镇江文旅集团旅发公司联盟成立了“镇江文化旅游研究中心醋博基地”，目的在于深入挖掘镇江丰富的文化遗产资源，在非遗文化保护、旅游产品开发以及线上直播等方面展开合作，在镇江市旅游风景区注入恒顺老字号历史文化元素，使香醋文化旅游与镇江城市旅游深度融合，达到讲好镇江故事的效果，以文化带动旅游、以旅游促进文化。

（二）定位明确香醋文化成为城市名片

在一定程度上，镇江市因香醋而闻名，香醋成为镇江市的城市名片，香醋文化成为镇江市的文化资本，相应的醋文化旅游也成为镇江市文化旅游的重要组成部分。镇江香醋文化旅游的定位是非常明确而合适的，一方面有利于香醋文化形成统一、清晰的形象，另一方面的价值则体现在拉近了游客与镇江这座城市之间的距离，成为打响镇江市旅游知名度、增加城市旅游吸引力的一把金钥匙。从香醋名称来看，虽然镇江市醋企众多，但是恒顺集团是龙头企业，不存在多家企业在醋产业及醋文化旅游发展中的激烈竞争，这为将镇江香醋作为统一命名提供了可能性。镇江市属于地级城市，而镇江香醋早已闻名海内外，以香醋定义一座城市的味道，为醋文化与城市文化的融合提供了前提基础。当醋文化对镇江文化产生了广泛影响，并为较多人所认知、从而达到某种程度的“文化认同”时，就成为镇江城市的定型文化并具有独特的内涵和特征（罗春燕，2009）。

从城市文化旅游发展定位来看，镇江市注重将醋文化与其他旅游资源特征的协调与整合，探索香醋文化与镇江旅游的契合点，使香醋文化真正成为城市的文化资本。一方面，通过镇江香醋文化的积累和传播提高镇江城市的知名度，另一方面，在镇江旅游城市中增加香醋工业旅游的份额（罗春燕，2009）。2013 年镇江市开始采用“镇江，一座美得让您吃醋的城市”作为城市旅游宣传用语。对于旅游资源相对匮乏的城市而言，这一宣传语以镇江市最出名的物产“醋”为宣传点，使得醋文化与镇江其他旅游资源巧妙地融为一体。“吃醋”字面意思让人联想到镇江香醋这一地方特产，引申为妒忌、嫉妒之意，意为镇江美得让人羡慕、妒忌，使得镇江市山水美景瞬间跃然眼前。可见，这个宣传语作为镇江市旅游定位的基调极为精准而巧妙，一直沿用至今。

当然，宣传语的传达效率是香醋文化与镇江市城市旅游文化最终取得协调统一的关键。2013 年“镇江，一座美得让您吃醋的城市”宣传短视频在中央电视台《朝闻天下》《新闻 30 分》《今日说法》等栏目及全国 400 多台高铁列车持续播放旅游宣传片。在人民网、新浪网、中国旅游报、新华日报等主流媒体宣传镇江旅游形象，在主要客源地的机场、高铁、高速公路等设置旅游广告。与此同时，镇江市相继举办了长江国际音乐节、金山湖国际龙舟大奖赛、“春风又绿江南岸”镇江旅游节、江心洲野菜节（柑橘节、无花果节）、扬中河豚美食节等活动。此外，借助如微博、微信等网络新媒体进行宣传与促销，与携程、驴妈妈旅游等网站合作营销。2017 年 12 月 28 日晚，“水秀山灵，古韵今辉，美好江苏欢迎你！”等来自江苏省、江苏 13 市的城市旅游宣传语在上海外滩中国金融信息中心大厦巨幅楼宇灯幕滚动播出。南京、苏州、常州等旅游强市的旅游资源丰富，旅游宣传的重点放在了城市品位、城市特征、城市定位的宣传上；其他旅游资源匮乏的城市则采用抓重点、对某个景点进行包装，以此确定旅游定位的策略。例如，南京市旅游宣传语为“旅读新南京乐享好时光”，苏州市旅游宣传语为“苏州：游东方水城、品苏式生活”，无锡市旅游宣传语为“无锡：太湖佳绝处、灵山吉祥地”，扬州市旅游宣传语为“扬州瘦西湖、精致慢生活”，镇江市旅游宣传语仍为“镇江，一座美得让您吃醋的城市”。

（三）注重创新逐渐扩展醋文化旅游范畴

恒顺集团在镇江醋文化旅游发展中发挥了关键作用，从2006年开工建设中国镇江醋文化博物馆开始，不断探索多种醋文化旅游活动形式和活动内容，从活动定位到覆盖人群逐渐拓宽，从而使得镇江醋文化旅游范畴得以不断扩展（表7–1）。具体来看：

（1）醋文化博物馆是典型的工业旅游模式，以香醋文化的保护与传承为基础，主要面向游客宣传香醋文化并销售相关产品。

（2）酱醋文化节是富有镇江特色的节庆活动，在弘扬镇江市地方年俗特色文化的基础上，主要面向本地居民出售酱醋产品，也逐步地进行一系列丰富多彩的传统表演及非遗文化展示，后来又发展到销售外地特色年货产品。从目标人群来看，伴随旅游和线上营销的发展，酱醋文化节对游客及网民的吸引力也有所增加。

（3）醋文化旅游节则是以镇江香醋为媒介，以经贸、文化、旅游活动为主线，在推介镇江城市品牌形象的同时，面向国内外企业合作洽谈。醋文化旅游节的目标人群和影响范围比前两种活动类型更广泛，不仅有利于促进醋的行业交流，也有利于城市旅游知名度和城市形象的提升。

（4）香醋小镇是在中国镇江醋文化博物馆基础上规划的特色小镇项目，本质是融合非物质文化遗产保护、工业旅游等多种功能的新型工业园区。特色小镇的项目定位和面向人群进一步扩大，目标人群包括与醋行业、醋文化、醋文化旅游相关的群体；小镇项目内容包括建设全球规模最大的谷物酿造食醋生产基地，打造非遗保护展示中心、制醋大师培养中心、工业旅游示范中心，以及健康养生体验中心。

综上所述，镇江醋文化旅游发展的突破性在于以下两点：一是开创性，恒顺集团引领了国内醋企醋文化旅游形式的开发与建设；二是突破性，不仅重视游客体验，也很重视本地居民的传统风俗，突破了醋文化旅游发展的限制。借本地居民年前打酱醋的时机，联合地方传统文化资源，最终实现了提升城市文化内涵、甚至塑造新的城市文化景观的作用。

表7–1　镇江市各类醋文化旅游活动特征

名称	形式	目标人群及影响范围	举办时间	内容
中国镇江醋文化博物馆	工业旅游	游客为主，以及本地居民	2010年建成开馆	非遗文化展示、工业旅游
中国镇江恒顺酱醋文化节	节庆活动	市民为主，以及游客、网民	每年腊月为期3天/已举办13届	打酱醋、表演、互动、购物

续表

名称	形式	目标人群及影响范围	举办时间	内容
镇江香醋文化旅游节	旅游节	醋企及行业专家、其他企业、游客	不定期举办	行业交流、商业合作、旅游推介
香醋小镇	特色小镇	产业集群、研究人员、游客、本地居民	在建	非遗文化展示、特色产业、健康养生、工业旅游

山西省醋文化旅游体系特征与镇江醋文化旅游非常相似，均是以工业旅游起步，在保护与传承当地醋文化的基础上，不断扩展旅游形式和内容。虽然两地醋文化旅游发展均依托知名醋企，但是具体情况差异较大。镇江香醋企业以恒顺集团为龙头企业，香醋产品、酿制技艺命名高度一致，均冠以地级城市“镇江”的名号，为醋文化旅游以及城市旅游宣传提供了便利。与此相比，山西老陈醋的知名醋企数量众多，在醋文化旅游开发和宣传中需协调众多品牌及醋企的竞合关系，面临的情况较为复杂。首先，2016 年规模以上企业达 16 家，拥有众多知名食醋品牌如东湖、紫林、水塔、宁化府等。其中，山西老陈醋集团、水塔醋业开发了东湖醋园、老醯醋博园、宝源老醋坊三处集非遗文化旅游和工业旅游于一体的国家级醋文化旅游景点，紫林醋业也开发了工业旅游。山西老陈醋集团是国家级非物质文化遗产代表性项目“老陈醋酿制技艺（美和居老陈醋酿制技艺）”的保护单位。其次，“山西老陈醋”以省会名称统一冠名，作为中国国家地理标志产品。最知名几家醋企集中分布在太原市区、太原市清徐县，而清徐县又有众多醋企，其中紫林醋业和水塔醋业生产规模最大。任何一家醋企或品牌都很难完全代表山西老陈醋的形象，在旅游宣传中较难做到将城市名与醋产品直接挂钩。未来在山西醋文化旅游发展中，如何化解这个棘手的问题、甚至将其转化为增加旅游吸引力的有利因素，对于山西省醋文化旅游宣传成效至关重要。

对比两地的醋文化旅游活动形式，不难发现醋文化博物馆是目前最重要的一种形式，建醋文化特色小镇是未来的发展趋势。也就是说，醋文化旅游内容从非遗文化旅游、工业旅游逐步拓展到集休闲养生等内容，目标人群的范围随之扩大，不仅关注省外游客，也关注省内游客、本地居民的休闲需求。此外，镇江恒顺酱醋文化节是一个将醋文化融入城市文化的成功案例，不仅满足了本地居民的实际需求，而且营造了城市的年俗文化氛围，从而形成了新的城市文化景观。从某种程度上来讲，镇江恒顺酱醋文化节活动升华了醋文化旅游的意义，呈现了以文化促旅游、以旅游促文化的良性循环。可见，深入挖掘地方传统文化特色以及民俗传统，创新更多的醋文化旅游形式，使醋文化旅游活动与地方文化融合，是未来山西醋文化旅游可持续发展的一个方向。

第二节　意大利醋文化旅游：农业旅游与美食文化的融合

一、意大利农业旅游发展概况

农业旅游（agritourism）也称为乡村旅游（rural tourism），这一概念最早始于欧洲各国，现代意义的农业旅游出现于20世纪70年的意大利（莫利民，2018）。"乡村旅游"偏重乡村风情，农业旅游与农事活动、农场或庄园的联系更为密切。由于乡村旅游、农业旅游本身所具有的复杂性和多样性，学术界对于概念界定有不同的理解，但是基本上都认同"乡村性"是吸引旅游者进行乡村旅游的基础（郭焕成，2010），旅游者到乡村旅游是对融入自然并与之和谐共存的人文环境和人类活动的追求（王兵，1999）。1989年"乡村旅游"在我国开始受到关注，到20世纪90年代曾较多地使用"观光农业"来指代"乡村旅游"，直至2001年我国正式提出"农业旅游"的概念，并于2005年先后两批公布了北京韩村河等359个全国农业旅游示范点。根据《全国农业旅游示范点检查标准（试行）》对农业旅游点的界定，我国"农业旅游"的偏重点是乡村旅游中与生产关系比较密切的那一部分。因此，刘德谦（2006）认为不能把农业旅游完全等同于乡村旅游，"乡村旅游"是以乡村地域及农事相关的风土、风物、风俗、风景组合而成的乡村风情为吸引物，吸引旅游者前往休息、观光、体验及学习等的旅游活动。

意大利位于欧洲南部，是欧盟成员国中的农业大国，为农业旅游的产生提供了基础。意大利国家统计研究所（National Institute for Statistics）数据显示，2019年意大利农业产值565.79亿欧元，产业增加总值318.63亿欧元，位居欧盟首位；排在其后的分别为法国（310亿欧元）和西班牙（265亿欧元）。休闲农业的概念最早起源于意大利，早在1865年意大利就成立了农业与旅游全国协会，引导城市居民到农村去体验自然野趣（秦毅，2020）。以1957年欧洲共同市场成立为标志，伴随着经济增长与生产力的提高，人们的闲暇时间也变得越来越多，去乡村度假的旅游方式又逐渐流行起来；1965年在罗马成立了农业旅游协会，以保障游客和农业旅游经营者的权利，规范和指导农业旅游的发展，标志着农业旅游时代的正式开始。现代意义的农业旅游概念产生于20世纪70年代以后，1985年意大利制定了第一部关于农业旅游的国家法律，规定旅游农场需通过严格的资质认证方可取得许可。如今，绿色农业旅游已经成为意大利旅游产业的一张名片，旅游业与农业结合让乡村成为具有教育、游憩、文化等多种功能的空间。随着人们对健康生活方式的追求以及消费观念的转变，越来越多的消费者倾向于购买具有 D.O.P（Protected Designation of Origin）法定原产地标识和 I.G.P（Protected Geographical Indication）法定地理产区标识的农产品，这一消费市场的变化趋势也促进了农业旅游供应服务的增长。

意大利绿色农业旅游经过几十年的发展，已成为世界上著名的农业旅游国家之一（莫利民，2018）。在发展传统农业的同时，意大利非常重视现代新型农业的开发，充分挖掘农业的多功能性，农业不再简单地局限于提供农产品，而是通过农业生产活动将农产品的商品化生产和其他多种形式的服务活动联系在一起，现代旅游观光农业已逐渐成为意大利农业发展的新方向。意大利国家统计研究所数据显示，2017 年意大利农业旅游市场的销售额已经增长至 13.6 亿欧元，在 4893 个市镇共有 23406 家农业旅游企业，农业旅游行业有着良好的发展态势。与农业旅游配套的餐饮行业也是如火如荼，游客接纳能力可达 44.1 万人。集群式发展是农业旅游产业获得竞争优势的战略之一（刘萍，2014）。其中：① 中部托斯卡纳大区已形成著名的农业旅游品牌，因其丰富的农业遗产和秀丽的自然风光而闻名世界。2017 年期间托斯卡纳大区共接待了游客 390 万人次，其中约有 2/3 为海外游客。② 北部以美食、美酒旅游为热点，以威尼托、特伦蒂诺和利古里亚大区为典型代表。威尼托的葡萄酒旅游非常出名，是意大利最早开创“葡萄酒之路”的地区。利古里亚大区的特色美食非常著名，位于利古里亚大区拉佩斯齐亚省海岸地区的五渔村是世界闻名的旅游胜地。2017 年特伦蒂诺大区以 310 万人次的接待量位居北方各大区首位，其中约有 72% 为海外游客。③ 南部则是以海滨风光和文化古迹为特色，拥有充足的阳光，适合橄榄、柑橘、葡萄等农作物生长。普利亚大区 2017 年游客接待人次位居南方各大区首位，共计 50 万人次。

意大利农业旅游与农业生产、自然景观、民俗文化等融合，成为一种独具特色的旅游方式。2013 年意大利农业、食物和森林政策部颁布了对已获得农业旅游营业资格的农庄进行分级的政令，基于农庄提供的服务内容、舒适度等方面的差异，将农庄分为 1 ~ 5 级。经营业务多元化是意大利农业旅游的一大趋势（秦毅，2020），在 23406 家农业旅游企业中，有 1987 家经营包括住宿、餐饮、特产品尝和其他活动等不同类型的业务，8225 家经营住宿和餐饮业务，10757 家兼营住宿和其他业务。其中，餐饮是意大利农业旅游的支柱业务之一，农业旅游行业的游客接纳能力达 44.1 万人。意大利农业旅游的繁荣带动了农产品的生产和销售，特别是具有法定原产地标识（意大利语标签为 D.O.P）和法定地理产区标识（意大利语标签为 I.G.P）的农产品，包括肉类、水果、奶酪、葡萄酒等。2011 年意大利 D.O.P 和 I.G.P 产品数量共有 791 个，2016 年达到了 2533 个。

莫利民（2018）年从六个方面总结了意大利绿色农业旅游的发展经验：一是政府的宏观规划和政策支持。政府对全国农业绿色旅游进行整体规划，并对全国农业旅游资源做统一评价，从而避免因旅游产品的同质化竞争带来资源浪费；对开展农业旅游的企业给予一定政策扶持，如实施农业低息贷款、税收减免等优惠政策；重视农村基础设施建设，加强交通路网建设和旅游食宿设施的配套建设等，从而优化了旅游环境。二是有良好的法律法规保障。1989 年意大利颁布了《农业旅游发展保障法》，后来又经过了 3 次修订，是欧盟的第一部农业旅游法。该法明确了农业旅游发展中政府与农场经营者的职责和权力，规定了农业旅游发展的具体方式，以及农业旅游与农业生产间的相互关系。托斯卡纳大区 1992 年颁布实施了《农业旅游发展法》，对农场的建造标准、建筑设计方案、食材来源等进行了明确的规定。三是合理开发自然农业资源。对农业生产和农业旅游发展的侧重点进行了严格要求，保证农业生产的主体地位，控制农业旅游的发展规模；同时鼓励农业生产和旅游相互促进发展，以农业自然景观吸引游客前来观光、旅游、度假，以促进当地农产品的销售，从而促进区域农业发展。四是旅游营销手段多样化。通过旅游推介会加强对农业旅游的宣传；通过"互联网＋"的方式对农业旅游区进行宣传；通过举办大型农业旅游节对旅游区进行营销推广，吸引国内外游客前来旅游体验。五是注重游客的亲身体验。游客不仅可以观光游览，还可以亲身体验原始的牛拉车式耕作、狩猎、陶瓷制作等，可以在农场里骑马、垂钓等，与可以领养宠物及家畜；在葡萄成熟的季节，游客可以在果园采摘葡萄，亲身体验酿造葡萄酒的乐趣；农场面向游客开办了烹饪、酿酒等学习体验的培训班。六是行业协会的支持。早在 1865 年就成立了农业与旅游全国协会，目前还通过农村合作经济组织，扶持休闲农业、乡村旅游和农村服务业等的发展。

二、意大利醋文化旅游的发展背景

（一）意大利醋简介

葡萄醋在欧洲比较盛行，法国、意大利、西班牙等是葡萄醋的酿造大国，意大利是世界领先的葡萄醋生产国，年产量约为 6 万吨（于清琴，2010）。"意大利香醋"也称为"意大利香脂醋"，其酿制原料为葡萄，总酸度不超过 6%，色泽为深咖啡色，质地黏稠，口感浓郁，酸中带甜，果香宜人。意大利葡萄醋产品的品质和价格差异大，其分类和等级精细并且受欧盟地理标志保护，根据意大利国家旅游局（ENIT）认证微博以及新浪网等关于意大利香醋的介绍，将有关内容进行简要概括，以供读者初步了解意大利香醋的概况。"Balsamic"则是意大利北部艾米利亚－罗马涅大区的摩德纳省（Modena）和雷焦艾米利亚省（Reggio Emilia）产区生产的意大利香醋所使用的专用词，受到欧盟地理标志保护（I.G.P）和原产地保护（D.O.P）。地理标志保护还规定了 Balsamic 香醋酿制的原料和生产过程，只允许选用 Lambrusco，Sangiovese，Trebbiano，Albana，Ancellotta，Fortana 和 Montuni 这七个当地葡萄品种，在采收榨汁后烧煮浓缩至 30% 以上浓度的熟葡萄汁，冷却后加入葡萄酒和陈年 Balsamic，先在发酵罐中混合发酵，再放入木桶中陈酿。I.G.P 级别的 Balsamic 分为两种，一种是在木桶中熟化 2 个月以上，这种产品不可以标注陈年（aged）字样；另一种是在木桶中熟化 3 年以上，在标签上可标注陈年（aged）字样。D.O.P 级别的 Balsamic 酿制工艺较为复杂，也被称为“传统意大利香醋”，意大利语为 Aceto Balsamico Tradizionale，价格极为昂贵，100 毫升售价可达 100~400 美元。其酿制过程中，需要将熟葡萄汁、葡萄酒和醋混合发酵得到的新醋，按照特定的顺序倒入 5 种不同树种（桑木—栗木—桃木—刺柏—橡木）制成的木桶中进行陈酿，采用特定的方式经过四次倒桶，每种木桶赋予了醋不同的香气风味。陈酿制得的产品需经过专业品鉴师品尝并进行打分，合格后才能装入专用的 100 毫升瓶中，每瓶传统香醋都有编号、封印、合法装瓶标签和生产者标签，这样的产品才称之为摩德纳或者雷焦艾米利亚“D.O.P 级传统香醋”。根据陈酿年份的不同，具有 D.O.P 标志的意大利传统香醋又分成了两个级别，陈酿 12 年以上的标为陈年香醋（Affinado），陈酿 25 年以上的则标为特级陈年香醋（Extra Vecchio）。

意大利香醋是与意大利老百姓生活密不可分的东西，逐渐成为意式、法式烹调中首选的调味品之一。不仅具有去腥、调和、调味的作用，很多时候还会突出香醋本身的浓郁味道。例如，餐饮适用于中、西餐烹调、凉拌、意大利干奶酪，是法式、意式餐饮的调味首选。关于意大利香醋的介绍中，常会使用如下的描述：“意大利餐馆的蔬菜沙拉，会在蔬菜叶子上滴上几滴醋，便芳香四溢，对于风格清淡的沙拉来说具有画龙点睛的作用。意大利餐厅厨师经常会在菜肴摆盘时，洒一圈香醋作为点缀。早餐时在烤好的面包片上滴上几滴醋，带来丰富的层次感。香醋还是香草冰激凌、草莓水果甜食的最佳伴侣。香脂醋酿造过程中，会像酿酒一样用不同材质的桶来增加风味，樱桃木桶增加醋的香甜，适合搭配蔬菜水果沙拉；刺柏木桶酿造的醋会带有一点点辛辣刺激味道，适合搭配牛排，在收尾时滴上几滴。”此外，意大利香醋也具有一定的养生功效，在酿造和发酵的过程中生成了大量的矿物质以及维生素，可以促进人体的血液循环，预防心血管疾病；同时，因为其中含有抗氧化成分，也有抗衰老、美容养颜的作用。

（二）摩德纳旅游发展概况

摩德纳和雷焦艾米利亚是意大利香醋的地理标志保护产区，也是意大利北部艾米利亚罗马涅大区的农业和工业重镇。雷焦艾米利亚以出产帕马森干酪（Parmesan）最为知名，工业以机械和建筑材料为主，是发动机生产商 Lombardini 的总部所在地。

摩德纳是意大利传统农业、工业重镇，不仅是威尔第、帕瓦罗蒂、兰博基尼和法拉利的故乡，也是意大利美食的王冠明珠，诞生了摩德纳香醋。摩德纳市位于意大利东北部肥沃的波河谷，土地肥沃、雨水充沛、物产丰富，远离地震和火山区域，是意大利最安全的风景游览胜地和最重要的历史文化名城之一。一直以来，摩德纳市被评为意大利国内生态环境保护最好、社会治安最佳、人均受教育程度最高和人均收入最高的城市之一。许多重要的文化交流活动在摩德纳市举行，例如摩德纳博览会、摩德纳国际老式汽车赛、摩德纳美食节、摩德纳夏日文艺复兴古装节等。摩德纳本地人休闲、吃饭偏爱到乡间农家乐（agriturismo），这些农庄、农场提供新鲜自产的蔬菜、奶酪、火腿、葡萄酒，农业旅游模式代表了健康生活、绿色旅行的潮流。摩德纳分布有多家传统香醋醋庄，在生产醋产品的同时为游客提供参观、体验、餐饮等服务。

三、意大利醋文化旅游的主要形式

意大利的醋文化旅游是在意大利农业旅游潮流的背景下，依托于生产醋的企业而发展起来的。在意大利香醋的产区，分布有多家生产摩德纳 I.G.P 香醋和 D.O.P 传统香醋的家族企业，这些企业通常向游客开放了以参观学习、香醋品尝、当地美食在内的多种旅游活动。本研究选择了当地莱奥纳尔迪和鹰牌这两家规模较大、知名度较高的醋企为例，主要根据醋企官方网站提供的信息为依据，并结合其他网络平台的游客游记或新闻报道内容，从醋企经营特点、产品特点、旅游活动内容、其他相关的醋文化活动等几个方面，简要列举了意大利醋文化旅游发展现状。

1. 莱奥纳尔迪醋庄

莱奥纳尔迪醋庄（Acetaia Leonardi）位于摩德纳市附近的福尔米吉内镇，始于18 世纪，从 19 世纪中叶开始使用自产的原料专门生产香醋。这是一个封闭的循环农场，所有生产步骤都在同一个工厂完成。农舍周围有 10 公顷葡萄园，主要种植白葡萄和红葡萄。莱奥纳尔醋庄四代人秉承耐心、奉献和尊重传统的理念，生产摩德纳 D.O.P 传统香醋。醋庄官方网站描述了生产工艺的要点，采摘阶段，每年 9 到 10月 Trebbiano 和 Lambrusco 葡萄的生长达到最佳的糖分和酸度比例，进行手工采摘。压榨阶段，采用“柔和的”压榨系统，避免释放葡萄皮、葡萄籽和茎中的葡萄多酚，此成分会延迟醋化过程，使得成品呈现苦涩味。煮制阶段，使用不锈钢锅开盖明火煮制 36~48 小时，直到葡萄汁浓度达到 50%，原液晾凉后放置直到来年一月。陈酿阶段，原液存放在从 10 升到 180 升这 9 种不同尺寸、不同材质的木桶中，包括橡木、栲木、刺柏、樱桃木、桑木、栗木，仅装至 75% 容量；将木桶摆放于阁楼上，这样不同季节的温差更大（夏季温度适合于陈酿；木桶开口便于液体自然蒸发）。转桶，陈酿期间冬季换不同的木桶以获取不同的香气，转桶是从较大的木桶到较小的木桶。品控，每年对每个木桶进行感官测试，以控制透明度、风味、颜色、口味；不同品醋大师相互比较结果，以确保最佳品质。

莱奥纳尔迪醋庄为游客提供了活动举办、游览品尝、烹饪课程等多种农场旅游活动，2018年经旅游者投票获得了“猫途鹰（TripAdvisor）卓越证书”。其中，醋庄为消费者提供可供私人或商务活动使用的场地，适合于举办婚礼、生日、纪念日、商务会议等多种活动。游览品尝活动则为游客提供了导游和餐饮，不仅可以预定不同的醋厂之旅，通过一个个香醋木桶，探索摩德纳“黑金”的秘密；而且可以选择菜单，享受埃米利安美食特色。针对食物过敏和不耐受、无麸质、素食主义者和素食主义者还提供了个性化的菜单。烹饪课程则是在厨师的指导下，使游客学会如何揉、切、卷和填充“玉米饼”，体验香醋之旅和埃米利娅罗马尼亚地区经典美食教程。

根据游客的不同需求，莱奥纳尔迪醋庄提供了不同游览线路选择（表7–2），导游内容、游览范围、体验内容、行程时长均有差别。

表 7–2 莱奥纳尔迪醋庄游览线路选择

	A—基本游览线路	B—经典游览线路	C—农场美味之旅线路
内容	基本导游 + 香醋品尝	全程导游 + 品尝香醋、帕米吉亚诺奶酪、兰布鲁斯科葡萄酒	全程导游 + 品尝香醋 + 经典自助午餐
特色	参观醋庄古老房间的巨大木桶，了解生产过程，沉浸在陈酿香醋的氛围，多种感官体验	博物馆内部参观，并体验古老的民俗和传统氛围	是一次令人兴奋的学习经历，参观陈酿室，探索摩德纳香醋产品，品尝经典的当地风味餐饮
行程	20~30 分钟	行程 30~40 分钟	行程 60~100 分钟

莱奥纳尔迪醋庄生产多个系列的摩德纳香醋产品，包括红色古典系列、奢侈系列、专利系列、有机系列。红色系列为莱昂纳多的传统香醋产品，使用典型的红色蜡封和缎带手动密封瓶。奢侈系列包括黄金珍珠醋，以及富含施华洛世奇元素的钻石系列产品。专利系列意大利名为IL GOCCIO系列，意思是“水滴、雨滴”代表具有独家专利的玻璃瓶的特殊形状，易于辨识，传承高品质的原料和包装。有机系列则是采用环保的农业方法，使用回收或有机肥料，禁止合成物质和使用转基因生物，推出的有机认证产品系列。

莱奥纳尔迪醋庄注重向消费者推荐独特的香醋菜谱，在其官方网站持续推出包括沙拉、主菜、甜品等在内的各种使用香醋的烹饪方法。醋庄还积极举办各种与香醋有关的活动，吸引当地居民以及游客的参与，例如醋庄晚会、摩德纳小姐以及香醋小姐比赛、自行车夜场活动、美食节、香醋食品大赛等。此外，莱奥纳尔迪醋庄重视通过多种媒体渠道进行宣传和营销，包括 facebook 等社交软件、节事活动、官方网站、香醋产品比赛等。针对新冠疫情的影响，还特别推出了注重个人安全和健康的旅游装一次性单瓶和迷你瓶摩德纳香醋产品，容量仅为 7 毫升和 20 毫升。

2. 鹰牌香醋庄园

鹰牌（DE NIGRIS）创立于 1889 年，一直致力于优质意大利醋的生产制造。在摩德纳、雷焦艾米利亚、那不勒斯三地分别设有三个工厂，2016 年产量总计五千万瓶，具有六百万升意大利香醋的陈酿容量。鹰牌取得了欧盟 I.G.P 原产地认证，生产顶级摩德纳 I.G.P 香醋产品，以煮熟的葡萄汁、浓缩葡萄汁、新酿葡萄酒醋、10 年陈酿葡萄酒醋混合并陈酿，陈酿 2 个月的为摩德纳 I.G.P 香醋，陈酿 36 个月的为摩德纳 I.G.P 陈酿香醋。企业具备一体化等供应链体系，注重生产过程的所有阶段，从葡萄栽种到压榨浓缩、发酵、陈酿以及装瓶。鹰牌官方宣传是一个具有当代精神的历史品牌，在创新的同时保持真正的古老传统的香醋酿制，追求“正宗、自然、多功能和创造性”，其产品旨在给顾客提供新的口味体验，因香醋的加入提升菜肴的风味，点亮创意厨房、丰富人们的食谱。

鹰牌香醋庄园（De Nigris Balsamico Village）位于意大利中部艾米利亚－罗马涅大区摩德纳省卡尔皮市（Carpi），是生产顶级摩德纳 I.G.P 香醋的地方，也是一个摩德纳 I.G.P 香醋主题公园，为游客开发多种旅游服务。鹰牌官方网站的香醋庄园游览示意图（图 7–1）显示，香醋庄园集参观、学习、品尝、餐饮、休闲、购物等多种功能为一体，既有室内展示、体验场所，又有室外游览、休闲空间。从中国游客、记者的游记、宣传网文来看，令他们印象深刻的体验集中在：参观储藏陈酿醋桶的阁楼、品尝用滴管吸取的香醋、沉浸式地品尝加了香醋的美食。游客在令其印象深刻的“全醋宴”的描述中写道：“邀请当地米其林星级餐厅主厨为我们组织了一场香味、声音、感受融为一体的沉浸式醋宴；主厨为我们展示了如何在传统的意大利菜及创新融合菜中应用鹰牌香醋，从前菜、主菜到最后的甜品，每一道菜都不同程度地运用了鹰牌不同系列的产品，有的融合为酱汁，有的则融入食材；伴随着帕瓦罗蒂高亢嘹亮的歌剧，在鹰牌醋窖里体验了一把真正的沉浸式醋宴，橡木桶散发着浓郁的醋香，玻璃房里是主厨忙碌的身影，仪式感是意大利高规格宴会的标配，好好吃饭的定义不单单是一餐美味，从所见所感、到所听所品，全方位的感受才是一餐宴席的标配。”当地游客的活动还包括在醋庄举办私人活动、品尝本地美食。香醋庄园游览内容具体如下：

（1）Balsamilandia 教育公园：孩子们在这里探索自然与香醋的奥秘。

（2）凉亭：迷失在葡萄的气味和味道之间，进入香醋的世界。

（3）阿戈尔广场：介绍摩德纳省的特点，了解更多关于香醋谷及其独特之处。

（4）历史路径：介绍摩德纳“黑金（香醋）”的历史沿革及其特征。

（5）感官享受：走在小路上，触摸芳香的草药，闻味道，享受香醋。

（6）观赏葡萄：用于生产摩德纳香醋的7个种类的葡萄园及其特点。

（7）传统大道：了解生产步骤、工艺技术以及通过安瓿法使葡萄转化的传统。

（8）香醋商店：在精品商店继续体验香醋，涉及所有感官尝试。

（9）香醋酒廊：是一个充满珍贵树木香味的地方，顾客在这里可以组织专属活动。

（10）TINAIE 香醋大教堂：在这里可以找到储存香醋陈酿的大木桶。

（11）格里梅利别墅：始建于1700年，2012年由德尼格里斯（De Nigris）家族修复。

图 7-1　鹰牌香醋庄园游览示意图
（来源：鹰牌香醋庄园官网）

鹰牌香醋庄园旅游面向游客的营销点包括：领略鹰牌产品的魅力与历史、融合传统与创新的香醋产品商店、学习摩德纳香醋产品特征和品尝。根据学校参观、公司活动、普通游览等不同游览目的，鹰牌香醋庄园的游览预订为游客提供了不同的参观建议，包括基本游览、教育访问、公司活动、香醋农庄体验，甚至可以为游客定制行程。其中：基本游览的活动内容主要是展示摩德纳独一无二的香醋产品。教育访问的活动内容包括德尼格里斯学院为学校、机构和高等教育等机构提供的教育访问，香醋酿制专家可在化学、农业、食品科学和酿酒学等领域提供具体的技术和学术分析。公司活动的内容则是集商务和休闲为一体，使游客沉浸在绿色景观和树林的香味中，会议厅能够容纳数百名宾客，同时安排香醋品尝活动。Balsamico 村体验的活动内容则是集合当地的两种美食，摩德纳香醋和意大利美食，由主厨为游客量身打造专属的美食体验。

鹰牌香醋庄园特别重视对游客的产品教育，不仅介绍如何区分和品鉴不司品级香醋的方法，而且持续推出使用不同香醋产品的佳肴菜谱。引导游客认识企业的不同产品特性，向其主动介绍香醋产品的食用方式，无疑为游客深入了解企业产品、转化为品牌用户的最直接、有效的方式。香醋有很多种类，根据 I.G.P 分类等级划分，鹰牌有一系列产品等级和类型。根据一系列容易识别的产品特征，鹰牌为消费者提供一种鉴别香醋的简单方法，这些鉴别特征包括葡萄汁类型（煮熟、浓缩）、葡萄原汁含量（70%、65%、55%、45%、35%、25%）、浓稠度（1.30~1.32、1.27~1.28、1.19~1.195、1.115~1.125、1.09~1.1、1.075~1.085）、适用菜肴（美食、热菜、冷菜）、口味特点以及推荐用法等。不妨以其中两款产品为例，来了解一下鹰牌如何向消费者推荐香醋产品的使用方法。以 DE NIGRIS 生产的两款常见的产品来看看它们在菜谱中具体是如何运用的：鹰牌摩德纳白标香醋（25% 葡萄原汁）是日常烹饪的优选，比较适合冷盘或者烤蔬菜，例如 Caprese 沙拉这道菜，加入了番茄、马苏里拉奶酪、香蒜罗勒酱，最后用橄榄油、鹰牌白标香醋来调味。鹰牌摩德纳蓝标香醋（45% 葡萄原汁）口感浓郁而柔滑，是海鲜、沙拉和烤肉的绝配，例如 Orzo 沙拉混合不同的新鲜蔬菜或海鲜食材的菜肴，或者在烤肉或烤海鲜时用来改善食材的油腻感。向消费者提供不同香醋产品的烹饪应用方式，无疑是非常打动人心且具有说服力的。鹰牌香醋庄园鼓励游客探索多样的香醋与食物的风味组合，在其官网提供了三十几种美食菜谱，包括饮料、蔬菜沙拉、肉类、主食、甜点等。此外，醋庄还会举行年度美食节。

四、意大利醋文化旅游的特征与启示

由于缺少意大利醋庄旅游的相关数据，因此无法计算意大利醋文化旅游的直接收益。但是，仅从醋庄旅游活动的内容等方面，仍旧可以发现意大利醋文化旅游与国内醋文化旅游是存在很多差异的。定性总结意大利醋文化旅游的特征，对于山西醋文化旅游的可持续发展具有一定的借鉴意义。

（一）农业旅游与美食文化的融合

意大利醋文化旅游的最突出的特征是集农业旅游与美食文化于一体，以分散在摩德纳香醋产区乡间的香醋生产农庄为主体，围绕绿色农业旅游潮流和当地特色美食这两个意大利摩德纳香醋主产区的最大吸引点，以香醋酿制、品鉴、享用美食并学习烹饪方法、定制私人或商务活动为典型活动内容，打造了立体的醋文化旅游体系。不得不说，意大利香醋农庄在旅游产品开发时，精准地抓住了当地居民以及游客来醋庄所在地区休闲度假的主要诉求。

从契合绿色农业旅游这一市场需求的角度出发，各家香醋农庄不约而同地从周围自然环境到活动氛围等多方面打造香醋主题的农业旅游产品。首先，农庄的葡萄种植园为农业旅游的开展提供了自然风光和物质基础。其次，有专门的活动空间为游客提供定制化的私人或商务活动，满足当地居民的田园休闲需求。第三，醋庄会不定期地举办一些当地居民或游客喜闻乐见的活动，尤其是在夏季，例如音乐节、美食节、自行车夜场活动等。最后，就是在意大利农业旅游活动中占据重要位置的餐饮部分，但是考虑到摩德纳省有意大利美食明珠之称，闻名于世的当地特产不仅仅是香醋，更有火腿、奶酪、葡萄酒等，不妨将醋庄旅游的美食部分进行单独说明。

从满足美食旅游的需求来看，香醋农庄在旅游产品的设计上深谙摩德纳香醋是当地美食、甚至意大利美食烹饪中重要的调味品这一本质，不仅提供了涉及嗅觉、视觉、味觉等多种感官体验的香醋产品品鉴、香醋美食品尝活动，而且，在此基础上进一步推出了一系列具有消费者教育功能的活动项目，例如推荐菜谱、推出烹饪课程、举办烹饪比赛等。在以上一系列的美食体验活动中，香醋仅仅是调味品，醋庄则不遗余力地将当地特产、特色美食引入作为演绎香醋风味的主材，从而为游客提供高品质的餐饮服务。具体来看：首先，是在香醋美食体系中引入帕马森干酪、帕尔玛火腿等摩德纳以及雷焦艾米利亚产区地理标志产品，向游客展示原汁原味的当地美食。第二，是引入当地米其林星级餐厅主厨烹制美食，以供游客享用。第三，是从美食烹饪展示、餐厅区域环境及氛围营造、摆盘等多方面营造高品质的美食享用环境，提升游客的视觉、味觉感受，最大程度地放大自家香醋产品的特征和优势。第四，是前文已经提到的菜谱推荐和烹饪课程，使游客实现从了解香醋文化、品鉴香醋产品，到制作香醋美食的跨越，从而真正喜欢上食用摩德纳香醋产品。

（二）从游客需求出发、注重游客体验

意大利醋文化旅游发展中的第二个显著特征是处处以游客的实际需求为出发点，以满足游客的休闲、度假与餐饮需求为基础，从而最终实现企业产品的推广。首先，醋庄的农业旅游和美食旅游特征就是从游客的旅游需求出发而形成的特色主题文化旅游形式。其次，无论是在旅游活动多样化、个性化的选择上，还是在香醋产品介绍中，各家醋庄都以游客的视角出发，解决他们的疑惑，满足他们的需求，并非常注重游客的体验感受。具体而言：

一是从游客来醋庄休闲旅游的目的出发，将醋庄内的旅游活动内容进行分类和细化，从而为学校参观、个人或商务活动、休闲度假等不同目的，提供多种活动内容选择的不同游览线路。这些不同游览线路的活动内容差异主要体现在导游讲解深度、是否就餐、餐饮类型、是否定制活动等增值服务方面，从而满足了醋文化旅游或农业旅游、美食旅游市场的不同需求。

二是从游客对产品的需求视角出发，以他们对摩德纳香醋产品的好奇和兴趣为

基础，醋庄设计的游客体验活动从认知和了解产品开始，逐步深入到品鉴产品，再到掌握一些烹饪中使用不同香醋醋产品的奥秘。在这整个产品教育的过程中，各个醋庄对于游客在产品品质、分级、用法上的困扰有深刻的认识，因此专门针对游客设计了简单易学的香醋产品感官品鉴方法、各类香醋产品的食用方法和菜谱推荐。

此外，醋庄在旅游服务和宣传的很多环节上都注重消费者的需求，特别是在一些增值服务上始终围绕游客或消费者的需求点展开。例如在菜谱推荐上，就抓住消费者“健康饮食、轻饮食”的健康生活理念，与香醋产品特征、功效紧密结合，推出了一系列轻食菜谱。而出于卫生和安全的考虑，有的醋庄还推出了一次性瓶装、迷你瓶装的产品。因此，真正关注并解决游客在产品体验中发现的困惑和问题，这样才能将醋庄的游客最终转化为香醋的忠实食用者。

（三）注重传统与创新的平衡

无论是在香醋产品开发方面，还是在醋庄旅游活动产品开发方面，各个香醋厂家都突出了其传统特色，在创新方面也做出了努力，并且非常注重二者的协调和平衡。这个特征具有其历史发展背景和地域特色，意大利规定农村旅游企业的农产品必须自产，设立农业旅游的地方一定要有地方传统特色，有历史文化内涵。同时，由于土地私有化，醋庄由家族经营、世袭发展，所以不少意大利醋庄具有历史文化底蕴。此外，醋庄在生产和销售的不同环节突出其传统特色，使得传统转化为品牌资产和产品溢价的部分。例如摩德纳 D.O.P 级别传统香醋的酿制仍旧遵循传统的方法，使用古董木桶，以及经典包装瓶。在香醋产品和旅游活动的创新方面，不同醋庄的表现各有特色。总的来说，创新性体现在香醋产品研发、产品包装设计、香醋菜谱开发、多媒体渠道宣传、社交媒体沟通等多个方面，从而在适合的渠道、以适合的方式、向不同的消费者提供适合的产品和信息，真正实现传统与创新的平衡。

（四）以法律、行业标志和产品标准体系为保障

意大利香醋旅游是在专门的法律、较为完善的行业标准和产品标准体系的基础上发展起来的，既保障了游客能够购买到高品质的香醋产品和旅游服务，也有效避免了摩德纳香醋产区不同醋庄的恶性竞争，保证了醋庄的盈利空间，从而达到醋庄和游客双赢的结果。意大利是首个将农业旅游纳入法律体系的国家，于1985 年意大利颁布了农业旅游法律框架，明确了企业在农业旅游中的准则和性质。意大利各行政大区还根据本地区的情况制定了相应的农业旅游发展政策，比如承担农户的部分农业旅游设施建设费用，享受优惠的贷款政策等。因此，意大利的大多数乡村旅社在价格方面是具有优势的，有的房间达到了 3 星或 4 星宾馆的水

平，但是价格仅为城市酒店的 30%~40%。同时，农业旅游行业协会又对农庄制定了严格的标准：旅游农场需通过严格的资质认证方可取得许可；对乡村旅社还有一套评判标准，最高为 5 麦穗级，设施要求贴近自然，通风、采光，环境优美，包括房间大小都有具体要求。政府制定了摩德纳香醋地理标志产品与原产地保护产品的生产标准，以及产品品质划分标准，为游客购买的香醋产品品质提供了保障，同时也为醋企提供了保障。

参考文献

[1] 尉福生 . 论我国酿醋起源的时代问题 [J]. 文物季刊，1994，（1）：59-61.

[2] 陈驹声 . 中国微生物工业发展史 [M]. 北京：轻工业出版社，1979.

[3] 萧凤岐 . 食醋的历史与文化 [J]. 中国酿造，2000，（4）：31-32.

[4] 萧凤岐 . 食醋的历史与文化（续）[J]. 中国酿造，2000，（5）：34-37.

[5] 郑宇，赵翠梅，吴亚楠，等 .2019 山西老陈醋风味物质组成特征及风味轮分析 [J]. 食品科学技术学报，2019，37（4）：24-34.

[6] 陈瑛 . 食醋功能特性比较研究 [D]. 西北农林科技大学，2007.

[7] 洪永平 . 做好文化旅游融合发展大文章 [N]. 经济日报，2019-11-27（第 12 版）.

[8] 蒙吉军，崔凤军 . 北京市文化旅游开发研究 [J]. 北京联合大学学报，2001，15（1）：139-143.

[9] Tighe A J. The Arts/Tourism Partnership[J]. Journal of Travel Research，1986，24（3）：2-5.

[10] Zeppel H and Hall C M. Selling art and history：cultural heritage and tourism[J]. Journal of Tourism Studies，1991，2（10）：29-45.

[11] 魏小安，1987，旅游文化与文化旅游 [A]. 旅游发展与管理 [C]. 北京：旅游教育出版社，1996.

[12] MacIntosh A J，Prentice R C. Affirming authentic city：consuming culture heritage[J]. Annals of Tourism Research，1999，26（3）：589-612.

[13] 郭丽华 . 略论“文化旅游”[J]. 北京第二外国语学院学报，1999，（4）：42-45.

[14] 马波 . 文化旅游学 [M]. 青岛：青岛大学出版社，1998.

[15] 张国洪 . 中国文化旅游——理论、战略、实践 [M]. 天津：南开大学出版社，2001.

[16] 任冠文 . 文化旅游相关概念辨析 [J]. 旅游论坛，2009，2（02）：159-162.

[17] 希拉里·迪克罗，鲍勃·麦克彻，著 . 朱路平，译 . 文化旅游（第二版）[M]. 北京：商务印书馆，2017.

[18] Prentice R C.（1993）Tourism and Heritage Attractions，London：Routledge.

[19] Leask A，Yeoman I.（1999）Heritage Visitor Attractions：An Operations Management Perspective，London：Cassell.

[20] 吕艳伟 . 基于体验经济的白酒文化旅游开发研究——以山西杏花村汾酒文化旅游为例 [D]. 福建师范大学，2012.

[21] 刘勤晋 . 茶文化学 [M]. 北京：高等教育出版社，2007.

[22] 李巧义，冯明义 . 醋文化与旅游开发构想 [J]. 边疆经济与文化，2007，（10）：23-25.

[23] 白仁杰 . 历史、传说与象征符号：山西醋文化研究 [D]. 贵州师范大学，2018.

[24] 李林，洪雅文，罗仕伟 . 酒文化旅游资源的分类研究 [J]. 酿酒科技，2015，（5）：115-120.

[25] 纪文海 . 山西清徐老陈醋 [M]. 北京：轻工业出版社，1959.

[26] 刘集贤，万良适著 . 漫话山西醋 [M]. 太原：山西人民出版社，1980.

[27] 蒲昭和 . 我国古代方药书中的美容醋剂 [J]. 中医药学报，1993，（6）：5-7.

[28] 丛春雨 . 论醋在敦煌遗书、马王堆竹简古医方中的临床应用 [J]. 敦煌研究，2001，（2）：139-146.

[29] 陈丽媛 . 酸香郁冽味幽长——谈中华醋文化 [J]. 运城学院学报，2003，(2)：41-42.
[30] 赵荣光 . 中国醋的起源与中国醋文化流变考述 [J]. 饮食文化研究，2005，(3)：10-17.
[31] 李军 . 唐代醋的文化意蕴 [J]. 华夏文化，2000，(3)：25-27.
[32] 顾鸿章 . 源远流长山西醋 [J]. 食品与健康，2007，(10)：37.
[33] 徐琳 . 论“醋”的隐喻认知系统 [J]. 乐山师范学院学报，2012，27(2)：51-55.
[34] 杨宗新 . 民族食醋的产生、演进与山西清徐老陈醋 [J]. 科学之友，2018，(32)：163-165.
[35] 席青，张德纯，管晓冉 . 山西醋醅中醋酸菌的分离及初步鉴定 [J]. 中国微生态学杂志，2010，22(03)：225-228.
[36] 乞登庆 . 醋醋生机处处生 [J]. 两岸关系，2006，(7)：65-67.
[37] 宋小乐 . 山西醋文化的初探 [D]. 中央民族大学，2009.
[38] 黄睿 . 中华老字号食品包装设计的改进研究——以山西老陈醋为例 [D]. 湖南工业大学，2009.
[39] 李楠 . 晋城庙村醋工艺探析 [D]. 广西民族大学，2014.
[40] 马欣 . 山西清徐醋业的文化体现及其特色功能 [J]. 太原师范学院学报（社会科学版），2014，13(5)：30-33.
[41] 颜景宗 . 浅议山西老陈醋的文化与传承 [J]. 食品工程，2015，(2)：60-64.
[42] 贾文儒 . 对山西醋业发展的思考 [J]. 山西农经，2003，(2)：37-39.
[43] 牛忠 . 关于山西醋业营销竞争力的 SWOT 分析 [J]. 山东纺织经济，2013，(5)：118-120.
[44] 张雯佳 . 山西醋业发展的 SWOT 分析及对策 [J]. 中国调味品，2009，34(9)：114-117.
[45] 武凯 . 关于农产品产业化经营的策略探析——以山西省醋业发展为例 [J]. 中国调味品，2011，36(6)：110-112.
[46] Carlsen J. A review of global wine tourism research[J]. Journal of Wine Research，2004，15(1)：5-13.
[47] Bruwer J. Wine and food events-a golden opportunity to learn more about wine consumers[J]. The Australia and New Zealand Wine Industry Journal，2002，17(3)：92-99.
[48] Charters S，Ali-Knight J. Who is the wine tourist?[J]. Tourism Management，2002，23(3)：311-319.
[49] Prentice R C. Tourism and heritage at tractions [M].London Rutledge，1993.
[50] Richard C P，Stephen F W，Claire H. Tourism as experience：the case of heritage parks [J]. Annals of tourism research，1998(1)：1-24.
[51] Telfer D J. Strategic alliances along the Niagara Wine Route [J].Tourism Management，2001，22(1)：21-30.
[52] Johnson G，Cambourne B，Hall C M，et al. The maturing wine tourism product：an international overview[J]. Butterworth-Heinemann，2000：24-66.
[53] Houghton M. The propensity of wine festivals to encourage subsequent winery visitation[J]. International Journal of Wine Marketing，2001，13(3)：32-41.
[54] Carlsen J，Dowling R. Regional wine tourism：a plan of development For Western Australia[J]. Tourism Recreation Research，2001，26(2)：45-52.
[55] Jefferson A. Prospects for tourism-a practitioner′ s view[J].Tourism management，1995，(2)：101-105.
[56] 闫彦 . 山西省醋文化旅游开发研究 [J]. 沧桑，2012，(2)：109-111.

[57] 赵维娜 . 东湖醋文化园的发展对太原特色旅游的影响 [J]. 产业经济，2014，（26）：31–34.
[58] 罗春燕 . 镇江香醋工业旅游资源开发的思考 [J]. 产业经济，2009，（3）：256–257.
[59] 焦小慧 . 山西醋文化养生旅游开发研究 [J]. 旅游纵览（下半月），2017，（6）：142–146.
[60] 韩飞燕 . 基于山西醋文化的研学旅行产品开发研究 [J]. 西部学刊，2019，（10）：130–132.
[61] 赵玮 . 习近平传统文化观视域下山西醋文化的建构与传播 [J]. 东华理工大学学报（社会科学版），2018，37（4）：306–309.
[62] 黄宗海 . 传统企业转型发展新模式——山西东湖醋园发展新模式给广西的启示 [J]. 广西经济，2011，（10）：46–47.
[63] 黄孝东，徐业鑫 . 非物质文化遗产生产性保护的探索与实践——以山西东湖醋园为例 [J]. 西北民族研究，2020，（1）：187–199.
[64] 张树民，钟林生，王灵恩 . 基于旅游系统理论的中国乡村旅游发展模式探讨 [J]. 地理研究，2012，31（11）：2094–2103.
[65] Gunn，C A，Turgut V. Tourism Planning：Basics Concepts Cases（4thed）[M]. New York：Routledge，2002.
[66] McKercher B. A Chaos Approach to Tourism[J]. Tourism Management，1999，20：425–434.
[67] Leiper N. Tourism Management[M]. Collingwood，VIC：TAFEPublications，1995.
[68] 李文亮，翁瑾，杨开忠 . 旅游系统模型比较研究 [J]. 旅游学刊，2005，20（2）：20–24.
[69] 宋俊华 . 文化生产与非物质文化遗产生产性保护 [J]. 文化遗产，2012，（1）：1–5.
[70] 赵悦，石美玉 . 非物质文化遗产旅游开发中的三大矛盾探析 [J]. 旅游学刊，2013，28（9）：84–93.
[71] 厉无畏 . 产业融合与产业创新 [J]. 上海管理科学，2002（04）：4–6.
[72] Greenstein S，Khanna T. What does industry convergence mean[A]. Yoffie，David B. Competing in the age of digital convergence[C]. Boston：The presisdent and Fellows of Harvard press，1997：201–226.
[73] Pennings J M，Puranam P. Market convergence and firm strategy：new directions for theory and research[C]//ECIS Conference：The Future of Innovation Studies. Eindhoven：the Netherlands，2001：122–226.
[74] Stieglitz N. Industry dynamics and types of market convergence[R]. Paper to be presented at the DRUID Summit Conference on "Industrial Dynamics of the New and Old Economy–who is embracing whom? " Copenhagen/Elsinore，2002：1–6.
[75] 胡汉辉，邢华 . 产业融合理论以及对我国发展信息产业的启示 [J]. 中国工业经济，2003（02）：23–29.
[76] 陈柳钦 . 产业融合的发展动因、演进方式及其效应分析 [J]. 西华大学学报：哲学社会科学版，2007（4）：69–70.
[77] 于刃刚，李玉红等 . 产业融合论 [M]. 北京：人民出版社，2006.
[78] 杨颖 . 产业融合：旅游业发展趋势的新视角 [J]. 旅游科学，2008，22（4）：6–10.
[79] 姚宏 . 发展中国工业旅游的思考 [J]. 资源开发与市场，1999，15（2）：117–118.
[80] 李同升，张洁 . 国外工业旅游及其研究进展 [J]. 世界地理研究，2006，15（2）：80–85.
[81] 田伟珂 . 产业融合视角下的青岛工业融合旅游发展研究 [D]. 中国海洋大学，2012.
[82] 傅金泉 . 国家级非物质文化遗产中的酿造国宝 [J]. 酿酒，2008，35（3）：111–112.

[83] 颜景宗，颜丹 . 传统山西老陈醋酿造工艺 [J]. 中国调味品，2004，（7）：10–13，32.
[84] 孙芃，武晓威 . 浅谈地理环境对醋文化的影响 [J]. 黑河教育，2015，（6）：87.
[85] 张梅梅 . 山西老陈醋的饮食人类学研究 [D]. 北方民族大学，2018.
[86] 冉先德，瞿弦音 . 中国名菜—三晋风味 [J]. 北京：中国大地出版社 .1997.
[87] 王文书 . 宋代的榷醋和醋息钱 [J]. 河北大学学报，2011，36（2）：111–117.
[88] 杨槐俊 . 山西老陈醋的发展与演变 [J]. 农产品加工，2008，（11）：12–13.
[89] 颜景宗 . 山西老陈醋史话 [M]. 太原：山西人民出版社，2003.
[90] 颜景宗，谭学良，胡红娟 . 话说山西老陈醋 [J]. 食品工程，2006，（3）：3–4，8.
[91] 要宇晨，李玉萍，王如福 . 基于结构 – 行为 – 绩效范式分析的山西老陈醋产业发展战略研究 [J]. 中国酿造，2018，37（2）：201–206.
[92] 要宇晨，柏星轩，刘雪飞，等 . 山西省食醋产业发展现状分析 [J]. 农产品加工，2017，（3）：56–59.
[93] 牟乃夏，刘文宝，王海银，等 .ArcGIS 10 地理信息系统教程 [M]. 北京：测绘出版社，2017.
[94] 冯卫英 . 茶文化旅游资源研究——以环太湖地区为例 [D]. 南京农业大学，2011.
[95] 王呈祥，白志良，田森林，等 . 山西高粱生产的回顾与展望 [J]. 山西农业科学，1998，26（1）：80–82.
[96] 卓全娇 . 基于地区旅游资源丰度的旅游经济效应研究——以中国省际面板数据为例 [D]. 江西财经大学，2018.
[97] 魏本钧 . 清徐县醋产业集群的发展研究 [D]. 内蒙古师范大学，2016.
[98] 陈鹰 . 旅游资源评价体系、方法与实证研究——以浙江省为例 [D]. 复旦大学，2006.
[99] Lothian A. Landscape and the philosophy of aesthetics：is landscape quality inherent in the landscape or in the eye of the beholder[J]. Landscape and Urban Planning，1999，44：177–198.
[100] Calvin J S，Dearinger J A，Curtin M E. An attempt at assessing preferences for natural landscapes[J]. Environment and Behavior，1972，4（4）：447–470.
[101] 卢云亭 . 现代旅游地理学 [M]. 南京：江苏人民出版社，1988.
[102] 黄辉实 . 旅游经济学 [M]. 上海：上海社会科学出版社，1985.
[103] 刘耀龙，张爱国 . 对绵山前山风景区美感质量（评价等级）的调查研究 [J]. 山西师范大学学报（自然科学版），2005，20（1）：96–99.
[104] 黄辉，陈国成 . 模糊综合法在永安竹文化旅游资源评价的应用 [J]. 佳木斯大学学报（自然科学版），2010，28（1）：146–149，152.
[105] 方幼君 . 旅游资源定量评价体系及方法研究 [D]. 浙江大学，2006.
[106] 杨汉奎 . 论风景旅游资源的模糊评价——以贵州省为例 [J]. 自然资源学报，1987，2（1）：55.
[107] 罗成德 . 旅游地貌资源的综合模糊评价 [J]. 地理学与国土研究，1994，10（3）：45–49.
[108] 储德平，郑耀星 . 主成分分析在旅游资源等级评定中的应用——以泰宁大金湖旅游区为例 [J]. 集美大学学报（自然科学版），2002，7（4）：354–358.
[109] 袁合才，辛艳辉 . 基于主成分分析法的旅游资源评价模型 [J]. 江苏商论，2011，（3）：125–126，129.
[110] 周海燕 . 基于熵权 AHP 分析法的环巢湖文化旅游资源开发评价 [J]. 巢湖学院学报，2013，15（04）：24–31.
[111] 方心芳，孙颖川 . 山西醋 [M]. 北京：黄海化学工业研究社，1934.

[112] Goldstein E B. Cognitive Psychology (the 3rdEdition) [M].Beijing: China Light Industry Press, 2015.

[113] Pearce P L, Stringer P F. Psychology and tourism [J]. Annals of Tourism Research, 1991, 18 (1): 136-154.

[114] 钟栎娜，吴必虎，徐小波等 . 国外旅游地感知研究综述 [J]. 人文地理，2013，28（2）: 13-19.

[115] Agapito D, Mendes J, Vallea P. Exploring the conceptualization of the sensory dimension of tourist experiences[J]. Journal of Destination Marketing & Management, 2013, 2 (2): 62-73.

[116] Webb S, Nield K, Varini K. The importance of culture in the south African 4 and 5 star hotel industry[J]. International Journal of Wine Marketing, 2000, 12 (1): 42-53.

[117] Chaudhary M. India' s image as a tourist destination a perspective of foreign tourists[J]. Tourism Management, 2000, 21 (3): 293- 297.

[118] Decrop A. 旅游者的决策制定和行为过程 [M]//Pizam A Mansfeld Y. 旅游消费者行为研究 . 舒伯阳，冯玮主译 . 大连：东北财经大学出版社，2005.

[119] 黄颖华，黄福才 . 旅游者感知价值模型、测度与实证研究 [J]. 旅游学刊，2007，22（8）: 42-47.

[120] 高军，马耀峰，吴必虎，等 . 外国游客对华旅游城市感知差异——以 11 个热点城市为例的实证分析 [J]. 旅游学刊，2010，25（5）: 38-43.

[121] 吴小根，杜莹莹 . 旅游目的地游客感知形象形成机理与实证——以江苏省南通市为例 [J]. 地理研究，2011，30（9）: 1554-1565.

[122] Agapito D, Valle P, Mendes J. The sensory dimension of tourist experiences: Capturing meaningful sensory-informed themes in Southwest Portuga[J]. Tourism Management, 2014, 42 (3): 224-237.

[123] Molina R, Jamilena F, Garc í a C. The contribution of website design to the generation of tourist destination image: The moderating effect of involvement[J]. Tourism Management, 2015, 47 (2): 303-317.

[124] 刘建国，黄杏灵，晋孟雨 . 游客感知：国内外文献的回顾及展望 [J]. 经济地理，2017，37（5）: 216-224.

[125] Zeithaml V A. Consumer Perceptions of Price, Quality, and Value: A Means-End Model and Synthesis of Evidence[J]. Journal of Marketing, 1988, 52 (3): 2-22.

[126] Sweeney J C, Soutar G N. Consumer perceived value: the development of a multiple item scale[J]. Journal of retailing, 2001, 77: 203-220.

[127] Morrison A M. Hospitality and Tourism Marketing[M].Albany N.Y: Delmar, 1998.

[128] 刘晨，朱竑，安宁 . 文学旅游地的社会文化建构：以凤凰古城为例 [J]. 旅游学刊，2014，29（7）: 68-76.

[129] 李东晔，黄震方，叶滨鸿，等 . 游客慢文化感知维度分异与影响因素研究——以高淳国际慢城为例 [J]. 人文地理，2020，35（1）: 150-160.

[130] 尹小娜，郑向敏 . 基于网络文本分析的三坊七巷游客文化感知研究 [J]. 北京第二外国语学院学报，2015，37（9）: 62-66，33.

[131] Vaughan D R, Edwards J R. Experiential perceptions of two winter sun destinations: The Algarve and Cyprus [J]. Journal of vacation marketing, 1999, 5 (4): 266-356.

[132] Echtner C M，Ritchie J R. The measurement of destination image：An empirical assessment[J]. Journal of travel research，1993，31(4)：3-13.

[133] Tasci A，Gartner W C，Tamer C S. Conceptualization and operationalization of destination image[J]. Journal of Hospitality &Tourism Research，2007，31（2）：194-223.

[134] Myers J H. Positioning products/services in attitude space [J].Marketing Research，1992，4（1）：46-51.

[135] 王纯阳，屈海林 . 旅游动机、目的地形象与旅游者期望 [J]. 旅游学刊，2013，28（6）：26-37.

[136] Hunt J D. Image：A factor in tourism[D]. Unpublished Ph.D. dissertation，Colorado State University，Fort Collins. 1971.

[137] Crompton J L. An assessment of the image of Mexico as a vacation destination and the influence of geographical location upon that image. Journal of Travel Research，1979，17（4）：18-23.

[138] Grosspietsch M. Perceived and projected images of Rwanda：Visitor and international tour operator perspectives. Tour-ism Management，2006，27：225-234.

[139] Baloglu S，Mc Cleary K W. A Model of Destination Image Formation[J]. Annals of Tourism Research，1999，26（4）：868-897.

[140] Dilley R S. Tourist brochures and tourist images. Canadian Geographer，1986，30（1）：59-65.

[141] 付业勤，王建新，郑向敏 . 基于网络文本分析的旅游形象研究——以鼓浪屿为例 [J]. 旅游论坛，2012，5（4）：59-66.

[142] 邱均平，邹菲 . 关于内容分析法的研究 [J]. 中国图书馆学报，2004，（2）：12-17.

[143] 徐洪 . 基于网络文本分析的古村落旅游感知形象研究——以福建培田村为例 [J]. 湖州师范学院学报，2017，39（8）：101-107.

[144] 高颖 . 唐山工业遗产旅游游客感知价值评价及开发对策研究 [D]. 燕山大学，2018.

[145] 李春萍，张简 . 基于网络文本分析的国内外游客旅游目的地形象感知差异研究——以西安回民街为例 [J]. 旅游论坛，2017，10（6）：97-110.

[146] 李萍，陈田，王甫园 . 基于文本挖掘的城市旅游社区形象感知研究——以北京市为例 [J]. 地理研究，2017，36（6）：1106-1122.

[147] 田里主编 . 旅游经济学 [M]. 北京：高等教育出版社，2006：405.

[148] 张勇 . 黄山市饮食文化旅游开发研究 [D]. 扬州大学，2012.

[149] 赵海荣 . 集群型旅游地空间竞合研究 [D]. 四川师范大学，2008.

[150] 冯卫红 . 平遥古城旅游企业竞合关系研究 [J]. 旅游学刊，2008，（11）：51-55.

[151] 冯卫红 . 旅游产业集群创新机：基于案例的总结和探讨 [J]. 改革与战略，2013，29（11）：100-104.

[152] 史云 . 基于企业文化的工业旅游开发研究 [D]. 山东大学，2008.

[153] 刘纬华 . 关于社区参与旅游发展的若干理论思考 [J]. 旅游学刊，2000（01）：47-52.

[154] 连夕仙 . 镇江恒顺醋文化博物馆 [J]. 文心，2010，（6）：33.

[155] 沈志远，余永健，朱胜虎，等 . 镇江香醋酿制技艺非物质文化遗产传承关键技术研究 [J]. 中国调味品，2016，41（10）：140-145.

[156] 罗戎平 . 镇江非物质文化遗产的活态记忆 [J]. 镇江高专学报，2011，24（4）：5-8.

[157] 罗浩，陈敬堂 . 镇江旅游资源特色及其开发刍议 [J]. 资源开发与市场，2007，23（4）：

355–357.
[158] 潘俊 . 镇江美食旅游开发策略 [J]. 美食研究，2016（4）：38–42.
[159] 于萍 . 镇江城市旅游形象定位系统研究 [J]. 镇江高专学报，2017，30（2）：119–124.
[160] 沈志远 . 论传统镇江香醋的八大工艺特色 [J]. 中国调味品，2007，（12）：18–20.
[161] 沈志远 . 镇江香醋 [M]. 香港：香港医药出版社，2007.
[162] 王玉国 . 江南名城——镇江 [M]. 北京：中国文史出版社，2002.
[163] 秦万章，吴培庆 . 镇江米醋的药用功能 [M]. 北：中国农业出版社，2001.
[164] 莫利民 . 意大利绿色农业旅游资源结构分析及借鉴 [J]. 世界农业，2018，（10）：214–218.
[165] 郭焕成，韩非 . 中国乡村旅游发展综述 [J]. 地理科学进展，2010，29（12）：1597–1605.
[166] 王兵 . 从中外乡村旅游的现状对比看我国乡村旅游的未来 [J]. 旅游学刊，1999，2：38–42.
[167] 刘德谦 . 关于乡村旅游、农业旅游与民俗旅游的几点辨析 [J]. 旅游学刊，2006，21（3）：12–19.
[168] 秦毅，孙长伟 . 意大利农业旅游及其分级的方法对我国的借鉴 [J]. 农业科技通讯，2020，（1）：14–17.
[169] 刘萍 . 从欧美农业旅游集群看中国的观光农业——以美国、意大利、波兰为例 [J]. 生态经济，2014，30（4）：138–142.
[170] 于清琴，汤小宁，潘春云 . 浅议葡萄果醋 [J]. 中国果菜，2010，9：60.
[171] 张若梅 . 意大利摩德娜产：葡萄香醋香满中国展会 [J]. 中国对外贸易，2013，（3）：84–85.
[172] 意大利绿色农业旅游的理想国度 [J]. 新农业（下半月刊），2019，（1）：51.
[173] 意大利农场公园和绿色农业旅游运动 [J]. 世界热带农业信息，2019，（12）：7–8.
[174] 山西市县简志编写组编 . 山西市县简志 [M]. 太原：山西人民出版社，1990.
[175] 清徐县地方志编纂委员会编 . 清徐县县志 [M]，太原：山西古籍出版社，1999.
[176] 山西省统计局，国家统计局山西调查分队 .2016 山西统计年鉴 [M]. 北京：中国统计出版社，2016.
[177] 清徐县 2015 年国民经济和社会发展统计公报 [EB/OL]. http：//www. ahmhxc.com/tongjigongbao/4620.html.
[178] 晋人晋菜晋味道——十大名优晋菜出炉 [N]. 中新网 http：//www.sx.chinanews.com/news/2014/0108/77845.html.2014–01–08.
[179] 概要介绍 [OL]. 江苏省文化和旅游厅 .http：//www.jstour.com/jiangsu/info.html 2019–9–24.
[180] 镇江概览 [OL]. 镇江市人民政府 http：//www.zhenjiang.gov.cn/zhenjiang/csgk/202011/60ea401f00f54b288d3b906f05ee08bc.shtml 2019–9–24.
[181] 意大利香醋百科 [OL]. 意大利国家旅游局 ENIT 认证微博 http：//blog.sina.com.cn/s/blog_9f77a03f0102v46b.html 2014–10–21.
[182] 莱奥纳尔迪醋庄官网 [OL]. https：//www.acetaialeonardi.it/ 2020–12–25.
[183] 鹰牌醋庄官网 [OL].https：//www.denigris1889.com/it/ 2020–12–26.